Kurt Seidel, Die Remsbahn

Kurt Seidel

Die Remsbahn

Schienenwege in Ostwürttemberg

Konrad Theiss Verlag

Gedruckt mit Unterstützung der Städte Aalen und
Schwäbisch Gmünd und des Ostalbkreises

CIP-Kurztitelaufnahme der Deutschen Bibliothek

Seidel, Kurt:
Die Remsbahn : Schienenwege in Ostwürttemberg /
Kurt Seidel. – Stuttgart : Theiss, 1987.
ISBN 3-8062-0483-7

Umschlaggestaltung: Jürgen Reichert, Stuttgart
unter Verwendung einer Aufnahme von
Foto-Hentzschel, Schwäbisch Gmünd

Gesamtherstellung: Grafische Betriebe
Süddeutscher Zeitungsdienst, Aalen
Printed in Germany
ISBN 3-8062-0483-7

Geleitwort

Die vorliegende Geschichte der Schienenwege in Ostwürttemberg ist ein wesentlicher Bestandteil der Geschichte dieser Region. Das 19. Jahrhundert mit seiner politischen Flurbereinigung, die vor allem den Städten Schwäbisch Gmünd und Aalen den Verlust des Reichsstadtstatus brachte, hat den meisten Gemeinwesen dieses Landstriches durch eine systematische Industrialisierung neue Impulse verliehen. Dieser Prozeß wurde zur rechten Zeit nachhaltig unterstützt durch den Anschluß an das Eisenbahnnetz. Die ersten Bemühungen hierfür gehen bereits in das Jahr zurück, das als die historische Marke für den Auftakt der Entwicklung der Eisenbahnen im vormaligen Deutschen Bund gilt, 1835. Tatkräftige und weitschauende Persönlichkeiten haben zur rechten Zeit erkannt, welche Bedeutung dem neuen Verkehrsmittel zukommen würde. Wenn vor zwei Jahren »150 Jahre deutsche Eisenbahnen« gefeiert wurden, dann können Württemberg und insbesondere auch der ostwürttembergische Raum für sich mit vollem Recht in Anspruch nehmen, schon damals mit von der Partie gewesen zu sein.

Diese Eisenbahngeschichte soll und will sich aber nicht auf den Horizont eines einzelnen Gemeinwesens beschränken. Gewissenhafte Beschäftigung mit der Geschichte und der Entwicklung der Eisenbahnen kann niemals eine rein punktuelle sein, die sich dabei streng an die administrativen Abgrenzungen hält. Eine Eisenbahngeschichte, welche die stetige Entwicklung der Schienenwege von jenem Jahre 1835 bis in die Gegenwart umfaßt, hat neben dem rein lokalen und regionalen Charakter zwangsläufig überregionale Ausstrahlungen. Aus diesem Grunde sind in der umfassenden historischen Betrachtung all die Gebiete eingeschlossen, die zumindest im 50 km-Umkreis um Schwäbisch Gmünd herum liegen. Daß bei der intensiven Betrachtung des verkehrsgeschichtlichen Werdens und Wachsens die Gemeinden an der Remsbahn, deren erste Teilstrecke Cannstatt–Wasseralfingen am 28. Juni vergangenen Jahres in eindrucksvoller Form ihr 125jähriges Jubiläum feiern konnte, primär berücksichtigt werden, ist durchaus verständlich und legitim.

Ein Blick in die reichhaltigen Annalen der regionalen Entwicklung zeigt zugleich die typischen Merkmale der württembergischen Eisenbahngeschichte. Die oftmals erregten Auseinandersetzungen um die optimale Lösung und die damit in engstem Zusammenhang stehenden Expertisen verschiedener Fachleute von internationalem Rang und Namen veranschaulichen sehr deutlich, wie die verantwortlichen Planer ernsthaft um die verschiedenen anstehenden Probleme gerungen haben. Wenn auch die Anlieger von Remstal und östlichem Albvorland bei der Verwirklichung der Planungen der ersten Stunde das Nachsehen hatten, so wurden doch von Anfang an auch die Pläne der konkurrierenden Strecken zur gewissenhaften Prüfung von pro und contra in den Mittelpunkt abwägender Betrachtung gestellt. Dieser Umstand sollte sich dann bei der späteren Verwirklichung der Remsbahn als sehr nützlich und zweckdienlich erweisen.

Bemerkenswert ist ferner, daß bei den Vorplanungen und Gutachten immerhin Persönlichkeiten engagiert waren, die in der europäischen Eisenbahngeschichte Rang und Namen hatten, wie Alois Negrelli, Charles de Vignoles, Carl Etzel, Ludwig Klein und, nicht zu vergessen, den Erbauer der Remsbahn und noch mehrerer württembergischer Eisenbahnen, Georg Morlok. In dem der Betrachtung zugrunde gelegten Zeitraum haben sich manche Dinge ereignet. Die vorliegende Eisenbahngeschichte mit ihrem dokumentarischen Charakter will bewußt versuchen, zu klären und herauszustellen, welchen entscheidenden Beitrag die Schienenwege mit ihrer völkerverbindenden Funktion für den Aufbau einer vielfältigen Industrie und einer blühenden Wirtschaft geleistet haben.

Die Eisenbahngeschichte des behandelten Raumes wird hier zum ersten Male und vor allem kritisch aufgeschlüsselt. In zeitlicher Folge wird hier analysiert, welche Schwierigkeiten und Hemmnisse technischer, administrativer, wirtschaftlicher und politischer Art in guten wie in schlechten Zeiten zu überwinden und zu meistern waren. Möge die Eisenbahngeschichte im ostwürttembergischen Raum ein hilfreicher Beitrag nicht nur zur lokalen und regionalen Verkehrsentwicklung sondern auch zur Landesgeschichte sein!

Dr. Ulf Häusler
Präsident der
Bundesbahndirektion Stuttgart

Inhalt

Vorwort

Am 18. Juli 1861 legte der erste offizielle Eröffnungszug mit seinen festlich geschmückten Drehgestellwagen amerikanischer Bauart, gezogen von der geschmackvoll dekorierten Lokomotive Nr. 103 der Klasse D mit dem auf Hochglanz polierten Namensschild NOERDLINGEN, die Strecke von der Landeshauptstadt in den östlichen Landesteil zurück. Die damalige Fahrt über Cannstatt, Waiblingen, Schorndorf, Schwäbisch Gmünd und Aalen glich einem Triumphzug. Die volkreiche Landschaft des Remstales und des nordöstlichen Albvorlandes hatte endlich ihren Anschluß an das völkerverbindende Schienennetz gefunden. Dieses über die regionalen Grenzen herausragende Ereignis, dessen 125. Wiederkehr im vergangenen Sommer gebührend gefeiert werden konnte, brachte den Autor zu dem Entschluß, eine regionale Eisenbahngeschichte zu schreiben. So scheint es zweckmäßig zu sein, den Begriff »Eisenbahngeschichte« vorweg etwas näher zu durchleuchten und seiner Bedeutung gemäß etwas abzustecken.
»Die Eisenbahn ist aus der Geschichte der Menschheit nicht wegzudenken. Ohne sie sähe die Erde anders aus, ohne sie wären die Menschen andere. Sie hat einen bedeutenden Beitrag zur Geschichte geleistet, sie leistet ihn heute und wird ihn noch lange Zeit leisten. Eisenbahngeschichte ist immer ein Stück politische Geschichte, ein Stück Technikgeschichte, Kulturgeschichte, Wirtschaftsgeschichte, Sozialgeschichte. Die retrospektive Beschäftigung mit ihr soll nicht Selbstzweck sein, sondern muß zugleich Ausblicke in die Zukunft eröffnen. Vor allem ist die Eisenbahn ein Werk von Menschen für die Menschen. Sie ist von Menschen erdacht, wird von Menschen betrieben, Menschen bedienen sich ihrer zur Fortbewegung ihrer selbst und zur Beförderung ihrer Güter. Die Technik ist hier – wie überall – Hilfsmittel, dem Menschen untertan. So stehen von Anfang an Menschen – Erfinder, Politiker, Techniker, Finanziers – im Mittelpunkt der Geschichte der Eisenbahn.« Diese umfassende Definition, die Albert Mühl und der Autor dieses Buches ihrem Werk »Die Württembergischen Staatseisenbahnen« vorangestellt hatten, läßt sich genauso auf die vorliegende Betrachtung über die Remsbahn und ihre Seitenstrecken anwenden.
Im vorliegenden Falle soll der Versuch unternommen werden, die hier dargelegten Gesichtspunkte auf die lokale Eisenbahngeschichte von Schwäbisch Gmünd und Aalen zu beziehen und die Nutzanwendung daraus zu ziehen. Zweifellos wäre es verfehlt, zur Abgrenzung des Gesichtskreises die Gemarkungsgrenzen und den sogenannten Kirchturmhorizont zu wählen. So werden außer Schwäbisch Gmünd, Waiblingen, Schorndorf und Aalen auch Nördlingen, Heidenheim, Ellwangen und Crailsheim mit einbezogen und auch die Strecken der Hauptbahn Stuttgart –Ulm, die Murrbahn, die Kocherbahn, die Nürnberger Bahn, die Tauber- und die Obere Jagstbahn und die Brenzbahn als wesentliche Bestandteile des Verkehrsnetzes im Osten des Bundeslandes Baden-Württemberg behandelt, die mit der Strecke der Remsbahn verknüpft sind.
Schließlich ist auch Stadtgeschichte keine Schilderung einer Entwicklung, die sich auf einer Insel der Seligen abspielt, sondern ein Zusammenwirken mit weiträumigerer und größerer historischer Entwicklung. Handel und politische Kontakte haben schon zu allen Zeiten dafür gesorgt, daß nicht nur in örtlichen Sphären gedacht werden konnte

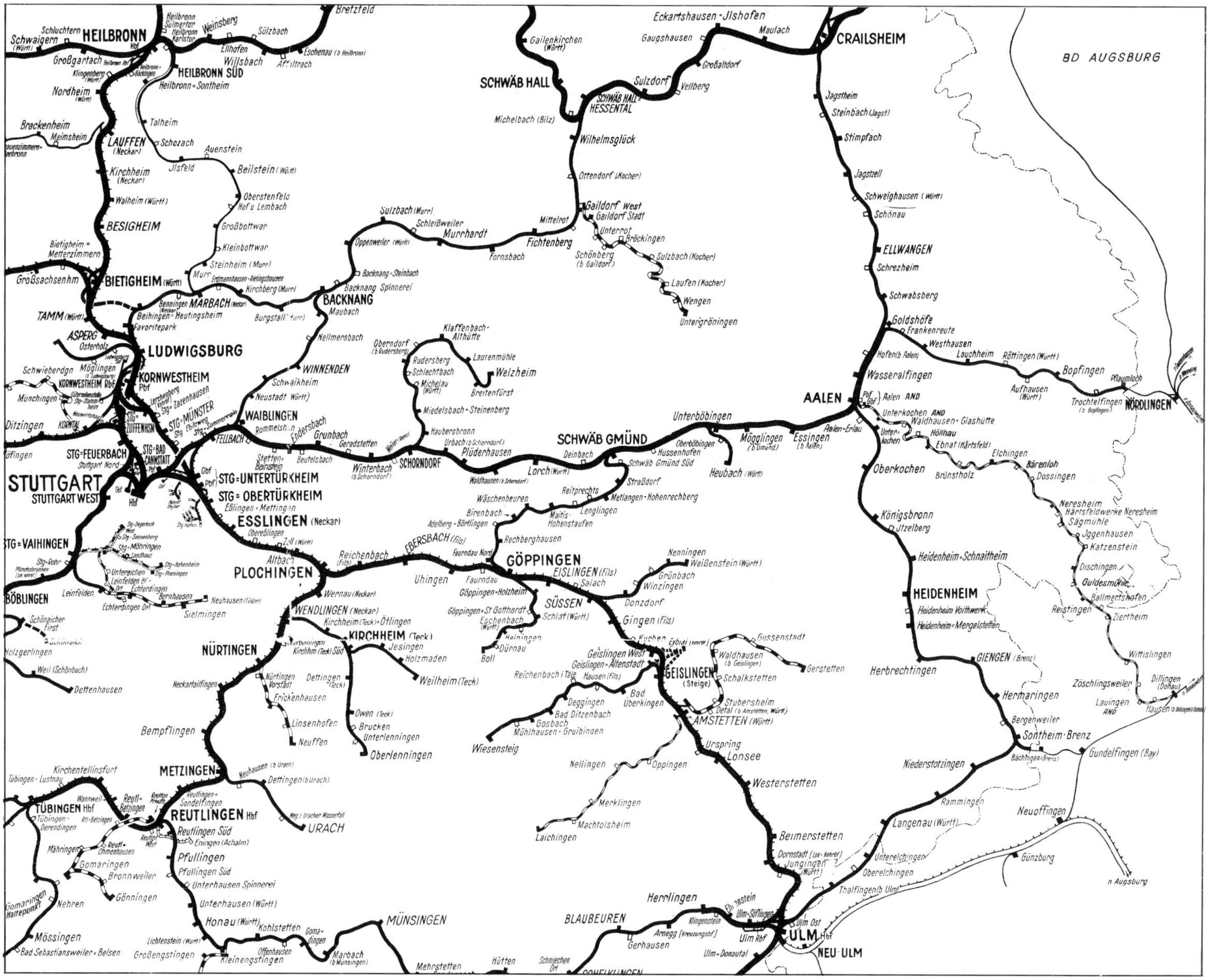

1 *Ausschnitt aus dem Streckennetz der Bundesbahndirektion Stuttgart um 1960*

und der Pulsschlag der Geschichte überall spürbar wurde, in guten wie in bösen Tagen.
Der Verfasser dieser Eisenbahngeschichte hat versucht, das gesamte Spektrum zu durchleuchten. Nachdem die bisherige Eisenbahnliteratur sich wohl in großer Zahl mit der Lokomotivgeschichte befaßt, vermißt man heute auf dem an sich so reichen Markt des bahnbezogenen Schrifttums Strecken- und Baugeschichte. Der Verfasser hofft, mit diesem Buch einen Beitrag zur Landesgeschichte zu leisten. Das Bestreben schließt die Regionen Ostwürttemberg und Mittleren Neckar in die Betrachtung ein. Das Buch hätte ohne nachhaltige Unterstützung von Einzelpersonen, Dienststellen, Archiven und Bibliotheken nicht zustande kommen können. Folgende Stellen verdienen namentlichen Dank: Deutsche Bundesbahn, Bundesbahndirektion Stuttgart, Hauptstaatsarchiv Stuttgart, Staatsarchiv Ludwigsburg, Württembergische Landesbibliothek, Stuttgart, Stadtarchive Aalen, Donauwörth, Schorndorf, Schwäbisch Gmünd, Ulm und Waiblingen und viele Einzelpersonen.
Zum Schluß ist es dem Autor eine selbstverständliche und gerne ausgeführte Pflicht, Verlag und Verleger den Dank auszusprechen, daß sie sich ohne Zögern bereit erklärt hatten, dieses Vorhaben zu verwirklichen und mit viel Verständnis auf meine Vorstellungen und Wünsche einzugehen.
Den Städten Aalen und Schwäbisch Gmünd und dem Ostalbkreis sei der Dank für die geleisteten Druckkostenzuschüsse ausgesprochen.

Schwäbisch Gmünd, im Mai 1987

Die Verkehrssituation bis zum Jahre 1840

Die Handelsbeziehungen seit dem Spätmittelalter setzten ein Straßennetz voraus, das möglichst problemlos die wichtigsten Märkte und Messeplätze miteinander verband. Bereits in der Karte der »Gmünder Pürsch« aus dem Jahre 1572 ist die Eintragung »des Reiches Straße« ersichtlich, die aus dem unteren Remstal über die Grenze des Reichsstadtgebietes in das Gebiet der benachbarten Reichsstadt Aalen und weiter zieht. Es war die »obere Nürnberger Straße«, die auch die Rolle einer »Geleitstraße« spielte. Sie war ein Bestandteil der Verbindung von Straßburg und vom Rhein nach Nürnberg. Die Qualität dieses Verkehrsweges ließ jedoch noch sehr zu wünschen übrig. Es waren ausgefahrene und von den hintereinanderlaufenden Pferden ausgetretene Pfade, die in den Regenzeiten wüste und lange Morastflächen bildeten.

2 *Die Postkurse im Königreich Württemberg um 1819 (Ausschnitt)*

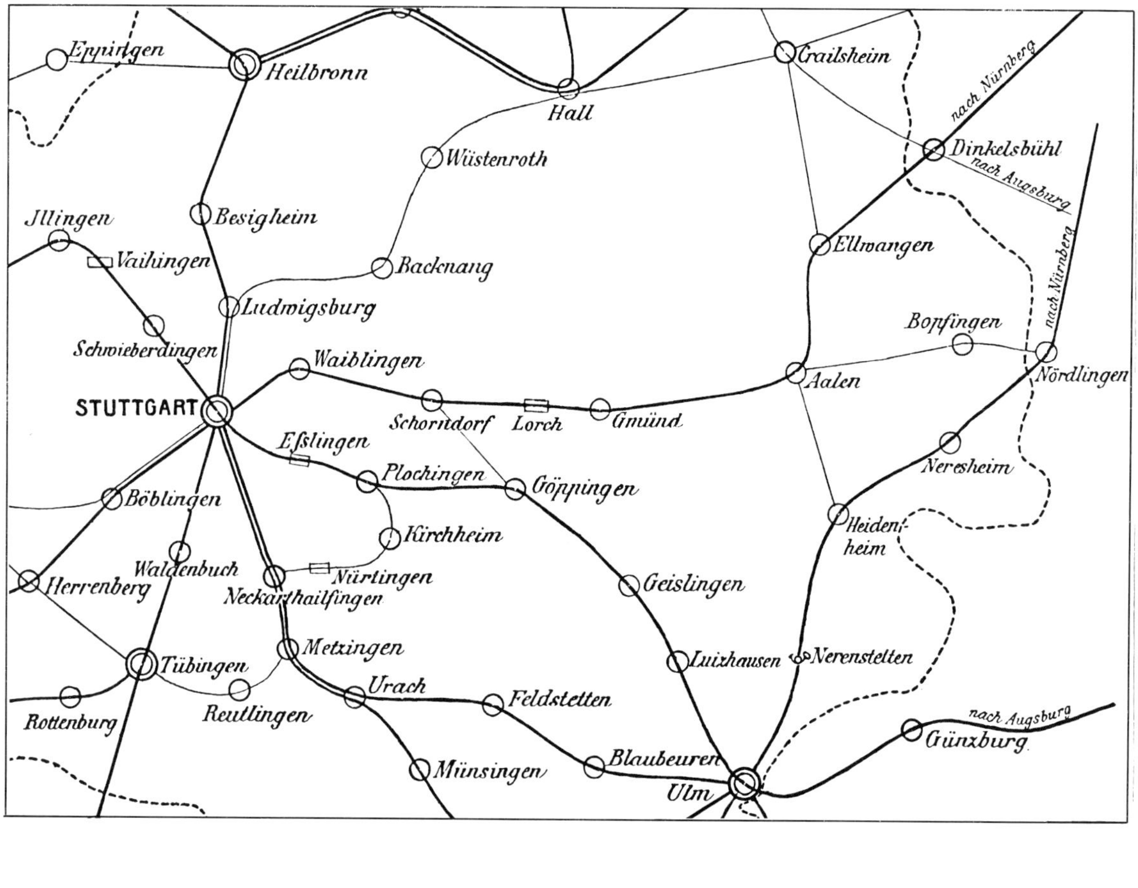

Leichte Verbesserungen ergaben sich erst in der herzoglich wirtembergischen Landpostordnung vom 10. März 1709, mit der auch die Gegend des Remstales und des Ostalbvorlandes an das überregionale Verkehrsnetz angeschlossen wurde. Wenn diese Neuerung die Möglichkeit einer regelmäßigen Anbindung an die wichtigsten Warenumschlagplätze und Messestädte brachte, so bedeutete dies aber noch lange keine qualitative Besserung des einmal bestehenden Weges. Es handelte sich um den Kurs von Stuttgart über Beutelsbach, Schorndorf, Gmünd, Aalen, Ellwangen, Schwabach nach Nürnberg. Außer dieser Verbindung wurden noch weitere sechs durch das Herzogtum führende Postkurse geschaffen. Ein wichtiges Ereignis bildete am 5. Januar 1760 die Einführung der Postlinie Paris–München–Wien. Immerhin konnte Gmünd im Jahre 1755 über eine Landkutschenverbindung mit Stuttgart und Nürnberg verfügen. Das Fahrzeug verließ Stuttgart in Richtung Nürnberg Dienstagnachmittag. Am späten Abend kam dasselbe in Gmünd an. Das aus Richtung Nürnberg fahrende Fahrzeug, der Gegenkurs, passierte Gmünd am Montagnachmittag. Im Jahre 1780 wurde die Verbindung wesentlich verbessert. Ellwangen wurde zum Knotenpunkt der Linien Ulm–Mergentheim, die im Abschnitt Ellwangen–Aalen mit dem Stuttgart–Nürnberger Kurs korrespondierte, Heilbronn–Augsburg und Stuttgart–Nürnberg. Der Stuttgart–Nürnberger Kurs verkehrte jetzt sonntags, während beim Gegenlauf Nürnberg–Stuttgart das Remstal mittwochs und samstags bedient wurde. Ab der Mitte des 18. Jahrhunderts wurden so nach

3 Die Postkurse im Königreich Württemberg um 1851 (Ausschnitt)

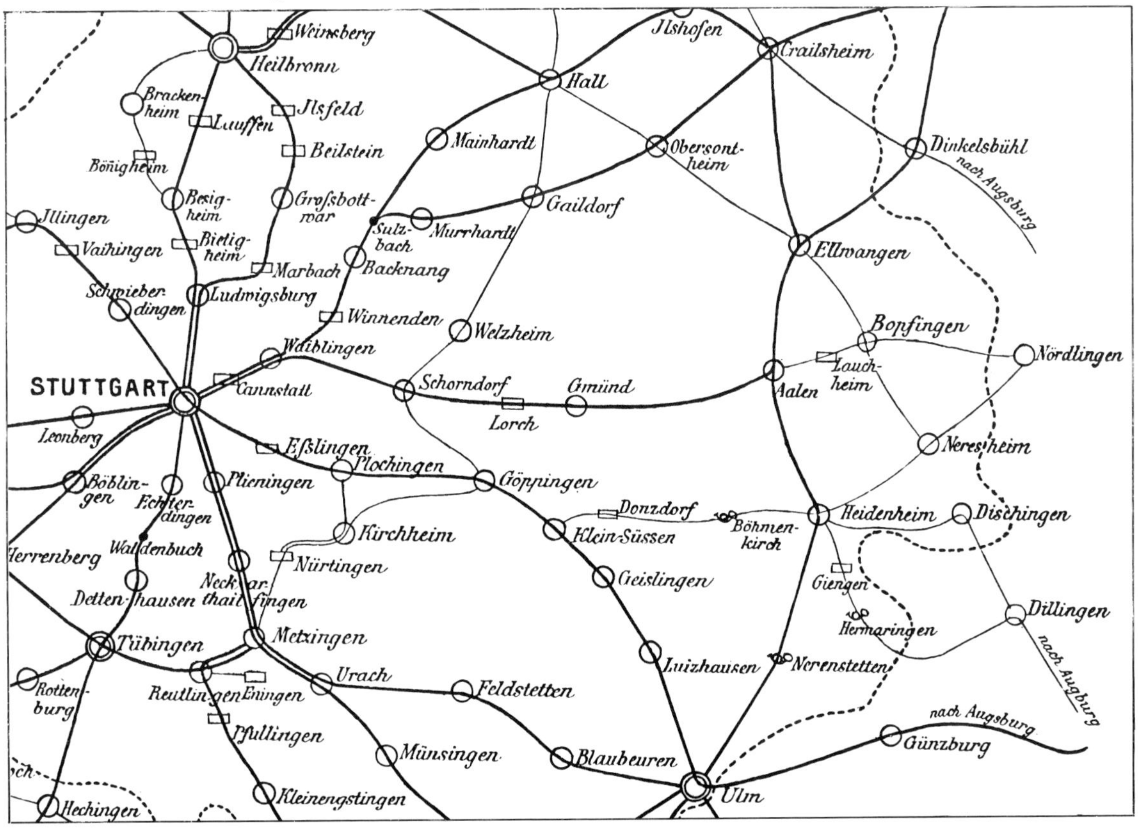

Verzeichniß

An was für Tägen, zu welcher Zeit und Stund in der Herzogl. Residenz-Stadt zu Stuttgardt die Kayserliche Reichs-Ordinari fahrende Posten abgehen und wiederum zuruck ankommen

Nach - und - Von

hierunten verzeichneten Orthschaften und Gegenden.

Gehen ab.		Kommen an.
Sonntags Morgens um 6. Uhr.	Schorndorff, Gmünd Aalen, Ellwangen, Dinckelspiel, Feuchtwangen, Anspach, Kloster-Heilsbronn, Nürnberg, Erlang, Bayreuth, Hof, Bamberg, Coburg, Saalfeld, Gera, Leipzig, Jena, Naumburg, Merseburg, Halle, Magdeburg, Berlin, Hilburgshausen, Meinungen, Schmalkalden, Gotha, Langensalza, Nordhaußen, Braunschweig, Bremen, Hamburg, Lübeck rc. auch nach und von Regenspurg.	Montags Mittags.
	Item nach Heydenheim, Giengen, Dillingen, Werttingen, Augsburg.	
	Item nach Schwabmünchen, Buchloe, Kauffbeyern, Füssen, Insbrugg, Bozen, ganz Türoll, und Italien.	
	Item nach München, Wasserburg, Stain, Waging, Salzburg.	Freytags Vormittag.
Eodem Morgens um 7. Uhr.	Ludwigsburg, Heilbronn, Fürfeld, Sinzheim, Wißloch, Heydelberg, Mannheim, Weinheim, Heppenheim, Darmstatt, Franckfurth bis Cölln rc.	Montags Abends.
	Item nach Oehringen, Schwäbischhall, Kirchberg, Rothenburg an der Tauber, und in das ganze Holloische.	
Dienstag Morgens um 6. Uhr.	Entzweyhingen, Pforzheim, Durlach, Carlsruhe, Ettlingen, Rastatt, Stollhofen, Bischofsheim, Kehl, Straßburg, rc.	Samstag Abends.
	Item nach Offenburg, Frießenheim, Kenzingen, Emendingen, Freyburg, Mühlheim, Kaltenheerberg, Baßel und in die ganze Schweitz.	
Eodem Morgens 7. Uhr.	Ludwigsburg, Heilbronn, Fürfeld, Sinzheim, Wisloch, Heidelberg bis Franckfurt und Cölln wie am Sonntag.	Samstag Nachts.
	Item nach Schwezingen, Mannheim, Maynz, Zweybrück, Saarbrück.	
Donnerstag Morgens 6. Uhr.	Nach Nürnberg, ganz Sachsen wie am Sonntag, rc.	Freytags Vormittags.
	Item nach Sultzbach, Amberg, Regenspurg, Prag, Passau, Lintz und Wienn, auch Ober und Nieder Ungarn.	
Eodem Morgens 6½ Uhr.	Eßlingen, Blochingen, Göppingen, Geißlingen, Westerstetten, Ulm, Memmingen, Kempten, Leütkirch, Isny, Wangen, Lindau, Herisau, Rorschach, St. Gallen rc. nach Wolffegg, Ravensburg, Mörsburg, Constanz.	Eodem
	Item Günzburg, Augsburg, München und ganz Bayern, Linz, Wien, und ganz Oesterreich.	
Eodem Morgens um 9. Uhr.	Waldenbuch, Tübingen, Hechingen, Bahlingen, Altingen, Tuttlingen, Engen, Schaffhausen, Zürch, rc.	Eodem
Freytags Vormittags.	Entzweyhingen, Knittlingen, Bruchsal, Wißloch, Heidelberg, Mannheim, Darmstatt, Franckfurth, Cölln rc.	Mittwoch Nachts.
	Item nach Durlach, Rastatt, Offenburg, Straßburg, Freyburg, Baßel, Bern, Genf, Lyon rc.	

1786.

4 *Ankunfts- und Abfahrtszeiten aller Stuttgart berührenden Postkurse aus dem Jahre 1786*

und nach die Straßen verbessert und teilweise sogar neu trassiert. Bei diesen Verbesserungen wurden hauptsächlich die Methoden angewandt, die die Franzosen bei der Anlage ihrer Chausseen mit Vorliebe zu praktizieren pflegten.

Nach der Vergrößerung seines Landes durch die vielfältigen Annexionen der napoleonischen Zeit legte König Friedrich II. großen Wert auf den Ausbau des Straßennetzes. Er hatte erkannt, daß es nützlich war, die neuen territorialen Erwerbungen durch Kunststraßen mit- und untereinander zu verbinden. Ein spezielles Organisationsmanifest aus dem Jahre 1806 schuf die »Ober-Chaussee-Intendanz«. Aus dieser nach französischem Vorbild geschaffenen Institution ging dann im Jahre 1811 die Sektion des Straßen-, Brücken- und

Königlich Württembergische Post.

Reise-Schein

zur

Fahrt in dem Eilwagen

von Schorndorf nach Hall

Abgang am 22ten Maerz 1861 um 12 Uhr 40

Einschreib-Nummer 102

An Personengeld wurde bezahlt —:. 3 fl 48 kr.

5 *Reiseschein für eine Eilwagenfahrt von Schorndorf nach Schwäbisch Hall vom 22. März 1861*

6 *Poststempel aus der Zeit vor der Eisenbahn*

Wasserbaues hervor. Alle diese Maßnahmen verfolgten zielstrebig die Tendenz, die Metropole Stuttgart, die sich im größeren Württemberg eine unbestrittene zentrale Lage geschaffen hatte, zum Ausgangs- und Hauptknotenpunkt eines perfekten Straßennetzes zu machen.

Als Wilhelm I. im Jahre 1816 nach dem Tode seines Vaters den Thron bestieg, fand er schon an die 2000 km verbesserte und teilweise bereits gänzlich neu trassierte Straßen vor. Ein Musterbeispiel einer solchen modernen Chaussee bildete die »Neue Weinsteige« von Degerloch nach Stuttgart, die Eberhard Etzel, der Vater von Carl Etzel, erbaut hatte. Alle diese Bemühungen um die systematische Verbesserung des Straßennetzes waren wirkungsvolle Ansätze zu einer zielbewußten Verkehrspolitik.

Die staatliche Umwälzung zu Beginn des 19. Jahrhunderts als wesentliche Voraussetzung für neue Verkehrswege

Die entscheidende Entwicklung für das Herzogtum Wirtemberg zu Beginn des 19. Jahrhunderts zeichnet sich in nachhaltigen territorialen Veränderungen als unmittelbare Folgen der Französischen Revolution ab. Die napoleonische Zeit hatte im Verlauf weniger Jahre die territoriale und somit auch politische Landschaft im Südwesten, jenen buntscheckigen »Fleckerlteppich«, radikal verändert. Damit wurden, wie sich sehr bald offenbaren sollte, auch die politischen und territorialen Gewichte verlagert. Die im Frieden von Lunéville vom 9. Februar 1801 anerkannten Gebietsentschädigungen für die Abtretungen vormals württembergischer Besitzungen links des Rheins (Montbéliard, Horbourg und Riquewihr) brachten dem Herzogtum und seinem Herrscher Friedrich, einem absolutistischen Despoten alter Schule, enorme Landgewinne. Sie waren bereits Verhandlungsgegenstand des vorausgegangenen württembergisch-französischen Separatfriedens.
Die ab November 1802 okkupierten, durch die Regensburger Verhandlungen noch vermehrten und im Reichsdeputationshauptschluß vom 25. Februar 1803 reichsrechtlich bestätigten Neuerwerbungen faßte der inzwischen zur Kurwürde erhobene Herzog in einem eigenen absolutistisch regierten Staat »Neuwürttemberg« mit der Hauptstadt Ellwangen zusammen, der nur durch Personalunion mit Altwürttemberg verbunden war.
Österreich mußte unter politischem Druck im Preßburger Frieden vom 26. November 1805 seine schwäbisch-österreichischen Lande aufgeben. Es war immerhin ein beachtlicher Landstrich, der auf diese Weise an Württemberg fiel. Kurfürst Friedrich II. nahm aufgrund der ihm zugesprochenen Souveränität die Königswürde an. Die Aufhebung der alten landständischen Verfassung ermöglichte die Verschmelzung von Neuwürttemberg mit Altwürttemberg. Der Rheinbund, die »confédération du Rhin«, vom 12. Juli 1806, die den Untergang des Reiches vollends vorantrieb, brachte weitere Landgewinne. Der Friede von Schönbrunn vom 14. Oktober 1809 führte zur Verteilung der Kriegsbeute unter den Siegern. Durch den Vertrag von Compiègne vom 24. April 1810 wurden die Grenzen der drei Rheinbundstaaten Baden, Württemberg und Bayern nicht unerheblich nach Osten verschoben. Während Bayern sich weiter nach Osten ausdehnte, trat es an das Königreich Württemberg alle Rechte und Besitzungen westlich einer fiktiven Linie von Waldmannshofen nördlich Mergentheim bis zum Bodensee ab. Damit fielen an Württemberg die Stadt Ulm und die bayerischen Landgerichte Tettnang, Buchhorn, Wangen, Ravensburg, Leutkirch, Söflingen, Geislingen, Albeck, Crailsheim sowie Teile der Landgerichte Elchingen, Nördlingen, Dinkelsbühl, Feuchtwangen, Rothenburg, Uffenheim und Gerabronn. Württemberg hatte mit Jahresschluß 1810 einen Gebietsstand erreicht, der dem Lande bis zu seinem Untergang im Jahre 1945 erhalten geblieben ist.
Der Regent konnte mit dem erzielten Resultat mehr als zufrieden sein. Er hatte alle Beziehungen spielen lassen. »Unter bedenkenloser Wahrnehmung aller Möglichkeiten hatte der erste König, je nach Lage auch die Verwandtschaft zum Zarenhaus, zum englischen Herrscherhaus und zum Hause Bonaparte nützend, diesen Staat eigentlich neu begründet.«[1]
Die große politische Flurbereinigung hatte viele neue Wege geebnet, die in den folgenden Jahr-

zehnten verkehrspolitische Entwicklungen fördern konnten, was zuvor bei der territorialen Vielfalt niemals möglich gewesen wäre. Für unsere Betrachtung seien hier einige Gesichtspunkte herausgegriffen, die zu Überlegungen Anstoß geben können. Die Entwicklung der Stadt Ulm steht hier an der Spitze, denn ihr Übergang an Württemberg hatte nicht nur rein lokale Konsequenzen. Für Ulm und seine weitere Entwicklung war diese Grenzziehung, die keinerlei Rücksichten auf die geschichtlichen und wirtschaftlichen Gegebenheiten nahm, höchst unglücklich. ». . . Mitten in der Donau verlief nun die Landesgrenze, die Ulm von seinem Hinterland und natürlichen Ausdehnungsgebiet abschnitt . . . Der Anschluß an Württemberg wurde von den Ulmern viel mehr als ein Unglück angesehen als die Aufgabe der Selbständigkeit, eine Stimmung, die bis weit in das 19. Jahrhundert anhielt. Unter Bayern war Ulm Hauptstadt der neu errichteten Provinz Schwaben geworden, zu der es auch landschaftlich und verkehrsmäßig gehörte; mit der Abtrennung kam die Provinzialregierung nach Augsburg, und Ulm wurde zur württembergischen Landstadt.«[2] Die »in ihrem Wohlstand tief gesunkene Stadt«, wie es in einem zeitgenössischen Schriftstück hieß, mußte sich sehr anstrengen, ihren einstigen guten Ruf und das frühere Ansehen dem arroganten Württemberg gegenüber wieder einigermaßen herzustellen. In dieser Demütigung einer Stadt und ihrem eifrigen Bestreben, das frühere Selbstbewußtsein wiederzufinden und die neue Position dem verhaßten Württemberg gegenüber auszubauen und mit allen Mitteln zu verteidigen, ist die tiefere Ursache dafür zu sehen, was sich in der Folgezeit hier in Sachen der Verkehrsentwicklung angebahnt hat. Mit Ulm war auch die Gegend um Geislingen zu Württemberg gekommen, bei Kuchen verlief von 1803 bis 1810 die bayerische Grenze.

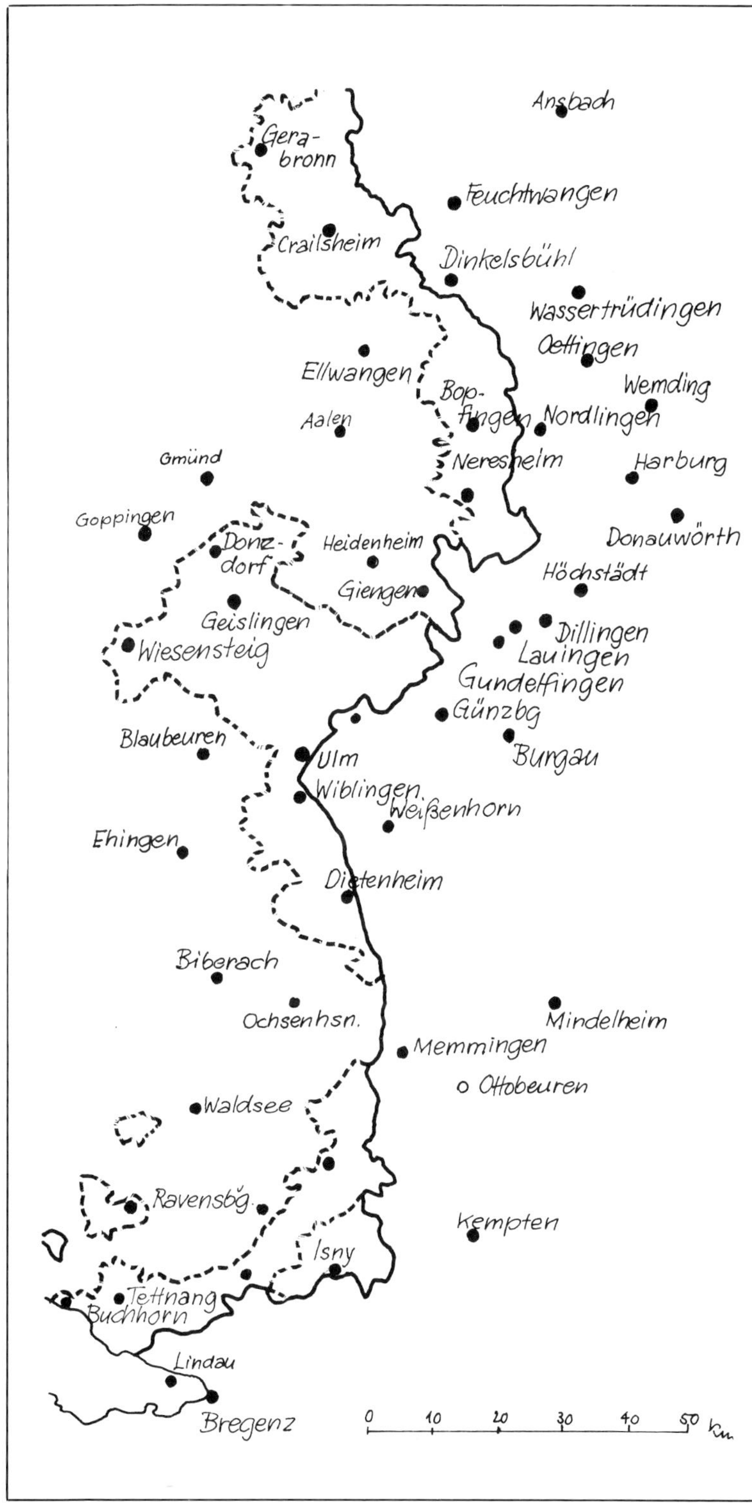

7 *Die württembergisch-bayerische Grenze 1803 und 1810* ▷

Interessante Grenzsituationen gab es östlich von Aalen und Ellwangen. Die Grenze von Bayern verlief sieben Jahre lang östlich von Lauchheim auf dem Rande des Rieskraters. Die einstige Reichsstadt Bopfingen zählte zu Bayern und somit unbestritten zum wirtschaftlichen und kulturellen Einflußbereich der benachbarten Stadt Nördlingen. Die Gebiete der Grafen von Oettingen-Wallerstein gehörten ebenso geschlossen zu Bayern wie das Gebiet des Klosters Neresheim.

Im Norden von Ellwangen reichte das Gebiet um Crailsheim, das vormals zum Fürstentum Ansbach-Bayreuth gehört hatte, noch weit in das um 1803 erweiterte Gebiet von Neu-Württemberg hinein. Die Situation seit der Grenzziehung von 1810 hatte eben an der württembergischen Ostgrenze Änderungen erzielt, die weitere Folgen haben mußten und beim Ausbau der Verkehrsbeziehungen ein Umdenken erforderlich machten. Die Stadt Nördlingen, ehedem natürlicher Mittelpunkt des Rieses und eines geschlossenen Wirtschaftsraumes, hatte plötzlich ihr westliches Hinterland verloren und war Grenzstadt gegen Württemberg geworden. Diese künstlich geschaffene Randlage sollte wenige Jahre später, wie noch zu hören sein wird, verkehrspolitische Folgen haben. Übrigens hat die Lage der Stadt Nördlingen noch in unseren Tagen unangenehme Folgen hervorgerufen, als die Stadt wegen dieser Tatsache ihres Kreissitzes zugunsten von Donauwörth verlustig ging.

Die zukünftige Entwicklung des Verkehrs am Vorabend des Eisenbahnzeitalters geht eindeutig auf die Folgen der politischen und territorialen Korrekturen auf der Landkarte zurück. So bekamen die Politiker und Verkehrsplaner plötzlich Wege vorgezeichnet, die in der Grenzziehung des frühen 19. Jahrhunderts vorgegeben waren.

Der Durchbruch des Eisenbahngedankens im Königreich Württemberg

Bereits in den zwanziger Jahren des 19. Jahrhunderts bereisten württembergische Ingenieure die Britischen Inseln, um das gegenseitige Zusammenwirken von Kanälen und Eisenbahnen zu studieren und entsprechende Kenntnisse zu sammeln.

Im Jahre 1830 wurde eine »Kommission zur Begutachtung der Frage verbesserter Verkehrswege auf den Hauptverkehrslinien in Württemberg« gebildet. Dieses Gremium konnte 1834 ein Gutachten erstatten, worin es »eine Eisenbahn als dasjenige Kommunikationsmittel höherer Ordnung, auf welches im Interesse der Verbindung des Neckars mit der Donau und dem Bodensee zunächst Bedacht zu nehmen sein dürfte«, bezeichnete. In diesem Schriftstück ist auch schon davon die Rede, welchen Verlauf eine solche Schienenverbindung einschlagen sollte. Im wesentlichen handelte es sich dabei um einen Streckenverlauf im Zuge der heutigen Rems- und Brenzbahn nach Ulm und einen weiter von dort über Biberach an den Bodensee bei Friedrichshafen verlaufenden Schienenweg.[1]

Das Jahr 1835 bildete für Württemberg ein Signal, sich auf die Frage eines sinnvollen Eisenbahnbaues vorzubereiten, keineswegs Hals über Kopf, sondern mit Spürsinn und Gewissenhaftigkeit. Allenthalben regten sich hierzulande die aufgeschlossenen und fortschrittlichen Kräfte, die ernstlich bestrebt waren, das neue Verkehrsmittel sinnvoller »Communication« nutz- und dienstbar zu machen. Die Anregungen gingen zweifellos von der Ludwigsbahn von Nürnberg nach Fürth aus, die kurz vor der Vollendung stand und den Auftakt für die Eisenbahnen im Gebiet des Deutschen Bundes bilden sollte. Schließlich hatte aber auch schon der Nationalökonom Friedrich List kurz zuvor in Wort und Schrift und vor allem durch seine »Eisenbahnkarte«[2] auf die Bedeutung der Schienenwege hingewiesen. Kein Wunder, daß die vielfältigen Agitationen für den neuen Schienenweg schon mitten in diesem Jahr immer lebhafter wurden. Diese Aktivitäten verfolgten alle das Ziel, das Wirtschaftsgeschehen vordringlich durch die Anlage von Eisenbahnen zu fördern.

Im Juni 1835 wurde in Stuttgart ein provisorischer Ausschuß gegründet, dessen Hauptanliegen Bau und Betrieb einer Eisenbahn zwischen Stuttgart und der am Neckar liegenden Oberamtsstadt Cannstatt sein sollte. Dieses mehr als bescheidene Vorhaben wurde alsbald anspruchsvoller, als das Programm auf eine Eisenbahn von Heilbronn über Stuttgart und Ulm an den Bodensee ausgeweitet wurde. Zweifellos wurden diese Planvorstellungen durch Aktivitäten in Ulm inspiriert, die sich in dieser Stadt im Spätsommer 1835 anzubahnen begannen.

Die Stuttgarter Gesellschaft befand sich bald in Übereinstimmung mit den Zielen der Ulmer. Allerdings befürworteten die Stuttgarter den im vorhinein festgelegten Weg über Rems-, Kocher- und Brenztal, wogegen die Ulmer unter Berufung auf einen der Ihrigen, den Kreisbaurat Georg Bühler, für den Weg über die Geislinger Steige plädierten. Bühler hatte sich schon für diese Route mit vorbereitenden Nivellierungsarbeiten befaßt. In Schwäbisch Gmünd, Aalen und Heidenheim wurde die Entwicklung ebenfalls mit großem Interesse verfolgt und die Argumentation aufmerksam registriert.

Den entscheidenden Impuls für die Entwicklung der württembergischen Eisenbahnwünsche bildete unbestritten die zielstrebige und massive Initiative der Stadt Ulm. Das dortige Bürgerkollegium, vornehmlich aus Angehörigen des örtlichen Handelsstandes bestehend, schnitt in einer Sitzung vom 22. September 1835 erstmalig die Eisenbahnfrage an. Fazit dieses Treffens war eine Resolution, in der nachdrücklich gefordert wurde, daß die Stadt bei den in Aussicht stehenden Planungen unter allen Umständen gebührend berücksichtigt werden müsse. Die Stadt Ulm sei über Jahrhunderte hinweg ein bedeutender Handelsplatz gewesen und möchte diese Stellung auch in Württemberg wiedererlangen. Noch im Dezember 1835 konstituierte sich daher die »Ulmer Eisenbahn-Gesellschaft«, am 21. Dezember wurde das Direktorium dieser Gesellschaft gewählt. Die Pläne wurden von namhaften Ulmer Persönlichkeiten unterstützt wie dem Regierungsdirektor von Holzschuher, den Fabrikanten Wieland und Wechsler, dem Festungskommandanten General zur Lippe und dem als Sekretär der Gesellschaft fungierenden Professor Dr. Dietrich Konrad Haßler, dessen engagiertes Eintreten für die Idee folgerichtig zu einem Ratsbeschluß führte, der spontan für den Bahnbau eine Summe von 100 000 fl., gestückelt in 1000 Aktien, aus der Stadtkasse zusicherte. Daran war allerdings die ausdrückliche Bedingung geknüpft, die Bahn solle grundsätzlich über Plochingen, Göppingen und Geislingen geführt werden[3]. Die Stadt und das Direktorium verstanden es treffend, die an dieser Route gelegenen Städte und größeren Gemeinden für ihre Ziele zu interessieren und schließlich zu gewinnen. Die Bestrebungen in Oberschwaben, insbesondere der Städte Biberach und Ravensburg, waren dabei mitentscheidend, wie wir das den Agitationsschriften dieser Interessengruppe wiederholt entnehmen können, ein Umstand, der für die weitere Entwicklung von Bedeutung war und auch bei den folgenden Auseinandersetzungen immer wieder in die Waagschale geworfen werden sollte. Das Bestreben der Stadt Ulm, die Bedeutung verflossener Zeiten wiederzugewinnen, wurde daher ausschlaggebend für die Gestaltung württembergischer Verkehrspolitik. In Stuttgart und dem übrigen Lande wurden diese Aktivitäten mit großer Aufmerksamkeit verfolgt und auch, was den Anfangs- und Endpunkt betraf, unterstützt. Schließlich galt es auch, die gerade in Ulm immer wieder aufflackernden Ressentiments gegen das verhaßte Württemberg seit der Okkupation des Jahres 1810 abzubauen oder wenigstens zu mildern.

Das Ulmer Komitée tagte am 28. Dezember 1835 und stellte ein Ansuchen um staatliche Genehmigung. Tags darauf kam eine Zusage, und am 30. Dezember kam es zu ersten Sondierungsgesprächen zwischen den Stuttgarter und Ulmer Beteiligten, deren Ziel es war, einen gemeinsamen Ausschuß zu bilden. Am 3. Januar wurde die definitive Vereinigung beschlossen. Da es aber zwischen den Vertretern der beiden Richtungen zu tumultartigen Auseinandersetzungen gekommen war, mußte das Hauptanliegen, die Fusion, vorerst verschoben werden. Unmittelbare Folge war die

8 Die Interessenten konstituieren sich

Entwurf der Statuten

der

Württembergischen

Eisenbahn-Gesellschaft.

Stuttgart.
Gedruckt in der J. B. Metzler'schen Buchdruckerei.

1836.

Gründung der Württembergischen Eisenbahn-Gesellschaft mit einem 13köpfigen Ausschuß, der sich aus zehn Stuttgartern, zwei Heilbronnern und einem Cannstatter zusammensetzte.
Der geschäftsführende Ausschuß der Württembergischen Eisenbahn-Gesellschaft regte am 3. Februar 1836 an, einen qualifizierten ausländischen Techniker damit zu betrauen, die Planungen voranzutreiben.
Bei allen diesbezüglichen Überlegungen und Ver-

9 *Ausschnitt aus einer 1845 in der Eisenbahn-Zeitung publizierten Karte*

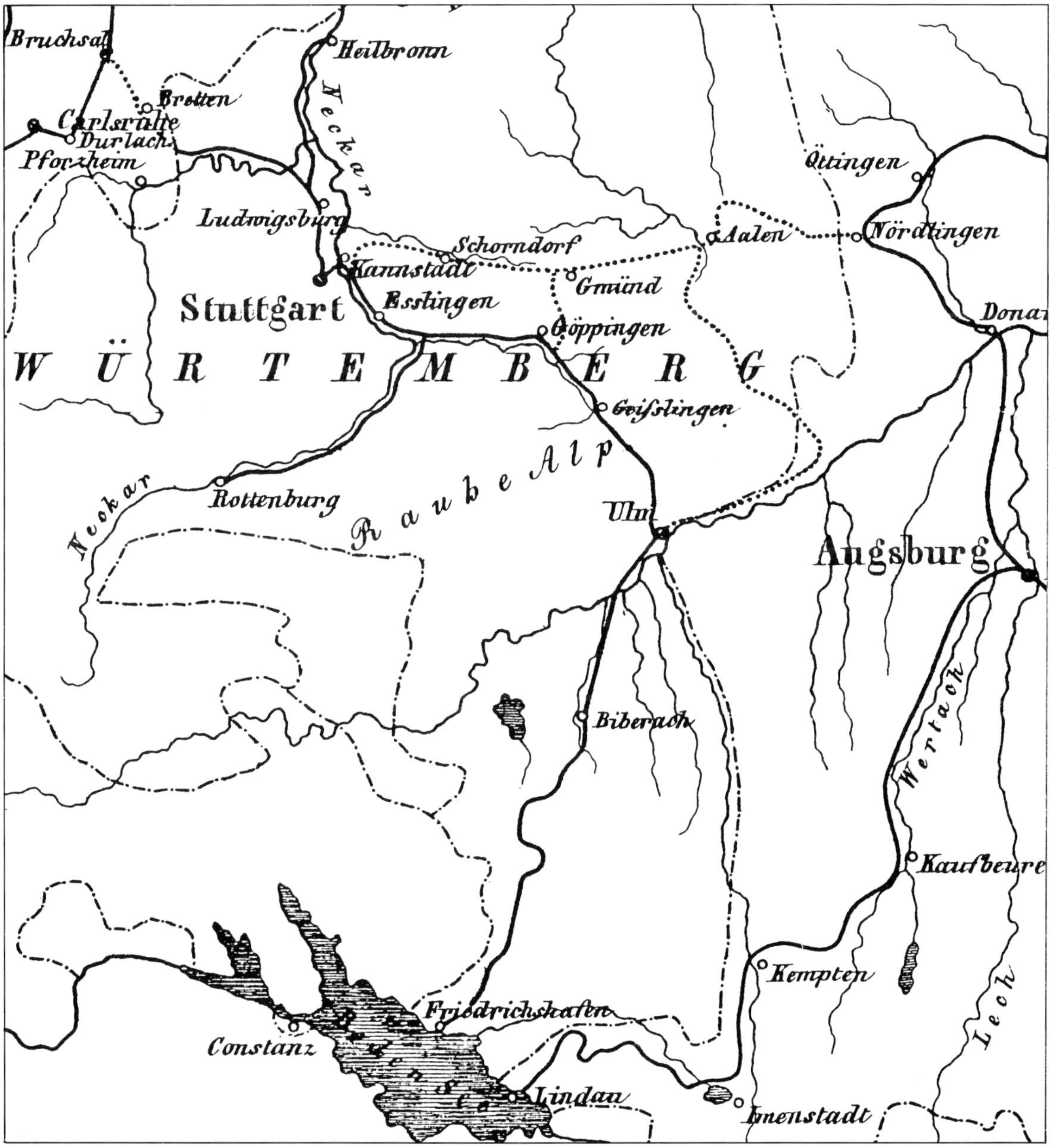

handlungen bestanden die Ulmer Vertreter auf dem Albanstieg bei Geislingen, der für sie unumstößliches Dogma war. Es kam so weit, daß Staatsrat Gärttner allen Ernstes befürchten mußte, die Ulmer Interessenvertreter könnten die Oberhand gewinnen. Daher setzte die Regierung alle Hoffnung auf Vertrauen auf die Württembergische Eisenbahn-Gesellschaft, zumal diese auch bei der Kapitalbeschaffung sichtliche Erfolge erzielt hatte, immerhin mehr als 1,6 Millionen Gulden.

Die Ulmer Verfechter hatten gute Gründe zu allgemeinen Sorgen. Schließlich waren auch ihnen die Agitationen der Eisenbahnbefürworter in Waiblingen, Schorndorf, Gmünd, Aalen und Heidenheim nicht verborgen geblieben. Unternehmer waren es vor allem, die sich durch wiederholte Petitionen und persönliche Vorsprachen immer wieder in Erinnerung brachten, so vor allem Georg Zoeppritz aus Heidenheim und Ludwig Gerber aus Gmünd. Sie verfochten mit Nachdruck den Bahnbau im Sinne der Route durch die Täler von Rems, Kocher und Brenz. Die Geislinger Route sollte nach ihrer Meinung durch einen systematischen Ausbau der Straße den Anforderungen gerecht gemacht und angepaßt werden.

Zwei Interessengruppen[4] waren der Regierung nicht sympathisch, da hierin eine Schwächung der gemeinsamen Anliegen verborgen sein konnte. Nachdem die Fusion schließlich am 29. Februar 1836 vollzogen war, wurden die ersten Vorbereitungen für notwendige Geländeerkundungen gefordert. Der Streit ging um die Verwendung ausländischer erfahrener Techniker oder Beamter aus dem Kreis der »Ober-Chaussee-Intendanz«. Innenminister Schlayer schlug in einem Schreiben vom 25. März 1836 für diese Aufgabe den Ulmer Kreisbaurat Bühler und den Hauptmann Duttenhofer vor. Ein weiterer Schriftsatz vom 9. April 1836 nannte Staatsrat Karl Seeger, dem das Vorhaben unterstellt werden sollte.

Mittlerweile zeigte sich, daß der Staat sich bereits nachhaltig in der Sache engagiert hatte, und es bedurfte nur noch kurzer Zeit, bis die Württembergische Eisenbahn-Gesellschaft in eigener Sache aktiv wurde: Der Cannstatter »Handlungsvorsteher« Gustav Fischer erhielt den Auftrag, Daten über den württembergischen Verkehr zu sammeln und eine Aufstellung über das Verkehrsaufkommen zu erstellen.

Bereits im Oktober 1836 konnte er sein Gutachten der Öffentlichkeit vorlegen, am 5. Dezember wurde die Expertise dem Monarchen überreicht. Am 8. März konnte Baurat Bühler den Kostenvoranschlag für die gesamte Strecke Cannstatt –Friedrichshafen präsentieren.

Eine staatliche Konzessionserteilung, mit der die Aktionäre fest gerechnet hatten, blieb aber aus. Immerhin waren seit Bestehen der Gesellschaft 9,5 Mio. Gulden an Aktien gezeichnet worden. Daraufhin zogen sich verschiedene Geldgeber zurück, zumal bald klar wurde, daß das gesammelte Aktienkapital niemals für die Verwirklichung des anspruchsvollen Vorhabens ausreichen würde.[5]

Zu Beginn des Jahres 1838 zeichnete sich unverkennbar die sich anbahnende Liquidation der Gesellschaft ab.

Die Stuttgarter Instanzen hatten aus dem Vorgang richtig erkannt, daß das Projekt am besten in den Händen des Staates aufgehoben sei. Daher wurde mit Wirkung vom 31. Mai 1838 die Liquidation der Württembergischen Eisenbahn-Gesellschaft vollzogen. Immerhin konnte sich der Staat die systematischen Vorarbeiten, die keineswegs umsonst gewesen waren, zunutze machen. Schon in jenen Tagen war offenbar, daß bei württembergischen Planungen privatwirtschaftliche Interessen und Spekulationen nichts verloren hätten und somit für den Bau der Eisenbahnen nur das Staatsbahnprinzip in Frage kommen könne.

Oberbaurat Bühler und Staatsrat Seeger hatten die generellen Bahnbauprojekte ausgearbeitet. Für die Verbindung von Stuttgart in Richtung Ulm waren es grundsätzlich zwei Varianten, die eine über das Neckar- und Filstal, die andere von Cannstatt über Schorndorf, Gmünd, Aalen, Heidenheim und Sontheim a.d. Brenz nach Ulm.[6]

Der Weg zum Staatsbahnprinzip und das Tauziehen um den ersten Schienenweg in Württemberg

Wenn die Verwirklichung der Eisenbahnen in Württemberg noch fast ein Jahrzehnt auf sich warten ließ, so ist das in keiner Weise auf Unfähigkeit oder gar mangelnde Entschlußkraft zurückzuführen. Die Verzögerung beruhte vielmehr auf dem ernsthaften Bestreben, ein durchaus leistungsfähiges Verkehrsmittel im Lande zu schaffen. Die Anlage von »Verkehrsbahnen höherer Ordnung« war ein wichtiges Anliegen. Der damalige Chef des Departements des Inneren, Minister Johannes Schlayer, legte das Resultat seiner eingehenden Untersuchungen auch der Kammer der Abgeordneten vor. Diese Vorlagen erschienen aber den Abgeordneten noch nicht voll ausgereift, so daß die Sessionsperiode des Parlaments verstrich, ohne daß es zu einer Äußerung der Kammer gekommen wäre. Starke konservative Kräfte ohne das nötige Vorstellungsvermögen arbeiteten ständig dagegen; sie konnten sich mit der »Neuerung des gespensterhaften Fahrens ohne Pferde und Fuhrmann« in keiner Weise anfreunden. Selbst innerhalb des Ministeriums gingen die Ansichten auseinander. Der Finanzminister Herdegen hatte Angst vor den Ausgaben für eine »Erfindung«, deren Rentabilitätsfrage für ihn immer noch sehr zweifelhaft war. Fortschrittlich war hingegen Minister Schlayer, der eindeutig den Vorteil des neuen Verkehrsmittels erkannt hatte und die Wirkungen desselben für das Land. Vor der Kammer der Abgeordneten hielt er am 7. März 1842 einen entscheidenden Vortrag, in dem er überzeugend die Vorzüge der Eisenbahnen zu würdigen verstand. Er nannte sie ausdrücklich »das mächtige Organ für die Förderung der Industrie im weitesten Sinne des Wortes, der Geisteskultur, der innigen Vereinigung der einzelnen Landestheile und der näheren Verbindung der Länder untereinander«. Die Lage von Württemberg sei geradezu dazu prädestiniert, die Idee eines allgemeinen Eisenbahnsystems zu verwirklichen, die außerdem noch »die kürzeste Verbindung zwischen den beiden größten deutschen Stromgebieten«, der Donau und des Rheins, in sich schließe. Die Liquidation der Württembergischen Eisenbahn-Gesellschaft signalisierte das Ende einer breitgestreuten privaten Initiative.

Die beiden Vorplaner Bühler und Seeger hatten mit ihren Vorarbeiten Maßstäbe gesetzt. Diskussionsgrundlagen für die Verbindung von Stuttgart nach Ulm waren grundsätzlich die beiden genannten Varianten, über Aalen bzw. über Geislingen. Wenn auch manche Erwartungen zu hoch gesetzt schienen, so fand doch das begeisterte Bekenntnis zur Eisenbahn einen erfreulichen Widerhall in der Öffentlichkeit. Bedeutsam in diesem Zusammenhang war auch die nimmermüde Agitation eines Johannes Mährlen, Professor am Katharinenstift in Stuttgart, der immer wieder durch verschiedene Beiträge zum Thema Eisenbahn die Öffentlichkeit aufzurütteln verstand.[1]

In einem vom 3. April 1843 ausgefertigten königlichen Sanktionsreskript betonte der König Wilhelm I. von Württemberg ausdrücklich:

»Liebe Getreue!

Auf eure unterthänigste Eingabe vom 22. März 1843 in Betreff des Gesetzes über Anlegung von Eisenbahnen, geben Wir euch gnädigst zu erkennen, daß wir euren Beschlüssen, welche ihr mit jener Eingabe vorgelegt habt, Unsere Genehmigung erteilt und Unsere Ministerien des Innern und der Finanzen beauftragt haben, das hiernach

zu redigierende Gesetz Uns zur Vollziehung vorzulegen . . .
Die Niedersetzung einer eigenen technisch-administrativen Kommission für den Bau und den Betrieb der Eisenbahnen liegt in Unserer Absicht, und, so wie schon bisher versucht worden ist, für die Ausführung einen ganz bewährten fremden Techniker anzustellen, so werden Wir die auf diesen Zweck gerichteten Bemühungen fernerhin fortsetzen lassen.«[2]

Die vorliegenden Trassenstudien bildeten eine wertvolle Entscheidungshilfe zu dem bevorstehenden ersten Eisenbahngesetz. Dieses datierte vom 28. April 1843 und gab den entscheidenden Impuls zum ersten Bau von Eisenbahnen im Königreich Württemberg. Darin wurde beschlossen, es sollten in Württemberg Eisenbahnen auf Staatskosten gebaut werden, ohne vorher mit den Nachbarstaaten Baden und Bayern Staatsverträge wegen der Weiterführung der Linien abzuschließen. Die Minorität der Kommission vertrat übrigens die sehr konservative Ansicht, »der innere Verkehr bedarf keiner Eisenbahn und der äußere Verkehr gewinnt nichts durch eine Eisenbahn, welche an der Landesgrenze nicht fortgesetzt wird. Eben deßhalb bringt es dem Land auch keinen Schaden, wenn der Bau der Bahn bis auf den Zeitpunkt des Anschlusses unserer Nachbarn ausgesetzt wird«.[3]
Interessant ist in diesem Zusammenhang, wie es zu dem entscheidenden Votum für die Eisenbahnen gekommen ist. Die beiden Planer, die mit den Trassenstudien beauftragt waren, hatten eine umfangreiche Arbeit vorgelegt, die von großem Fleiß und Eifer zeugte. Wenn auch Bühler und Seeger verschiedene Studienreisen auf die Britischen Inseln zum Studium des Eisenbahnwesens gemacht hatten, Eisenbahnbauer waren sie nicht. Da in diesem Falle die Ansichten weit auseinandergingen, regte der stets aktive Johannes Mährlen an, unterstützt von Staatsrat Seeger, einen Fachmann von internationalem Ruf nach Stuttgart einzuladen, um die vorliegenden Pläne einem Gutachten zu

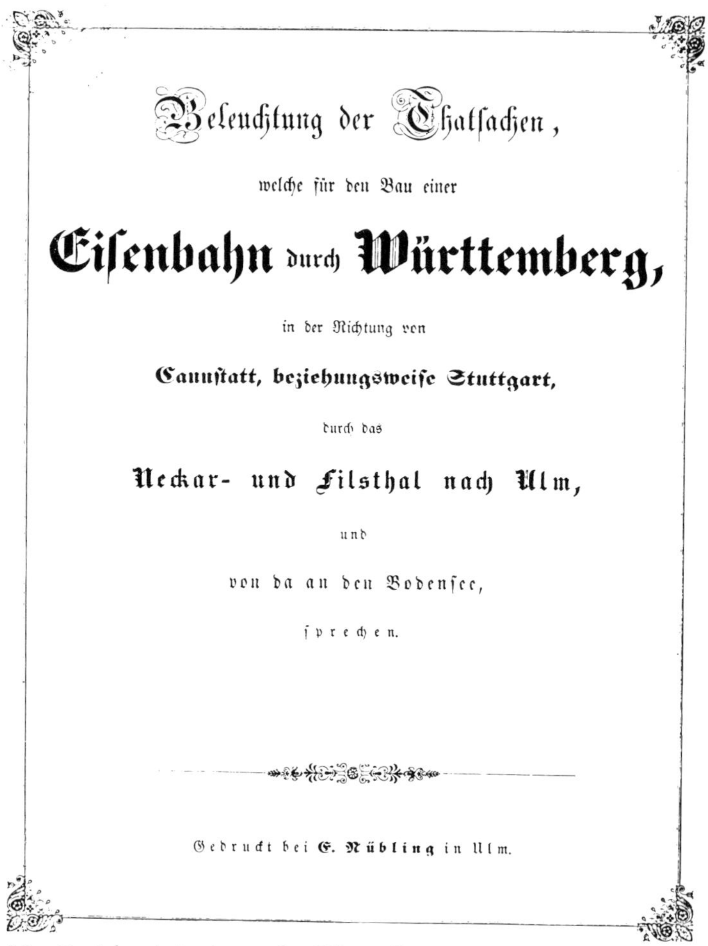
Beleuchtung der Thatsachen,
welche für den Bau einer
Eisenbahn durch Württemberg,
in der Richtung von
Cannstatt, beziehungsweise Stuttgart,
durch das
Neckar- und Filsthal nach Ulm,
und
von da an den Bodensee,
sprechen.

Gedruckt bei C. Rübling in Ulm.

10 *Gezielte Agitationen der Ulmer Kreise*

unterwerfen, denn schließlich sollten die Voraussetzungen für den Eisenbahnbau nach der gesetzlichen Genehmigung auch auf die Praxis hin untersucht werden. Beigezogen wurde auf diese Initiative hin Alois von Negrelli aus Wien, ein erfahrener Ingenieur, General-Inspektor der K. u. K. Kaiser-Ferdinands-Nordbahn in Wien und der Wien-Gloggnitzer Bahn.
Der Gutachter unterzog sich der gestellten Aufgabe mit der nötigen Sachkenntnis, bestätigte diese und jene Punkte und sachlichen Argumente und brachte auch, wo es aus technischen Gründen nötig erschien, berichtigende Hinweise und Ergänzungen. Seltsam in diesem Zusammenhang ist

Zur Rechtfertigung

der von Einwohnern der Städte im

Rems- Kocher- und Brenzthal

im December 1842

bei der K. Regierung und den Ständen eingereichten

Eingabe in Eisenbahnsachen

gegen die bei C. Nübling in Ulm erschienene

„Beleuchtung der Thatsachen, welche für den Bau einer Eisenbahn durch Württemberg in der Richtung von Cannstatt, beziehungsweise Stuttgart, durch das Neckar- u. Filsthal nach Ulm, und von da an den Bodensee, sprechen."

Gedruckt bei C. F. Kraus in Heidenheim

11 Das Echo der Städte an Rems, Kocher und Brenz

allerdings, daß er sich in der Angelegenheit mit der Führung der Bahn durch die Täler von Rems, Kocher und Brenz sehr ablehnend verhalten hat. Er hatte es nicht einmal der Mühe wert befunden, auf die Einzelheiten der Planungsstudie des Konkurrenzvorschlages einzugehen. Er war, wie es an anderer Stelle heißt, »aus Gründen nicht technischer Art von den Vorzügen einer Filsthalbahn überzeugt«. Seine gutachtliche »Ertrags-Berechnung der Eisenbahn von Stuttgart durch das Remsthal nach Ulm« meint dazu: »Gegen die Anlegung einer Eisenbahn durch das Remsthal sprechen folgende gewichtige Gründe«, die hier auszugsweise angeführt werden:

»1. Die äußerst schwierige Ausführung des Neckarübergangs bei Neckarrems . . .,
2. die ungünstigen Terrain-Verhältnisse zwischen Neckarrems und Waiblingen . . .,
3. die Steigungs-Verhältnisse von Mögglingen, Oberamts Gmünd, bis zu dem sogenannten Blümle, Oberamts Aalen, . . .«

Beachtlich scheint aber die Ziffer 9 zu sein:
». . . die Gefahr, welche für die Existenz der Schiffahrt und des Handels von Ulm entstehen müßte, da die Königl. Baierische Regierung diesen günstigen Umstand sogleich benützen, in Lauingen einen Stapel errichten und damit den alten Schiffahrts-Betrieb von Ulm aus zu Grunde richten würde«.

Das Gutachten gipfelt mit der lapidaren Bemerkung: »In Erwägung, dass die Bahnlinie durch das Filsthal gegen 12 Stunden kürzer als die Linie durch das Remsthal nach Ulm wird, dass die Filsthalbahn immer im Inlande bleibt, während eine bedeutende Strecke der Remsthal-Ulmer-Bahn ungeachtet ihrer grösseren Länge keine günstigeren Niveauverhältnisse darbietet, dass weitaus dem grösseren Teil der an der Filsbahn vorkommenden Schwierigkeiten begegnet, während der schwierige Eingang in das Remsthal nur erzwungen werden konnte so finde ich in Ansehung der überwiegenden Vorteile, die sie darbietet, sich bewogen, mit aller Bestimmtheit auf Annahme der Bahntraçe durch das Filsthal und über die Alb anzurathen.«[4]

Diese sehr schroffe Ablehnung eines anerkannten Eisenbahnfachmannes stieß naturgemäß in den Tälern von Rems, Kocher und Brenz auf wenig Verständnis. Die Betroffenen beriefen zur Vertretung ihrer Interessen einen Gegengutachter, W. A. Beyse aus Köln, der ebenfalls eine Denkschrift verfaßte, die die Interessen seiner Auftraggeber mit Nachdruck verteidigte. Die abfällige Bemerkung von Negrelli, die auch von Morlok ausdrücklich bestätigt wird, und der kurze Hinweis auf nicht näher zu erläuternde Gründe läßt ohne weiteres eine andere und viel plausiblere Vermutung zu.

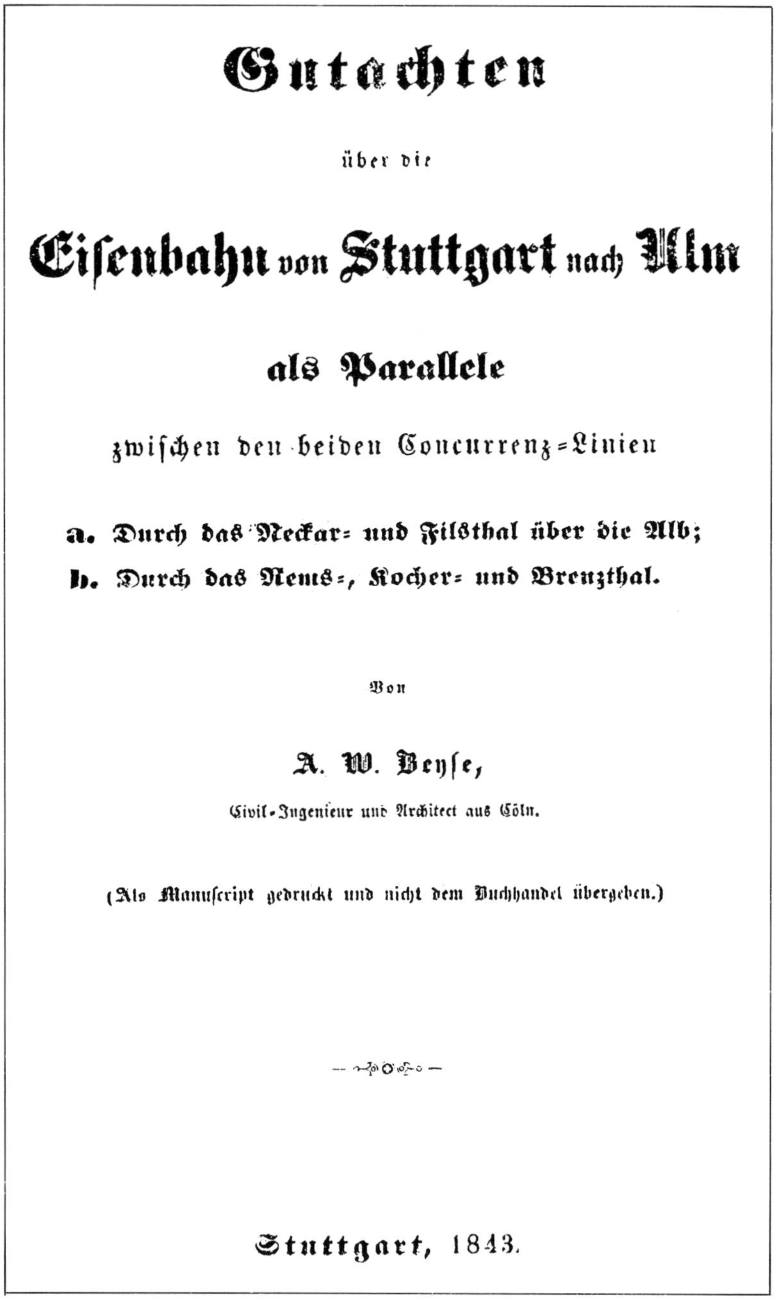

Gutachten

über die

Eisenbahn von Stuttgart nach Ulm

als Parallele

zwischen den beiden Concurrenz-Linien

a. Durch das Neckar- und Filsthal über die Alb;
b. Durch das Rems-, Kocher- und Brenzthal.

Von

A. W. Beyse,

Civil-Ingenieur und Architect aus Cöln.

(Als Manuscript gedruckt und nicht dem Buchhandel übergeben.)

Stuttgart, 1843.

12 Die Auseinandersetzung mit den Konkurrenzlinien

Zur Planung der Albüberquerung mit Hilfe der Geislinger Steige findet Negrelli folgendes interessante Lob, das zu denken geben muß: »Mit Freude begrüße ich den Techniker, welcher schon vor mehreren Jahren den Muth hatte, den Versuch zur Ausmittlung einer Eisenbahnlinie über einen Bergpaß von solcher Bedeutung zu unternehmen, und mit einem so glücklichen Erfolg durchzuführen.«[5]

Als leitende Persönlichkeit der Wien-Gloggnitzer Bahn stand Negrelli vor dem Problem einer unmittelbar bevorstehenden Überschienung des Semmering-Massivs zwischen den beiden vorläufigen Endstationen Gloggnitz im Nordosten und Mürzzuschlag im Südwesten. Eine unproblematische Überwindung dieses gebirgigen Abschnitts unter den normalen und bisher üblichen Voraussetzungen einer Adhäsionsbahn mit annehmbaren Gradienten wäre wohl wert gewesen, am Beispiel der Geislinger Steige erprobt und praktiziert zu werden. Dieser Gesichtspunkt, der bisher noch nicht in der einschlägigen Literatur aufschien, verdient aber um so mehr Beachtung, als er ein bezeichnendes Licht auf das Problem wirft. Gründe hatte der erfahrene Negrelli schon, und wenn es nur die Probe der Gebirgsüberquerung war. Als der Versuch gelungen war, konnte es auch bei der Semmering-Überquerung praktisch keine Schwierigkeiten mehr geben. Die spätere Erfahrung hat dem Entschluß recht gegeben.

Als Negrelli 1842 Stuttgart verließ, machte er den Hinweis auf einige begabte junge Württemberger, vor allem den derzeit in österreichischen Diensten stehenden Carl Etzel, Sohn des Eberhard Etzel, des Erbauers der Neuen Weinsteige, der daraufhin nach Stuttgart berufen wurde.

Der schon mehrfach erwähnte Mährlen wollte absolute Sicherheit mit den Eisenbahnplänen und ihrer Verwirklichung. Daher ließ er keine Ruhe, bis ein weiterer Gutachter beigezogen wurde. Immerhin hatte dieser Pädagoge einen so weit reichenden Einfluß, daß er die Berufung eines weiteren Experten durchsetzen konnte. Die Wahl fiel diesmal auf den englischen Civilingenieur Charles de Vignoles aus London: Im Gegensatz zu Negrelli weilte dieser länger in Stuttgart, nämlich von September 1842 bis Anfang April 1843. Schonungslos war er mit Oberbaurat Bühler ins Gericht gegangen. Ohne viele neue Erkenntnisse zu liefern, legte er mehrere Bände von Gutachten vor und hatte im Enderfolg enttäuscht, wogegen die Expertise von Negrelli die brauchbare Grundlage bildete.[6]

Inzwischen arbeiteten die Oberbauräte Carl Etzel und Michael Knoll an den Plänen zum Bahnbau an den Stammstrecken in Württemberg, deren Bezeichnungen Centralbahn, Nordbahn, Westbahn, Ostbahn und Südbahn von Negrelli stammten und beibehalten wurden. Das Eisenbahngesetz vom 18. April 1843, das nach der Verabschiedung durch die Ständeversammlung Richtlinie zum Eisenbahnbau bildete, umfaßte folgende grundlegende Punkte:

»1. Es ist die Aufgabe des Staates, die Hauptbahn des Landes als unmittelbares Staatsunternehmen zu bauen.

2. Bau und Betrieb von Zweigbahnen können Privatgesellschaften überlassen werden.

3. Richtung und Ziel der Hauptlinien werden bestimmt. Sie verbinden den Mittelpunkt des Landes, Stuttgart, auf der einen Seite mit Ulm und Friedrichshafen, auf der anderen Seite mit der westlichen Landesgrenze – ohne Zielsetzung wegen der noch schwebenden Verhandlungen mit Baden – sowie in nördlicher Richtung mit Heilbronn, um die kürzeste Verbindung zwischen den Endpunkten der beiden Schiffahrtsstraßen Neckar und Donau und dem Bodensee zu schaffen.

4. Die entlegenen Bezirke werden unter sich und mit der Eisenbahn durch Staatsstraßen verbunden.«[7]

Die Gutachten wurden von einer Sonderkommission sehr kritisch überprüft. Da die Ergebnisse positiv waren, sandten die beiden Kammern sie an den königlichen Geheimrat weiter. Das schon vorher erwähnte Sanktionsreskript bildete schließlich die Antwort und war die unmittelbare Folge der unter der Regierung Schlayer zustande gekommenen Entscheidung des vorgenannten Eisenbahngesetzes.

Das in der napoleonischen Zeit um ein Vielfaches vergrößerte Territorium von Württemberg, das seinen Gebietsstand mit Abschluß des Wiener Kongresses bestätigt bekommen hatte, wurde nun von einer Magistrale durchzogen, die von Heilbronn zum Bodensee alle neuen Landesteile, insbesondere aber die oberschwäbischen Gebiete, denen der »Anschluß« nicht leicht gefallen war, an die neue Metropole Stuttgart kettete. Eine solche Verbindungsfunktion wurde damit der Eisenbahn als dem neuen Verkehrsmittel zuteil. Ehe mit der Ausführung der Bauvorhaben begonnen werden konnte, mußten noch verschiedene Gutachter von internationalem Ruf und mit schon gewonnenen Erfahrungen beigezogen werden, die die bereits vorliegenden Planungsstudien des Oberbaurats Bühler und des Staatsrats Seeger kritischen Überprüfungen unterzogen.

Als weiterer Fachgutachter wurde noch der Zivilingenieur Ludwig Klein aus Wien nach Stuttgart berufen. Er war längere Zeit im Stabe des österreichischen Eisenbahnbauers Franz Anton Ritter von Gerstner beim Bau der ersten russischen Eisenbahn von der damaligen Residenzstadt Petersburg nach Zarskoje Selo beschäftigt und machte bald darauf mit seinem Mentor eine längere Studienreise in die Vereinigten Staaten von Amerika, von wo aus er wertvolle Anregungen und Erfahrungen eisenbahntechnischer Art auf den Kontinent mitbrachte. Diesem Praktiker, dessen Name in der Fachwelt bereits einen guten Klang hatte, wurde die Aufgabe zuteil, die Arbeiten von Vignoles und Etzel grundlegend zu überprüfen und, wenn nötig, Neubearbeitungen vorzunehmen.

Ludwig Klein hatte das Resultat seiner kritischen Untersuchungen in einer Schrift unter dem Titel »Die erste Sektion der württembergischen Eisenbahnen« dargelegt. Der gründliche Bericht mit der exakten Arbeitsmethode fand bei maßgeblichen Herren der Eisenbahn-Kommission großen Beifall und wurde auch von den übergeordneten Stellen gebilligt.

Grundsätzlich geschah der Ausbau in jener ersten Bauperiode in verschiedenen Etappen, die in Tabelle 1 enthalten sind. Die Bezeichnungen wie Centralbahn, Westbahn, Nordbahn, Ostbahn und Südbahn stammten von Negrelli.

Tabelle 1: Die Eröffnungsdaten der ersten Bauperiode

1.	22. 10. 1845	Cannstatt–Untertürkheim	Centralbahn
2.	7. 11. 1845	Untertürkheim–Obertürkheim	Centralbahn
3.	20. 11. 1845	Obertürkheim–Esslingen	Centralbahn
4.	15. 10. 1846	Cannstatt–Ludwigsburg	Centralbahn
5.	14. 12. 1846	Esslingen–Plochingen	Ostbahn
6.	11. 10. 1847	Plochingen–Süssen	Ostbahn
7.	11. 10. 1847	Ludwigsburg–Bietigheim	Nordbahn
8.	8. 11. 1847	Ravensburg–Friedrichshafen	Südbahn
9.	25. 7. 1848	Bietigheim–Heilbronn	Nordbahn
10.	26. 5. 1849	Ravensburg–Biberach	Südbahn
11.	14. 6. 1849	Süssen–Geislingen	Ostbahn
12.	1. 6. 1850	Biberach–Ulm	Ostbahn
13.	29. 6. 1850	Geislingen–Ulm	Ostbahn
14.	1. 10. 1853	Bietigheim–Bruchsal	Westbahn
15.	1. 5. 1854	Ulm–Landesgrenze bei Neu-Ulm	Maximiliansbahn (amtliche bayerische Bezeichnung)

Die Bahnen der ersten Epoche hatten sich schon in den Anfangsjahren gut bewährt. Durch die günstige Finanzlage und die gute Rendite, die sie schon nach kurzer Zeit abwarfen, wurde bald auch der Wunsch laut, nach einer angemessenen Pause die Bauarbeiten weiterzuführen. Oberbaurat Gaab wurde beauftragt, unverzüglich die nötigen Vorarbeiten für die Strecken Lonsee–Heidenheim–Aalen–Wasseralfingen; Plochingen–Reutlingen–Rottenburg und Eislingen–Gmünd–Wasseralfingen in die Wege zu leiten.[8] Carl Etzel, Ludwig Klein und Michael Knoll hatten in den Jahren 1844/45 schon entsprechende Vorstudien angefertigt. Diese Praxis war gut, weil dabei auch Konkurrenzprojekte auf ihre Ausführbarkeit geprüft werden konnten. Die bei diesen Vorgängen gewonnenen Erkenntnisse ließen sich dann später mühelos in die Planungen einbeziehen, wenn es zur Verwirklichung einer solchen Strecke kam. So gesehen waren die Vorstudien für die Remsbahn aus den Jahren 1836 und 1844/45 von großem theoretischen und praktischen Nutzen.

Die Eisenbahnkommission und die Konsequenz ihrer Politik

Als neue staatliche Mittelbehörde wurde die Eisenbahnkommission gebildet. Sie übte seit dem 15. Juni 1843 mit königlicher Genehmigung ihre Tätigkeit aus. Ihr oblag für die Zukunft die Behandlung aller einschlägigen administrativen, kaufmännischen, finanziellen und technischen Arbeiten. Die Kommission und ihre Techniker hatten nun Zeit, die nötigen Vorbereitungen zur Bearbeitung weiterer Eisenbahnprojekte zu treffen, ausgehend vom Grunderwerb über die Trassierung mit den nötigen Bodenuntersuchungen, damit ein möglichst solider und kostengünstiger Bau der Bahnen ermöglicht werden konnte, wo immer das Bedürfnis bestand.

Vorschriften und vor allem »Normalien« waren vonnöten, die den Technikern den Weg ebneten, Bahnen und Stationen zu bauen und nach deren Fertigstellung instand zu halten. Gleichzeitig sollte auch ein rationeller und reibungsloser Betrieb gewährleistet sein. Die Normierung sollte zudem für die Zukunft Gewähr und Voraussetzung bieten, den Bau der württembergischen Eisenbahnen beschleunigt voranzutreiben. Auch die Verwirklichung der Remsbahn führte über diese zentrale Stelle.

»Ueberall, wohin wir blicken, sind Eisenbahnen im Werden. Rings um uns her, in unserer unmittelbaren Nachbarschaft sind Regierungen und Private eifrigst damit beschäftigt, längst projektierte, aber durch ungünstige Zeitverhältnisse verzögerte Bahnlinien in Angriff zu nehmen, neue zu entwerfen.« Dieser Satz, der treffend die Situation im Jahre 1856 im allgemeinen und die der Remsbahn im besonderen treffend skizziert, steht am Anfang zu einem »Anbringen der Handels- und Gewerbekammer zu Stuttgart an die Königliche Centralstelle für Gewerbe & Handel, betreffend Anträge und Wünsche der Handels- und Gewerbekammer in Absicht auf die projektirten Eisenbahnlinien von Lonsee nach Nördlingen, von Plochingen nach Reutlingen und von Mühlacker nach Pforzheim«.[1]

Das voluminöse Schriftstück ist mit besonderem Genuß zu lesen, weil es sich tatsächlich in ausführlicher und gewissenhafter Weise mit der Frage auseinandersetzt, wie zweckmäßigerweise diese Strecken im Anschluß an die soeben abgeschlossene erste Bauperiode gebaut werden sollten. Der schon mehrmals rühmend zitierte Johannes Mährlen zeigte sich hier als wahrer Meister. Er stellte die einzelnen Gesichtspunkte kritisch einander gegenüber, wich keineswegs dem Vergleich und auch den Kostenfragen aus. Die Remsbahn ist in diesem umfangreichen Schriftstück in reichem Maße enthalten. Die Betrachtung stellt ein klassisches Beispiel dafür dar, wie genau es die einzelnen Gremien genommen haben, wenn es galt, Vorlagen zu schaffen, die aus der Sicht von Interessentenkreisen wie der Handels- und Gewerbe-Kammer, für die Parlamentarier anschaulich und überzeugend sein mußten. Derartige Unterlagen bildeten Arbeitsgrundlagen und Entscheidungshilfen für die Abgeordneten. Mährlen stellte die Nachbarstaaten Baden und Bayern vor und kam zusammenfassend zu folgendem Schluß: »Ueberblickt man diese reiche Liste von Bahnlinien, welche rings um das Königreich ein ganzes Netz neuer Verbindungsstraßen herziehen, die theils bis dicht an unsere Gränzen herandrängen, theils in die weitesten Fernen auslaufen, so kann es keinen Augenblick entgehen, daß unter den aufgezählten neuen Projekten unserer Nachbarstaaten viele enthalten sind, welche die württembergischen Verkehrsverhältnisse sehr nahe berühren – sey es, daß sie mit den Routen zusammenhängen, deren sich bisher der Ein- und Ausfuhr-Handel, also der aktive Verkehr des Landes auf seiner Bewegung von und nach dem Auslande bediente, sey es, daß sie auf die Stellung influiren, welche Württemberg vermöge seiner geographischen Lage berufen ist, in dem internationalen Verkehr einzunehmen und geltend zu machen. Und in einer kurzen Reihe von Jahren werden alle jene Linien dem Verkehr übergeben seyn.

Darf Württemberg hinter dieser regen Thätigkeit, mit welcher die Nachbarstaaten bemüht sind, das System ihrer Transportanstalten zu vervollständigen, länger zurückbleiben? Gewiß nicht!

In der That hat die königliche Regierung den Ernst ihrer Absichten neuerdings dadurch an den Tag gelegt, daß sie theils die Revision früher vermessener Linien (z. B. von Plochingen nach Reutlingen und von Aalen nach Nördlingen), theils die Vermessung einer neuen Bahnlinie von Heilbronn in Richtung Würzburg anordnete. Zugleich vernimmt man, daß dem in den ersten Monaten des nächsten Jahres zu versammelnden Landtage, entsprechend der bezüglichen Bitte der Stände, Anträge in Eisenbahnangelegenheiten, vorgelegt werden sollen.«

Mährlen entwarf in der Denkschrift eine Systematik von »Stamm- oder Grundlinien unseres Communicationssystems«, die »in organischem Zusammenhange untereinander stehen und daß deßhalb keine einzeln für sich, sondern in Beziehung des Ein- und Ausfuhr- und des Durchgangshandels am besten in wechselseitige Uebereinstimmung gebracht werden möchten«.

Sein System baute auf fünf verschiedenen Stammlinien auf:

»I. Die Linie von Durlach nach Mühlacker
II. Die Obere Neckartalbahn
III. Die Nordostbahn nach Nördlingen
IV. Die Heilbronn–Würzburger Route
V. Die Murrtal-Route.«

Über die »Nordostbahn« nach Nördlingen stellte Mährlen folgende Grundsätze auf: »Wir stellen an die Zugrichtung dieser Bahnlinie nachstehende Forderungen:

1. daß sie den Verkehrsbedürfnissen und Interessen des oben näherbezeichneten Landstrichs, welcher Heilbronn und Reutlingen nebst Göppingen zu Endpunkten, Stuttgart und Cannstatt zum Mittelpunkt hat, Rechnung trage;
2. daß sie Ulm und damit dem gesamten Oberland eine kürzere Verbindung mit Nürnberg als über Augsburg gewähre, d. h., den oberschwäbischen Verkehr nach Nürnberg den Landesbahnen zuwende;
3. daß sie die verhältnißmäßig bevölkertsten, gewerbsamsten, einer Hebung am meisten fähigen Gegenden und Städte durchziehe oder ihnen möglichst naherücke;
4. daß sie dem Transitverkehr gute Dienste leiste, jedoch ohne die obengenannten Interessen zu benachtheiligen, daß sie demnach zunächst den Transit von Südwest nach Nordost fördere, dann aber auch die Vortheile ins Auge fasse, welche sie sich durch Herbeiziehung des süd-nördlichen Transits zu verschaffen vermag.

Wir nehmen an, daß diejenige Traçe, welche diesen vereinigten Forderungen am meisten entspricht und nicht andererseits durch außerordentliche technische Schwierigkeiten in ihrem volkswirtschaftlichen Werthe herabgedrückt wird, den Vorzug verdiene.

Es haben nun mehrere concurrirende Linien in Betracht zu kommen:

1. eine Linie durchs *Murrthal*, bei Ludwigsburg oder Bietigheim ablenkend;
2. eine Linie durchs *Remsthal*, bei Cannstatt;
3. über die *Alb* bei Lonsee und
4. eine *Verbindungsbahn zwischen dem Fils- und Remsthal* in der Nähe von Göppingen abzweigend.«

Für die in Frage kommenden Distanzen hatte Mährlen konkrete Berechnungen angestellt.

Der Gutachter wies mit Nachdruck darauf hin, daß bei einer »Nordostbahn« vor allem eine Berücksichtigung der dominanten Industriestandorte im

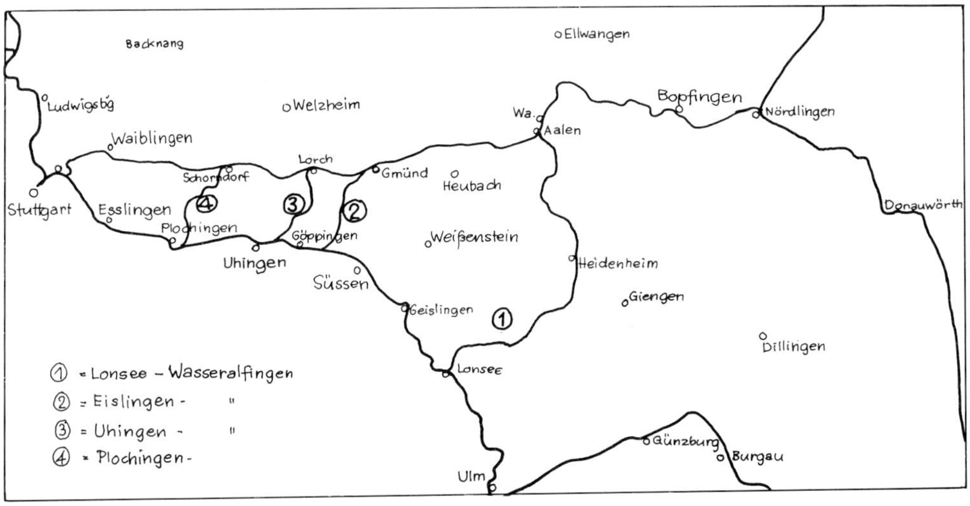

13 Der Weg von der Ostbahn nach Nördlingen und die verschiedenen vorgeschlagenen Varianten

Vordergrund stehen müsse, »welche in den Städten Gmünd, Aalen (mit Wasseralfingen) und Heidenheim eine territoriale Gruppe bilden und . . . eine eigene Eisenbahn beanspruchen würden«. Aufschlußreich war hierfür auch die mit viel Akribie aufgestellte Statistik, die sich mit der Gegenüberstellung der Entfernungen in Gestalt einer »Distanzentafel« auseinandersetzte (s. Tab. 2). Dabei wählte er Heilbronn, Stuttgart und Reutlingen zu Ausgangspunkten und »als Repräsentanten desjenigen Landestheiles, dessen Verkehrsbedürfnisse jede Linie in der Richtung nach der bayerischen Gränze bei Nördlingen Rechnung zu tragen hat, und nicht vorzugsweise dem Transit«. Mährlen konnte feststellen, daß die Wege über Rems- und Filstal als die kürzesten, die Murr- und Alb-Wege als die längsten erschienen. Eine ähnliche Aufstellung machte er für den Transitverkehr von Bruchsal und Durlach nach Nördlingen (s. Tab. 3).

Tabelle 2: Distanzentafel I

	Murr-Traçe über Ludwigsburg		Remsthal-Traçe über Cannstatt		Alb-Traçe über Lonsee		Filsthal-Traçe über Faurndau	
	Meilen	= km	Meilen	= km	Meilen	= km	Meilen	= km
von Stuttgart nach Nördlingen	19,9	148,08	15,1	112,36	21,5	159,98	16,3	121,29
von Reutlingen nach Nördlingen	28,0	208,35	22,2	165,19	23,4	174,12	18,2	135,43
von Heilbronn nach Nördlingen	23,1	171,89	22,1	164,45	28,5	212,07	23,3	173,38
Summe der Distanzen für alle Städte	71,0	528,31	59,4	442,00	73,4	546,17	57,8	430,09
Durchschnittsentfernung:	23,6	175,61	19,8	147,33	24,4	181,56	19,2	142,87

Tabelle 3: Distanzentafel II

	über Ludwigsburg		über Cannstatt		über Faurndau		über Lonsee	
	Meilen	= km	Meilen	= km	Meilen	= km	Meilen	= km
von Bruchsal nach Nördlingen	26,6	197,93	26,1	194,21	26,8	199,42	32,0	238,11
von Durlach nach Nördlingen	27,5	204,63	27,0	200,91	27,7	206,12	32,9	244,81

Bei dieser Gegenüberstellung nahm die Strecke durch das Remstal die günstigste Position ein. Bemerkenswert erschienen seine Erkenntnisse über die »Linie durchs Remsthal«, der er in seiner kritischen Untersuchung schon einen gewissen Vorzug eingeräumt hatte.

»Auch für diese Traçe von Canstatt über Waiblingen, Schorndorf, Gmünd, Aalen nach Nördlingen sind neuerdings in öffentlichen Blättern wieder Vertheidiger aufgetreten, und man kann nicht leugnen, daß sie, abgesehen von einer Art historischen Vorrechts, viele Vorzüge aufzuweisen hat. Sie war gleich am Anfang des württembergischen Eisenbahnwesens als Rivalin der Albbahn aufgetreten und hatte unter den damaligen Umständen, wo über Donauwörth ein Doppelanschluß an Nürnberg und Augsburg mittelst Einer Bahnlinie zu erreichen stand, manche Stimmen von Technikern und Staatswirthen für sich gewonnen. Ihre Länge von Stuttgart bis zur bayerischen Gränze beträgt nach diesen Vermessungen 29 Stunden und 2850 Fuß, bis Nördlingen mithin etwas über 15,1 Meilen. Die Bevölkerung ist namentlich in dem ersten Dritttheil der Bahntraçe dicht, obwohl aus bekannten Gründen nicht besonders wohlhabend, der Acker- und Weinbau auch in den beiden Hauptorten, Waiblingen und Schorndorf, überwiegend und die Industrie mit Ausnahme von ein paar fabrikmäßig betriebenen Geschäften über die gewöhnlichen städtischen Handwerke nicht hinausgehend. Auf dem zweiten Dritttheil der Bahn befinden sich 3 Orte von industrieller Bedeutung: Gmünd, Aalen und Wasseralfingen; auf dem letzten Dritttheil, wo Ackerbau und Viehzucht, auf größeren Gütern betrieben, überwiegen, befindet sich nur das Grenzstädtchen Bopfingen, im Norden der Bahnlinie dagegen Ellwangen, im Süden Neresheim. Dem Unterlande bietet die Remsthallinie, wie aus der obigen Distanztafel zu ersehen ist, große Vortheile dar, während sie für den Transit von Südwest nach Nordost die kürzeste ist. . . . Wenn daher die Remsthalbahn in ihrer ganzen Ausdehnung von Canstatt ausgeführt werden wollte, so würde eine Verbindung zwischen dem Fils- und mittleren Remsthal, welche den Bauconto mit 2 weiteren Bahnmeilen belasten würde, nicht nur in hohem Grade wünschenswert seyn, sondern auch nothwendig werden, da kein Grund vorliegt, länger auf den Antheil zu verzichten, welchen unsere Südbahn an dem Südnordtransit nach dem Bodensee und der Schweiz zu nehmen berufen ist.« Mit derart gutfundierten Argumenten wurden die nötigen Grundlagen für die Vorberatungen geschaffen. Die Zwangspause seit 1854, dem Anschluß an Bayern in Ulm, ging ihrem Ende entgegen. Das Gesetz vom 6. Mai 1857 verfügte über den Bau der ersten Teilstrecke der oberen Neckarbahn von Plochingen bis Reutlingen. Mit deren Eröffnung am 20. September 1859 konnte die sechsjährige Pause beendet werden.

Die nordöstlichen und nördlichen Landesteile durften nun auf eine baldige Verwirklichung ihrer Eisenbahnwünsche hoffen. Wohlvorbereitet und unterstützt durch Gutachten und Petitionen vielfältiger Art, in den meisten Fällen von der Güte und Überzeugungskraft der Mährlenschen Arbeit, konnte die Regierung unter ihrem amtierenden Finanzminister Knapp am 26. April 1858 zwei weitere Gesetzesentwürfe vorlegen. In einem war ein Programm enthalten, eine »Zukunftskarte«, die »die Richtungen, in welchen das vaterländische Eisenbahnnetz nach Zulassung der Umstände eine weitere Ausdehnung erhalten soll«.

Es handelte sich dabei um folgende Vorhaben:

1. Heilbronn–Hall–Crailsheim, die Hohenloherbahn;
2. im Anschluß an die vorgenannte Bahn von Crailsheim über Heidenheim zur Ostbahn;
3. für den Fall des Zustandekommens einer Odenwaldbahn eine Linie von Neckarsulm gegen Nekkarelz;
4. die Fortsetzung der oberen Neckarbahn von Reutlingen nach Rottenburg;
5. eine Bahn von einem Punkte der Ostbahn aus über Gmünd–Aalen nach Wasseralfingen;
6. mit Baden eine Vereinbarung über eine Bahn Pforzheim–Wildbad im Anschluß an die Pforzheim–Mühlacker-Bahn.

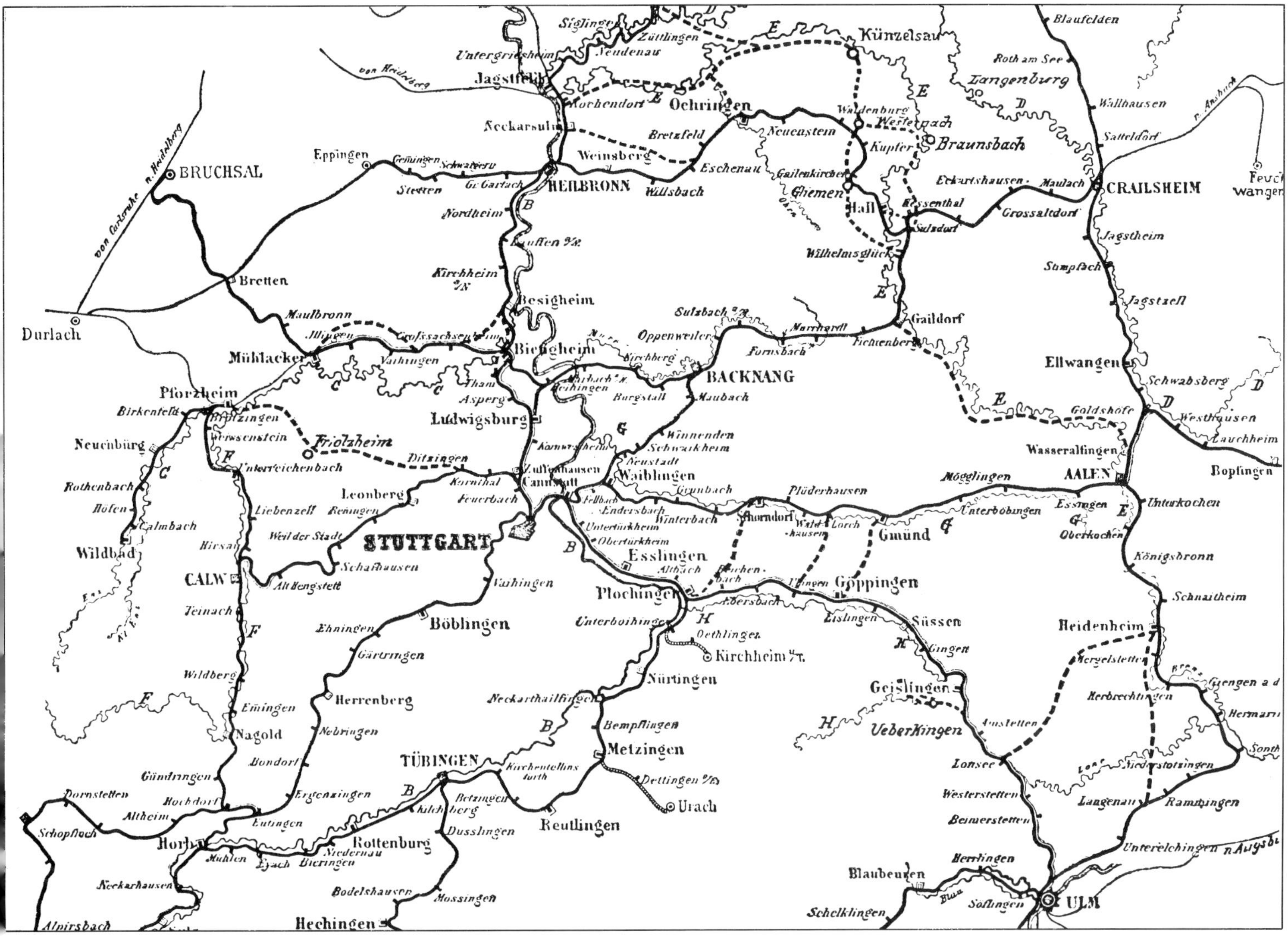

14 Kartenausschnitt mit verschiedenen, von Georg Morlok eingezeichneten Planungsvarianten

Entscheidend wurde die 46. Sitzung der Württembergischen Kammer der Abgeordneten vom Mittwoch, dem 26. Mai 1858 unter dem Vorsitz des Präsidenten, des Staatsrats Römer. Auf der Tagesordnung stand die »Fortsetzung der Berathung des Berichts der volkswirthschaftlichen Commission über den Gesetzesentwurf, betreffend die weitere Ausdehnung des Eisenbahnnetzes«.[2] Vor Eintritt in die Beratungen lag eine Wortmeldung des Abgeordneten Schuster, des Stadtschultheißen von Ulm, vor, der aus der Sicht seiner Gemeinde verständliche Einwendungen vorzutragen hatte.

Ausgangspunkt bildete die Situation, die sich angesichts der weiteren Eisenbahnplanungen für Ulm ergeben sollte, insbesondere die Befürchtung, Donauwörth könne durch einen Anschluß

in Nördlingen verkehrspolitische Vorteile gegenüber Ulm erzielen.
Das »Wochen- und Anzeigblatt der Stadt Donauwörth« Nr. 20 vom 11. März 1857 brachte unter dem 3. März eine Ulmer Notiz mit folgendem Wortlaut: »Die hiesige Handelskammer hat eine Adresse an die Kammer der Abgeordneten berathen und abgefaßt, in welcher sie die Nachtheile aufzählt, die für Ulm darin liegen, wenn eine Eisenbahn von Cannstadt durch's Remsthal nach Nördlingen, anstatt einer Linie von Lonsee aus beschlossen werden sollte. Diese Adresse wurde heute den bürgerlichen Collegien vorgelesen. Ebenso hatte sich die hiesige Schifferzunft an die Collegien mit der dringenden Bitte gewendet, die Lonsee–Aalener Linie zu befürworten. . . . Bei einer Eisenbahnverbindung durch das Remsthal würden die vom Rhein her kommenden Güter direkt nach Donauwörth befördert und diese Stadt zum Hauptstapelplatz werden, was bei einem Umweg über Lonsee nicht geschehen würde, da Ulm dann der viel näher gelegene Stapelplatz wäre. Die bürgerlichen Collegien beschlossen sowohl diese Petitionen zu unterstützen und zu den ihrigen zu machen, als auch die Städte des Oberlands zu Agitationen in gleicher Richtung einzuladen.«[3]
Auf die Äußerungen des Ulmer Vertreters Schuster in der Sitzung entgegnete der Abgeordnete Moriz Mohl u. a.: »Die Concurrenz, die von Cannstatt über Nördlingen nach Donauwörth mit dem Ulmer Stapel eintreten soll, diese Concurrenz besteht längst: sie besteht dadurch, daß die Fruchtfuhrleute, welche von der Nördlinger Schranne nach Cannstatt fahren, ich möchte sagen, um jeden Preis Güter in Cannstatt suchen und laden, um sie nach Nördlingen auf die Eisenbahn zu bringen, von wo aus sie an die Donau gelangen. Diese Concurrenz besteht also längst factisch und es wird darin wesentlich nichts geändert. Der Unterschied in den Entfernungen aber, meine Herren, ist der Art, daß, wenn der Ulmer Stapel künftig nicht concurriren kann mit dem Donauwörther Stapel, der erstere seiner Lebensfähigkeit ein übles Zeugniß ausstellt.«
Von einem Abgeordneten wurde im Laufe der Aussprache ein kritischer Beitrag zitiert, den der Schwäbische Merkur unter dem 5. März 1858 veröffentlichte: Hier wurde die Führung der Bahn durch das Remsthal nach Nördlingen als »bauwürdigste Linie« bezeichnet. Auszugsweise hieß es in diesem Pressebericht: »Die schon oft gehörten Einwürfe gegen diese als Parallellinie mit Cannstatt–Ulm sind grundlos, wenn in Betracht genommen wird, daß zwischen beiden Linien ein hohes Gebirge sich erhebt. Wäre die derzeitige Remsthalstraße eine mit ebenen, große Belastung zulassenden Verbindungsstraßen zur Neckarbahn führende Parallellinie mit dieser, so würde sich ihr Verkehr seit deren Befahrung gewiß vermindert haben, dieß ist aber nicht der Fall, vielmehr der Personen- und Güterverkehr auf ihr so stark, daß derselbe auch ohne Steigerung eine Eisenbahn rentiren lassen muß. Eine Abzweigung von Göppingen nach Gmünd aber schneidet gerade den dicht bevölkertsten, mit vielen Ortschaften besäeten unteren Theil des Remsthales ab und nöthigt denselben, das bisherige Verkehrsmittel der Straße fortzubenützen. Der Einwand einer Sackgasse bei Nördlingen dürfte nicht entscheidend sein, für die halbe Stunde Wegs von der Grenze bis Nördlingen würden Surrogate wohl so lange hinreichen, den Verkehr zu unterhalten, bis die Nothwendigkeit eines Anschlusses die derzeitigen Hemmnisse überwiegt.«
Der Göppinger Abgeordnete Seefrid verteidigte eine Verbindung zwischen Fils- und Remstal mit dem Hinweis auf den größeren Güter- und Transitverkehr, den diese Strecke biete. Daß andererseits ». . . die Verbindung der Industriebezirke Aalen, Heidenheim, Gmünd mit denen im Filsthal, dann mit der Gegend von Reutlingen für die Bahn selbst vortheilhaft wäre, indem dadurch die Einnahmen erhöht würden, kann wohl nicht in Abrede gezogen werden, eben so wenig, daß es ein Bedürfniß für diese Bezirke ist, daß eine Verbindung unter ihnen auf die kürzeste Weise hergestellt werde«.
Diesen Äußerungen hatte der Abgeordnete Du-

vernoy entgegenzusetzen, daß die Remstalbahn von Cannstatt aus gegen Gmünd eine Konkurrenzbahn für zwei Bahnen darstelle und zwar für die von Cannstatt nach Ulm und für die nach neuem Beschlusse von Heilbronn aus in Richtung Osten zu bauende. Dem setzte der Diskussionsredner entgegen, daß der Verkehr im Remstal selbständig sei und sich unabhängig und trotz der Bahn von Cannstatt nach Ulm in den letzten acht Jahren auffallend vermehrt habe: ». . . Der Verkehr Heilbronns geht hauptsächlich abwärts den Neckar und aufwärts den Neckar und in das Hohenlohesche hinein, während die Verbindung zwischen Cannstatt und Nördlingen eine Verbindung zwischen Westen und Osten ist; Verhältnisse, die ihre eigene Berechtigung haben und bei welchen ebendaßhalb von einer Concurrenz einer Bahn von Cannstatt aus durch das Remsthal mit einer Hohenloher Bahn von Heilbronn aus keine Rede sein kann. Beide Bahnen werden nicht nur ganz verschiedene Richtungen, sondern auch ganz verschiedene Zwecke verfolgen.«

Duvernoy setzte sich noch ausführlich mit der Wahl zwischen der Linie Uhingen–Lorch und einer direkt durch das Remstal führenden Bahn von Cannstatt nach Gmünd auseinander: Die Verbindung von Cannstatt nach Lorch sei drei Stunden kürzer als die von Uhingen aus, was für die betroffene Industrie von Bedeutung sei. Weiterhin würde die Ableitung des Verkehrs ins Filstal eine Verödung des unteren Remstales nach sich ziehen. Der Bau der Strecke von Uhingen nach Lorch sei schwieriger als durch das Remstal, so sei auch eine spätere Abwicklung des Verkehrs kostspieliger. Daher müsse die Remstalbahn auf Staatskosten gebaut, nicht als Nebenbahn durch eine Privatgesellschaft finanziert werden.

Der Abgeordnete Keller aus Cannstatt bekräftigte sein Bekenntnis zur Remsbahn von Cannstatt aus. Ein weiteres Votum für eine Bahn durch das Remstal gab schließlich der Abgeordnete Debler ab, der auch das Entgegenkommen an Bayern hervorhob.

Als letzter Diskussionsredner ergriff Moriz Mohl das Wort und nannte die Linie nach Nördlingen Teil einer europäischen Transitbahn: ». . . denn aller Verkehr, meine Herren, der vom Rhein und von Frankreich her nach Süden oder Osten führt, ist incommensurabel größer, als der, welcher in der Richtung von Leipzig her oder dorthin führt, und aus diesem Grund ist es immerhin ganz gewiß richtig, daß die Remsthallinie, indem sie den Haupttransitverkehr um 3 Stunden abkürzt, dadurch einen sehr großen Vortheil gewährt.«

Der Präsident, Staatsrat Römer, erklärte die Debatte für geschlossen. Der Artikel des Regierungsentwurfes lautete: »Im Anschluß an die Ostbahn ist vom Filsthale aus in nordöstlicher Richtung ein Schienenweg durch das Remsthal über Gmünd und Aalen gegen Nördlingen zu führen.«

Die Kommission beantragte, den Artikel 4 so zu fassen: »Im Anschlusse an die Ostbahn ist vom Filsthale oder von Cannstatt aus in nordöstlicher Richtung ein Schienenweg über Gmünd und Aalen gegen Nördlingen zu führen.«

Die anschließende namentliche Abstimmung über den Antrag der volkswirtschaftlichen Kommission ergab eine Annahme mit 72 gegen 14 abgegebene Stimmen. Damit waren endlich die Würfel gefallen.

Die Anrainerbevölkerung der zukünftigen Remsbahn hatte mit Spannung den Tag herbeigesehnt, an dem die Beratungen der Kammer der Abgeordneten auch das Eisenbahnthema zum Gegenstand hatten. Mit großem Interesse und allgemeinem Beifall wurde daher in der Öffentlichkeit registriert, daß die Gesetzesberatung in positiver Form verlaufen sei. Die »Schwäbische Kronik«, des »Schwäbischen Merkurs zweite Abtheilung«, berichtete darüber sehr anschaulich und schilderte die allgemeine Freude, mit der diese frohe Nachricht in Gmünd aufgenommen wurde, mit folgenden Zeilen:

»Gmünd den 27. Mai. Noch nie sah man seit 9 Jahren Abends eine solche Menschenmasse vor dem Postgebäude versammelt, als gestern und heute; doch diese wollte ja nichts Anderes, als die Nachricht vernehmen, welche ihr der Schwäbische Merkur über diese für unsere Gegend so hochwichtige Kammerberathung über die Eisenbahnfrage bringen sollte. Waren aber gestern schon alle Gemüther aufs Froheste gestimmt über die günstigen Anträge der volkswirthschaftlichen Kommission, so erscholl heute heller Jubel über den Ausgang der Kammerverhandlungen über die einmüthige Abstimmung der Kammer der Abgeordneten zu Gunsten der Remsthalbewohner. Das frohe Ereigniß wurde ganz kurz nach Ankunft der Post von der Redaktion des Remsthalboten der ganzen Einwohnerschaft durch Extrablätter verkündet, und überall sah man nur heitere fröhliche Gesichter. Eine solche Botschaft ist auch ganz geeignet, in einer Gegend, welche bisher etwas stiefmütterlich behandelt wurde, eine allgemeine frohe Stimmung hervorzurufen, denn *für das Remsthal ersteht ein neues Zeitalter.* Sprechen wir deßwegen auch gegen unsere erleuchtete Staatsregierung, insbesondere gegen den Herrn Finanzminister, den herzlichsten Dank aus für den Eifer, für die tiefe Einsicht und für die wahrhaft staatsmännische Weisheit, mit welcher die Eisenbahnfrage zum Nutzen und Frommen des ganzen Landes dießmal von ihr erfaßt worden, danken wir zugleich der volkswirthschaftlichen Kommission und der Kammer der Abgeordneten für ihre Aufmerksamkeit und gleichfalls tiefe Einsicht, mit welcher sie ihre Berathungen geleitet und geführt haben, und hoffen und wünschen wir von ganzem Herzen, daß auch die hohe Kammer der Standesherren bei ihren Berathungen von gleichen Gesinnungen beseelt seyn möge!«

Die unmittelbare Folge davon war dann das Gesetz vom 17. November 1858 »betreffend die weitere Ausdehnung des Eisenbahnnetzes nach folgendem Bauprogramm:

1. von Heilbronn, dem Endpunkt der Nordbahn aus, über Öhringen und Hall nach Crailsheim;
2. von Crailsheim in südlicher Richtung über Heidenheim bis zur Ostbahn;
3. von Heilbronn an die badische Grenze gegen Neckarelz;
4. als Fortsetzung der oberen Neckarbahn von Reutlingen nach Rottenburg und sodann durch das Flußgebiet des oberen Neckars über Rottweil gegen die Landesgrenze;
5. im Anschluß an die Ostbahn vom Filsthal oder von Cannstatt aus in nördlicher Richtung über Gmünd und Aalen gegen Nördlingen.«[4]

Die Remsbahn als weitere Verbindung mit Bayern
Pläne und Ausführung

Die Verabschiedung des Gesetzes vom 17. November 1858 hatte den Weg zur »Remsbahn« endgültig geebnet. Wenn nun auch die Strecke in ihrem Verlauf klar umrissen war, lohnt es sich doch, die miteinander im Wettbewerb stehenden anderen Streckenverläufe kurz zu betrachten. Das »Lonsee-Projekt«, benannt nach seinem Ausgangspunkt Lonsee an der »Ostbahn«, sollte die Ulmer Alb in Richtung Heidenheim überqueren und über Weidenstetten, Altheim auf der Alb, Heldenfingen und Dettingen am Albuch nach Heidenheim führen. Von hier aus war der Weg vorgezeichnet durch das obere Tal der Brenz über Schnaitheim und Itzelberg nach Königsbronn. Der weitere Verlauf über Oberkochen, Unterkochen, Aalen nach Wasseralfingen entspricht fast unverändert dem späteren Verlauf der Brenzbahn. Oberbaurat Gaab war mit den ersten Planungen, die als Grundlage zur Diskussion vor der Kammer der Abgeordneten bestimmt waren, beauftragt worden. Im übrigen konnte bei der Frage der Linienführung zwischen Heidenheim und Aalen auf die allererste Untersuchung von Staatsrat Seeger zurückgegriffen werden.

Die schärfsten Gegner des Lonsee-Projektes waren die Herren Karl Friedrich Gottlob von Varnbüler von und zu Hemmingen und Moriz Mohl. In der 45. Sitzung der Kammer der Abgeordneten, die der denkwürdigen 46. vorausging, hatten die beiden dafür gesorgt, daß das Vorhaben Lonseebahn gestrichen wurde, vor allem, was den Streckenteil zwischen Lonsee und Heidenheim betraf. Die einzigen wahren Befürworter waren und blieben bis zum Schluß die Ulmer Vertreter und deren unmittelbare Bundesgenossen. Varnbüler war es vor allem, der sich für eine rasche Ausdehnung des württembergischen Eisenbahnnetzes in den von Stuttgart fernen Landesteilen mit Nachdruck einzusetzen verstand, »mit dem Ziel, wichtigen Gewerbe- und Handelsbezirken die Wohltat der Eisenbahn zu verschaffen und in allen Teilen des Landes den Verkehr in Fluß zu bringen«. Dabei stützte er sich bei seinen Entscheidungen auch auf kritische Denkschriften und sonstige Eingaben zu Eisenbahnvorhaben, wie die umfangreichen Schriftstücke eines Johannes Mährlen. Dessen wissenschaftlich fundierte Arbeitsweise brachte Eingaben zustande, die sich ohne weiteres als fundierte Grundlage bei parlamentarischen Beratungen verwenden ließen. Das zeigte sich im vorliegenden Falle mit der Frage der Benachteiligung der Städte Heidenheim oder Gmünd, sei es bei einer Linienführung über Eislingen oder Lonsee. »Der größte Uebelstand«, so hieß es in dem erwähnten Schriftstück, »ist aber . . . der Umstand, daß sie sich gerade dem verkehrsärmsten Distrikte des Landes zuwendet. Auf eine Entfernung von 4 Meilen Weges ist links und rechts kein Punkt, auf den sie eine Anziehungskraft ausüben könnte. Dieß verhält sich bei der Filsthaltraçe ganz anders. Dieselbe senkt sich gleich nach den ersten 2 Meilen Wegs in ein Thal hinab, wo sie ein reges Verkehrsleben vorfindet und zu fördern im Stande ist. Sie legt zwar Heidenheim auf die Seite, aber sie tauscht dafür Gmünd ein, nimmt Lorch, Welzheim, Schorndorf in den Kreis ihrer Anziehung auf und bietet den Städten Hall, Murrhardt und Gaildorf ein bequemes Debouché für ihren Verkehr nach dem Westen und Süden des Landes.«[1]
Mährlen hatte in seiner Denkschrift kritisch die »Lonsee-Linie« der vor allem von ihm protegierten »Faurndau-Linie« gegenübergestellt. Diese

Trasse sollte die gewünschte Querverbindung zwischen den Tälern von Fils und Rems, genaugenommen zwischen Göppingen und Gmünd, neben der vor allem von den Stuttgarter Planern bevorzugten Eislinger Variante herstellen.
Die Auswertung seiner Abwägungen gipfelte in den Zeilen, die hier im vollen Wortlaut angeführt sind: »Hiernach liegen nicht nur die meisten, sondern auch die schwereren Gewichte in der Waagschale der Faurndau-Traçe, und die Kammer kann nicht umhin, sich für die eine oder die andere der beiden Zugrichtungen zu entscheiden, welche auf einer directen Verbindung des Fils- und Remsthals beruhen.
Die Lonseetraçe steht nämlich der Faurndau-Linie in 5 Punkten unbedingt nach und hat vor der lezteren nur in 2 Punkten einen Vorzug, jedoch einen bloß relativen. In 3 Punkten stehen sich beide Linien gleich, unter anderem darin, daß die eine Gmünd, die andere Heidenheim von der Bahnlinie ausschließt. Oder sollte Heidenheim auf den unmittelbaren Besitz der Bahnlinie mehr Anspruch haben als Gmünd?
Die Kammer glaubt nicht, daß bei der vorliegenden Frage das commercielle und industrielle Übergewicht der einen dieser beiden Städte über eine oder die andere den Ausschlag gibt. Sie enthält sich daher jeder Untersuchung, ob und in wiefern Heidenheim mit seinen 3000 Einwohnern und ausgedehnten Fabrikanlagen oder Gmünd mit seinen 7000 Einwohnern und zum Theil bedeutenden Etablissements höher stehe. Die Zugrichtung der Nordostbahn wird weder speziell durch Gmünd, noch speziell durch Heidenheim sondern durch das zusammenwirkende Gewicht aller der oben erörterten Umstände und Verhältnisse entschieden, unter denen das Interesse Heidenheims und das Interesse Gmünds nur als Theil eines großen Ganzen von Interesse in Betracht kommt.
Gleichwohl nimmt die Kammer keinen Anstand, die ihrem Bezirk angehörige Stadt Heidenheim einer besonderen Berücksichtigung zu empfehlen, da für die Führung einer Zweigbahn von Aalen nach Heidenheim neben der industriellen Bedeutung Heidenheims noch verschiedene andere günstige Umstände sprechen. Die 3 Meilen lange Strecke zwischen Aalen und Heidenheim erfreut sich nämlich bereits eines beträchtlichen Verkehrs.«
Soweit die überzeugenden Worte des Gutachters. In der Tat wurden diese Argumente auch von den beiden Kammern des Stuttgarter Parlaments aufgegriffen und die Brenzbahn als Bestandteil des Bauprogrammes in das vorgenannte Gesetz aufgenommen. Die tabellarische Darstellung der verschiedenen Möglichkeiten, den Weg vom Filstal in das Remstal zu finden, zeigt in anschaulicher Form auch die verschiedenartige Problematik auf, besser als dies Worte vermögen.
Die Wege für einen Bau der Remsbahn in Richtung Nördlingen waren geebnet. Gaab bat um Entbindung von dem Auftrag Remsbahn, da er ohnehin schon bei Reutlingen–Rottenburg engagiert war. Als Oberingenieur und verantwortlicher technischer Referent wurde Georg Morlok berufen, der bei dieser Gelegenheit zum Baurat befördert wurde. Gleichzeitig wurde er in das Gremium der Eisenbahnkommission aufgenommen. Seine Aufgabe war nun, die am besten geeignete Stelle für eine Verbindungsbahn zwischen Fils und Rems zu finden. Dazu kam noch der Auftrag, eine von Cannstatt abzweigende Bahn durch das Remstal zu planen.
Als Administrativreferenten beim Bauvorhaben Remsbahn fungierten die Finanzräte Dr. Zeller, Grundler und Mauser. Erste Aufgabe war die Herstellung der erforderlichen Höhenaufnahmen. Als Grundlage hierfür diente das Kartenwerk, das als »Topographischer Atlas des Königreiches Württemberg« im Maßstab 1 : 50000 das Land in 55 Blättern aufgenommen hatte. Die kartographische Grundlage war für die Aufgabe, eine Schienenverbindung vom Fils- zum Remstal durchzukonstruieren, besonders wichtig, um so mehr, als in der Landeskartographie noch Bergschraffen und nicht, wie heute, Höhenschichtlinien üblich waren.
Im Vordergrund der Planungen stand die Frage,

welche zweckmäßigsten Verbindungen zwischen den Tälern von Neckar und Fils in das Remstal ausgeführt werden könnten. So hieß es u. a. in dem »Bericht des Baurath Morlok betreffend eine Verbindung zwischen Fils- und Remsbahn« vom August 1858 wörtlich: ». . . Die von mir geleiteten und nunmehr beendeten Voruntersuchungen haben ergeben, daß die angestrebte Verbindung zwischen dem Fils- und dem Remsthal stattfinden kann:

1. von Eislingen nach Gmünd
2. von Uhingen nach Lorch
3. von Plochingen nach Schorndorf.«

Minister Knapp gab die Anweisung, die allgemeinen und die volkswirtschaftlichen Belange und Interessen zu würdigen. Finanzrat Dr. Zeller fiel die Aufgabe zu, die nötigen Berechnungen anzustellen, insbesondere eine Untersuchung darüber, welche Folgen Transit und lokaler Verkehr dieser neuen Verbindung erbringen würden.

Schließlich sprachen alle Anzeichen für eine baldige Verwirklichung der Uhinger Variante, wenn nicht eine, nicht einmal offizielle Erklärung, dagegen gewirkt hätte.

15 Oberbaurat Georg Morlok, der Erbauer der Remsbahn

Tabelle 4: »Übersicht der Kosten der Steigungs- und Krümmungsverhältnisse der projektierten Eisenbahnlinien vom Filstal zum Remstal sowie der Remstalbahn von Cannstatt nach Gmünd. Aufgestellt von Baurat Georg Morlok am 12. August 1858.« Die in Stunden und Fuß aufgeführten Daten wurden umgerechnet in m und km.

Projekt Nr.	Länge			größte Steigung	absolute Höhe	schärfster Radius	Baukosten	
	Übergang von Tal zu Tal	zu bauende Strecke	Tunnel				Übergang fl.	ganze Strecke fl.
1 Eislingen Gmünd	16,34 km	16,34 km	1260,60 m	1:105	394,79 m	458,40 m	3300000	3300000
2 Uhingen Lorch Gmünd	17,34 km	24,87 km	1174,65 m	1:108	363,28 m	343,80 m	3507000	4271000
3 Plochingen Schorndorf Gmünd	16,48 km	36,77 km	1547,10 m	1:84	350,96 m	458,40 m	4878000	6878000
4 Cannstatt Waiblingen Gmünd	14,80 km	49,35 km	–	1:170	275,61 m	401,10 m	2225600	4950000

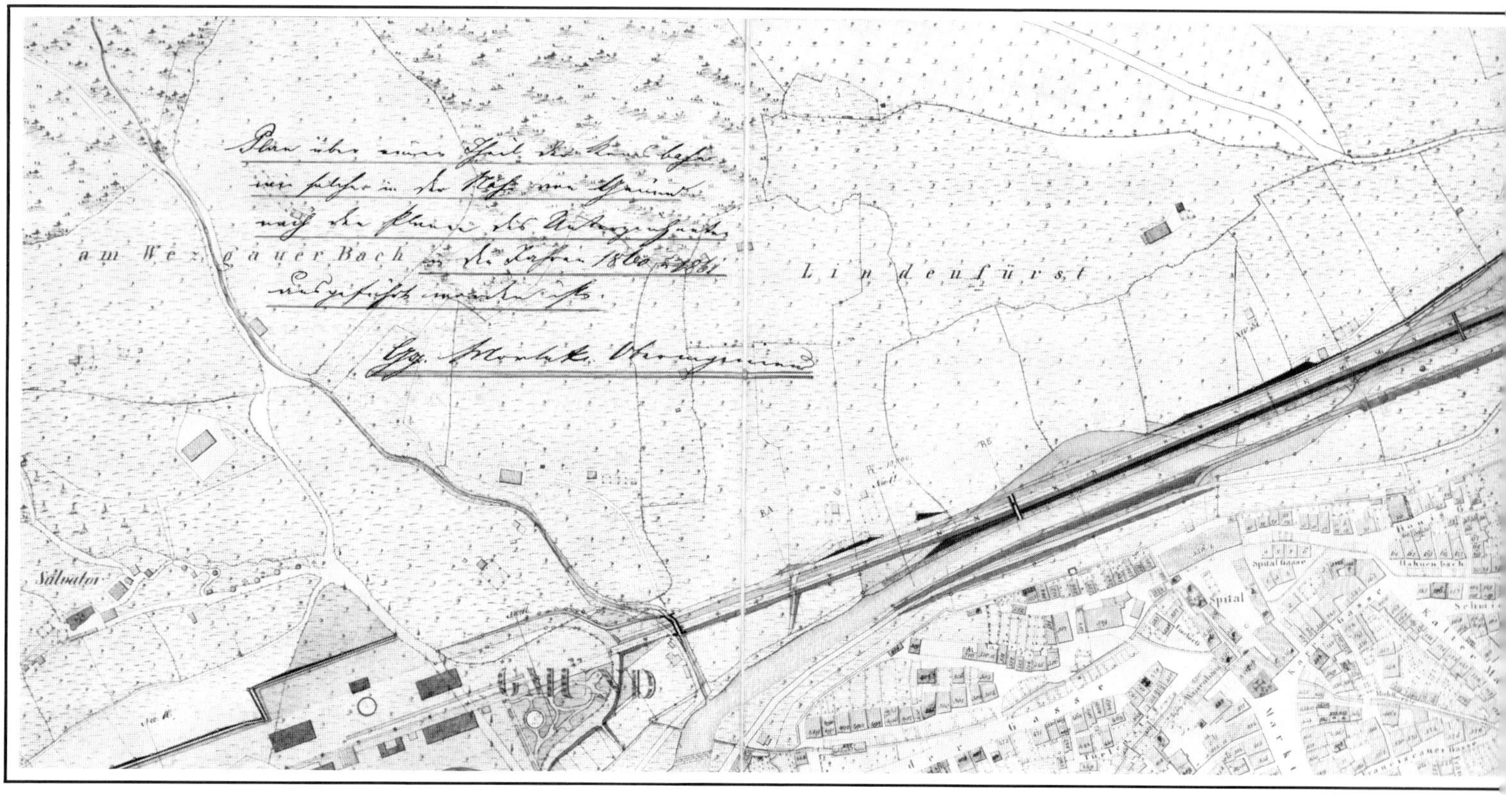

16 *Georg Morlok: »Plan über einen Theil der Remsbahn . . . in der Nähe von Gmünd . . . 1860/1861«*

Bayern, so hieß es nach dieser Version, werde niemals einer Bahn zustimmen, die von der Ostbahn abzweige. Da der Planung tatsächlich die ernstliche Absicht zugrunde lag, in Nördlingen an Bayern anzuschließen, wurde dieser Hinweis beachtet. Das hatte zur Folge, daß an höchster Stelle die Bahn über Waiblingen–Gmünd–Aalen vereinbart und beschlossen wurde.

Nach gründlichen Überlegungen einigte man sich auf die Streckenführung Cannstatt–Schmiden[2] –Waiblingen, obwohl sie bei weitem die kostspieligste und aufwendigste war. Nach technischen Gesichtspunkten war sie zweifellos die bauwürdigste. Nach der Durchquerung des Schmidener Feldes zwischen Fellbach und Schmiden erfolgte hinter Waiblingen der Abstieg ins Remstal, dessen Verlauf dann die Strecke bis Mögglingen folgen sollte. Die Streckenführung bot im allgemeinen keine besonderen Schwierigkeiten.

Verschiedentlich gab es eine kleine Auswahl von Varianten, die von Fall zu Fall vor der Bauausführung in Betracht gezogen wurden. Die Anlage der Station Waiblingen wurde südlich der Stadt über dem eingeschnittenen Talgrund gewählt. In Schorndorf und in Gmünd standen für die Standortwahl verschiedene Möglichkeiten zur Debatte. In Schorndorf wurden fünf Areale auf ihre Ausführbarkeit hin untersucht. Die Entscheidung für die Ausführung fiel für die Lage auf dem ehemaligen Festungswall nördlich der Stadt. Das Bahngelände konnte somit unmittelbar an die bestehende städtische Bebauung anschließen. In Gmünd wurden drei Vorschläge untersucht. Die ausgeführte Lösung im Nordwesten jenseits der Rems war

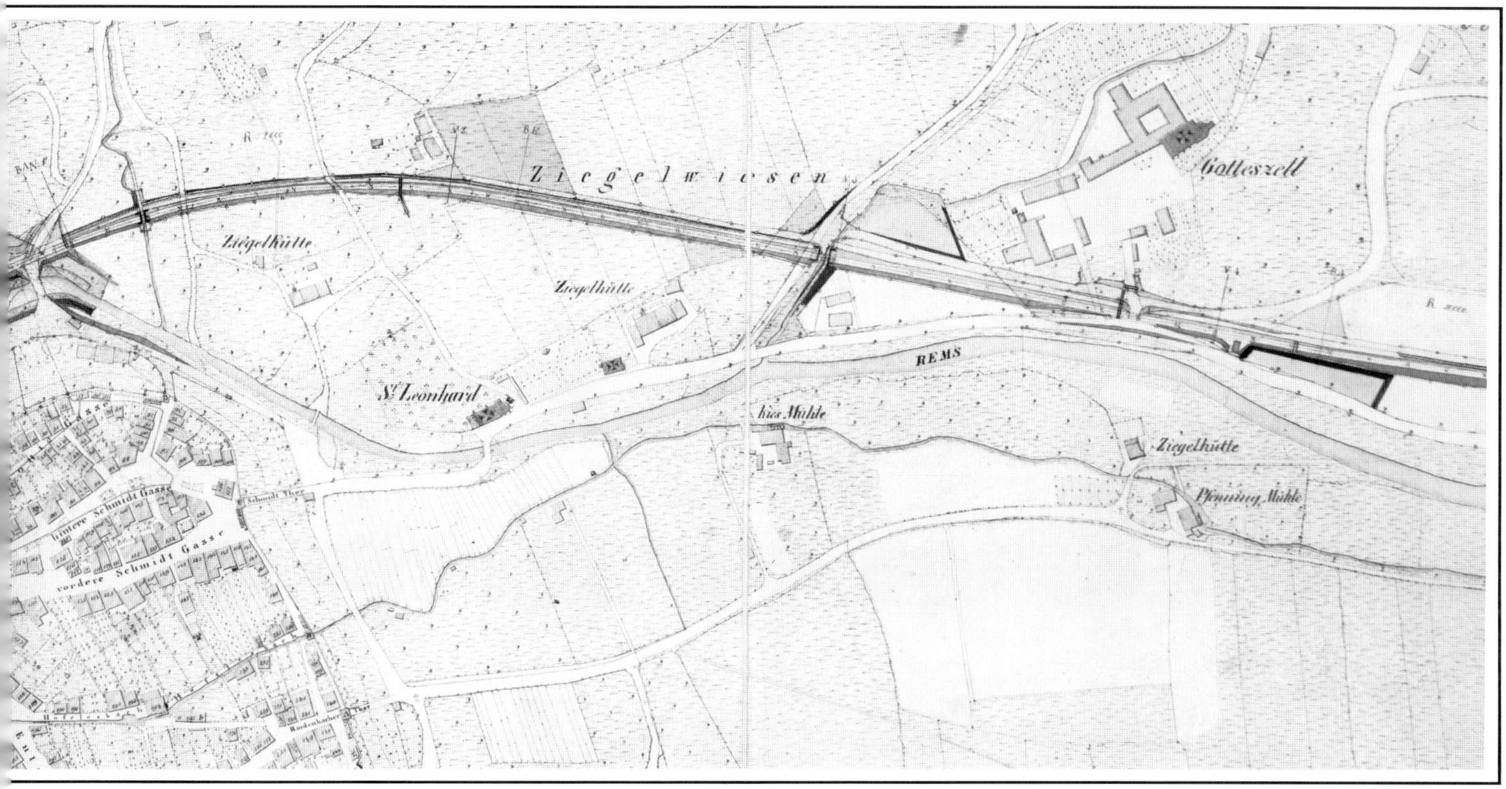

vom Stadtkern etwas abgesetzt und hatte für die Folgezeit die Bildung einer Bahnhofsvorstadt programmiert.

Die weitere Strecke von Gmünd in Richtung Aalen bot keine Besonderheiten. Größere Erdbewegungen waren lediglich beim Blümle nördlich von Essingen erforderlich, wo anstelle des ursprünglich geplanten Tunnels die Wasserscheide zwischen Rems und Kocher durch einen Einschnitt gemeistert werden konnte. Von hier aus folgte ein leichter Abstieg in das Kochertal. Im Nordosten von Aalen wurde der Standort des Bahnhofes bestimmt. In Wasseralfingen kam die Stationsanlage in das Gelände oberhalb des Hüttenwerkes zu liegen, das mit seinen Anlagen bereits den ganzen Talgrund des Kochers eingenommen hatte. Die Anschlußbahn von der Station Wasseralfingen in das Werksareal konnte nur mit Hilfe einer Spitzkehre überwunden werden, womit der Höhenunterschied wettgemacht wurde.

So herrschte nun bald emsiges Leben auf der ganzen Strecke. Vorausgegangen waren die Ausschreibungen der Bauarbeiten für die mannigfachen Zwecke des Hoch- und Tiefbaus.

Nach dem gesetzlich fundierten Bauauftrag war klar, daß die Ausführung in zwei Abschnitten stattfinden sollte: zwischen Cannstatt und Wasseralfingen und dann von dort bis Nördlingen. Die Lose der Strecke wurden einzelnen Bauämtern und einem Hochbauamt unterstellt, und zwar:

1. dem Bauamt Waiblingen unter Bauinspektor Laissle,
2. dem Bauamt Schorndorf unter Bauinspektor Mörike,

3. dem Bauamt Gmünd unter Bauinspektor Nekker,
4. dem Bauamt Aalen unter Bauinspektor Hocheisen,
5. dem Hochbauamt Waiblingen unter Bauinspektor Lang.

Die Ämter 1–4 hatten die Verantwortung für den einwandfreien Unter- und Oberbau, während dem Hochbauamt alle Hochbauten zugewiesen waren wie Verwaltungsgebäude, Güterschuppen, Lokomotivremisen, Waggonremisen, Wasserstationen, Gerätemagazine und die sonstigen noch vorkommenden Baulichkeiten. Die Ämter bekamen die detaillierte Bearbeitung vom technischen Referenten zugeteilt und waren somit verantwortlich für deren einwandfreie Ausführung.

Die Bauarbeiterlager längs der Strecke wurden allmählich zu einem typischen Erscheinungsbild. Während viele Streckenarbeiter von auswärts auch in Privatquartieren oder in Gasthäusern logierten, bildeten die Barackendörfer die eigentlichen Quartiere. Hier hatten die Leitungen der einzelnen Baulose ihre Arbeiter unter ständiger Kontrolle. Es waren einfache Bretterhütten, die als Massenunterkünfte dienten. Leicht transportabel mußten diese Behausungen sein, damit sie mit dem Fortschritt der Arbeiten »wandern« konnten. Für die Verpflegung dienten Speise- und Schankhütten. An allen Unterkünften waren die allgemeinen Bedingungen angeschlagen, denen sich die Leute vom Bahnbau unterzuordnen hatten. Überschreitungen und Übertretungen wurden rigoros geahndet und bestraft, was bis zum Ausschluß ging. Die Arbeitszeiten überschritten die heute üblichen Normen. Der »Arbeitseinsatz« ging praktisch von Sonnenauf- bis -untergang. Eine der wenigen Vergünstigungen war der sonntägliche Kirchgang, der gewährleistet sein mußte. Trotzdem gab es in den Lagerdörfern auch noch Gelegenheit zu spärlicher Freizeitbetätigung. Viele ausländische Arbeiter waren beim Bahnbau eingesetzt, in erster Linie Italiener, aber auch Volkstumsangehörige aus der österreich-ungarischen Monarchie. Die Arbeit im fremden Land unter harten Bedingungen förderte den Zusammenhalt und die Solidarität gegenüber den Aufsichtsorganen. Wenn auch die soziale Fürsorge in jenen Jahren noch einen geringen Stellenwert hatte, so gab es doch schon ein Mindestmaß an Unterstützung in Ernstfällen. Krank gewordene und bei der Arbeit verunglückte Arbeitskräfte wurden immerhin unterstützt. Sie erhielten sogar für die Dauer einer erforderlich gewordenen Spitalunterkunft während des Arbeitsausfalles einen Krankheitskostenbeitrag. Bereits 1846 wurde mit staatlichen Zuschüssen eine Unterstützungskasse der Arbeiter und Beamten gegründet. Der betroffene Personenkreis war verpflichtet, sich zu versichern, damit die Kasse im Notfall bei Krankheit, Invalidierung und Tod helfend einspringen konnte.

Nach den Jahren des Bahnbaus sind viele dort eingesetzte Italiener an den Orten ihrer Tätigkeit verblieben und haben sich hierzulande Existenzen und eine neue Heimat geschaffen.

Eine wichtige Rolle beim Bahnbau spielten auch die Expropriations-Commissäre. Gmünd war in der glücklichen Lage, in der Person dieses amtlichen Bevollmächtigten einen Sohn der Stadt zu haben, den Kameralverwalter Herlikofer, dessen Aufgabe es war, die Grundstücksgeschäfte zum Bahnbau auszuführen.

Die Gmünder Lösung am Nepperberg unterhalb des Salvators war gewissenhaft ausgewählt und als Bahnhof für das reisende Publikum durchaus zumutbar. Zweifellos war der Standort etwas vom Stadtkern abseits, ganz im Gegensatz etwa zum benachbarten Schorndorf, wo der Bahnhof direkt an die Altstadt herangerückt wurde.

Der Bahnhof erhielt also seinen Standort im Nordwesten der Stadt vor dem Unteren Tor. Die Strecke in Richtung Aalen führte nördlich der zu diesem Zweck verlegten und auf eine längere Strecke begradigten Rems entlang und vermied es grundsätzlich, das eigentliche Stadtgebiet zu durchqueren. Die Entscheidung für den tatsächlich gewählten Platz beeinflußte nachhaltig die weitere städtebauliche Entwicklung. Bekanntlich entwickelten sich im 19. Jahrhundert, nicht nur in Gmünd, die Siedlungen in Richtung Bahnstation. Auch hier können wir in den folgenden Jahrzehnten von der Entstehung einer Bahnhofsvorstadt sprechen. Dem Bau von Bahnhof und Strecke fiel auch die schöne Pappelallee zum Opfer, die fast geradlinig von der Remsbrücke beim Stahlschen Garten zum Stationenweg auf den Salvator führte. Der Erdaushub des neuen Remslaufes wurde zur Aufschüttung des neuen Bahndammes verwendet. Mit den beachtlichen Erdbewegungen, vor allem aber durch die dabei begradigte Rems, konnte für die Zukunft verhindert werden, daß verheerende Überschwemmungen, wie die vom 13. Mai 1827, sich wiederholen konnten. Gleichzeitig wurden auch die Bahnwärterhäuser längs der neuen Strecke errichtet.

Eine ernsthaft gemeinte Leserzuschrift, man möge doch die gesamte noch vorhandene Stadtmauer und die damals noch acht vorhandenen Türme abbrechen und das Material dem Bahnbau zur Verfügung stellen, brauchte nicht verwirklicht zu werden. Dieses seltsame Angebot hatte die Eisenbahn-Kommission dankend abgelehnt.

Wie schon bei der Vergebung der Bauarbeiten folgten alsbald vor der in Aussicht stehenden Fertigstellung der ersten Teilstrecke Cannstatt–Wasseralfingen auch die amtlichen Ausschreibungen für die personelle Besetzung der einzelnen Dienststellen in den Lokalzeitungen von Aalen, Gmünd, Schorndorf und Waiblingen. Die Ausschreibung hatte folgenden Text:

»Für den zu Anfang des Sommers beginnenden Betrieb auf der Remsbahn von (Stuttgart) Cannstatt nach Wasseralfingen sind folgende Beamte anzustellen:

Gmünd: 1 Bahnhofsinspektor mit 1000–1200 fl. Gehalt neben freier Wohnung,

Aalen: 1 Bahnhofsverwalter mit 800–1000 fl. Gehalt neben freier Wohnung,

Schorndorf: 1 Bahnhofsverwalter und Postamtsvorstand mit 800 fl. neben freier Wohnung,

2 Betriebsbauinspektoren und zwar mit dem Sitz in

Aalen: für den Bezirk Gmünd–Aalen mit 1000 fl. Besoldung, 300 fl. für Reisekosten und 25 fl. für Bureaukosten.

Schorndorf: für den Bezirk Cannstatt–Gmünd mit 1000 fl. Besoldung, 300 fl. für Reisekosten und 25 fl. für Bureaukosten.

Zusatz für Aalen: Der Betriebsinspektor in Aalen muß unter Umständen auch noch für den Weiterbau der Bahn nach Nördlingen und Heidenheim Dienste leisten.

3 Betriebsbauamtsgehilfen in Schorndorf, Lorch und Aalen mit 550–650 fl. Gehalt, 100 fl. für Reisekosten, freie Wohnung oder 100 fl. Entschädigung hierfür und mit freier Dienstkleidung.

Meldefrist: binnen 14 Tagen bei der Eisenbahn-Direction. Den Meldungen um die zu besetzende Bahnhofsinspektorstelle in Gmünd ist ein Zeugniß über eine im Departement des Innern oder der Finanzen erstandene Dienstprüfung, sowie den Meldungen um die Bahnhofsverwalter und Postamtsvorstände in Aalen ein solches über eine erstandene Postdienstprüfung, ferner den Meldungen um die Stelle des Betriebsbauinspektors ein Zeugniß über eine erstandene Staatsprüfung im Baufach, endlich den Meldungen um Bauamtsgehilfenstellen ein solches entweder über eine erstandene Staatsprüfung im Baufach, endlich den Meldungen für die Betriebsbauamtsgehilfen ein Zeugniß über Staatsdienst- oder wenigstens eine Meisterrechtsprüfung beizuschließen.«

Rechtzeitig zur Eröffnung der Strecke Cannstatt –Wasseralfingen wurde folgende Pressenotiz veröffentlicht, die über die personelle Besetzung namentlich Auskunft gibt:

»Seine Königliche Majestät haben vermöge höchster Entschliessung vom 20. d. M. für den Betriebsdienst auf der Eisenbahn-Strecke Cannstatt –Wasseralfingen folgende Beamte und Diener gnädigst bestimmt und ernannt: Für die Stelle eines Bahnhof-Inspektors in Gmünd den Bahnhof-Inspektor Kleiner in Ludwigsburg unter Vorrükken von der VIII. in die VII. Rangstufe,

zu Bahnhofsverwaltern I. Klasse und Postamts-Vorständen:

in Aalen den Bahnhofverwalter Hehl in Schussenried mit dem Titel ›Postmeister‹,
in Schorndorf den dermaligen Postamtsverweser Dietrich in Aalen mit dem Titel ›Postmeister‹,
zum Bahnhofsverwalter II. Klasse in Waiblingen den Bahnhofsinspektionsassistentenverweser Krafft in Stuttgart,
zu Bahnmeistern und Postexpeditoren:
in Wasseralfingen den Postamtsassistenten Gönner in Friedrichshafen, in Lorch den Postexpeditor Wenzel daselbst, in Mögglingen den Bahnmeister Weißenecker in Amstetten, in Endersbach den Bahnmeister und Postexpeditor Kapp in Sersheim,
zu Bahnmeistern:
in Essingen den Güterabfertigungsgehilfen Fürst in Stuttgart, in Fellbach den Bahnmeister Lorenz in Heidelsheim,
zu Einnehmern I. Klasse und Postexpeditoren: in Unterböbingen den Güterabfertigungsgehilfen Notz in Bruchsal, in Plüderhausen den Einnehmer I. Klasse und Postexpeditor Schaal in Warthausen, in Winterbach den Güterabfertigungsgehilfen Beurer in Friedrichshafen,
zum Bahnhofkassier und Telegraphisten:
in Gmünd den Telegraphistenobmann Horn in Stuttgart,
zu Oberschaffnern:
in Aalen den Güterabfertigungskassier Glunz in Stuttgart, in Gmünd den Güterabfertigungsgehilfen Fetzer in Ulm, in Schorndorf den Güterabfertigungsgehilfen Koch in Esslingen,
ferner zu Betriebsbauinspektoren:
in Schorndorf den provisorischen Bauinspektor Mörike daselbst, in Aalen den provisorischen Bauinspektor Necker in Gmünd,
zu Betriebsbauamtsgehilfen:
in Schorndorf den Bauführer Riedinger in Gmünd, in Lorch den Bauführer Seeger in Grunbach, in Aalen den Bauführer Braun in Plochingen.«

Nach dem Aufzug des gesamten Personals, der selbstverständlich auf der Schiene vollzogen wurde, stand der Betriebsaufnahme nichts mehr im Wege.

Die »Kollaudationsfahrten«, d. h. die amtlichen Abnahmefahrten der einzelnen Abschnitte nach Waiblingen, Schorndorf, zur Remsbrücke bei Urbach, nach Gmünd und Wasseralfingen, fanden zu verschiedenen Terminen statt. Trotz dieser inoffiziellen Anlässe gestalteten sich diese Veranstaltungen schon zu Ereignissen, die an jeder Zielstation gebührend gefeiert wurden. Diese amtlichen Anlässe bildeten die Grundlage der Streckenfreigabe. An ihnen nahmen die verantwortlichen Herren der Generaldirektion der Staatseisenbahnen und die Vorstände der Bauämter teil.

Nachdem die Schienen gelegt waren, der Oberbau also fertiggestellt war, kamen Schlag auf Schlag diese ersten Fahrten in den verschiedenen Etappen. Aus Unterurbach brachte die Zeitung unter dem 23. Juni 1861 die nachstehende kurze Notiz: »Gegenwärtig ist hier ein neues Leben: Vorgestern ist die in der Keßler'schen Fabrik in Esslingen verfertigte große Eisenbahnbrücke, begleitet von mehreren hohen Beamten des Finanzdepartements, mit Dampf hier eingetroffen; es mußte seit Wochen Tag und Nacht gearbeitet werden, um die Bahn für diesen Zweck bis hierher fahrbar zu machen. Mit dem Legen der Brücke sind 10 Mann aus der Kesslerschen Fabrik beschäftigt; es zieht dieß viele Fremde herbei.«

Am 24. Juni, dem folgenden Tage, meldete Schorndorf: »Gestern fanden Probefahrten auf der Remsthalbahn von Cannstatt bis Schorndorf statt, zu welcher viele Einladungen ergangen waren. Der erste Zug ging um 6 Uhr 10 Minuten von Cannstatt ab und traf um 7 Uhr 16 Minuten in Schorndorf ein; um 9 Uhr trat derselbe den Rückweg an und war um 10 Uhr 7 Minuten wieder in Cannstatt. Nachmittags 4 Uhr 10 Minuten ging abermals ein Zug nach Schorndorf, der um 7 Uhr 15 Minuten wieder nach Cannstatt zurückfuhr.«

Am 26. Juni kam von Gmünd die Kunde: »Wir können aus zuverlässiger Quelle die erfreuliche Nachricht geben, daß am nächsten Samstag (Feiertag Peter und Paul) Vormittags die *erste Lokomotive* auf der Eisenbahn dahier eintreffen wird. Es steht zu erwarten, daß es die Bürgerschaft an einem freudigen Empfang nicht fehlen lassen wird. Der Gemeinderath beabsichtigt das Ereigniß durch ein großes Festmahl in der Güterhalle des Bahnhofs zu feiern, wozu die HH. Eisenbahnbeamten und Techniker eingeladen sind.«

Übrigens war das Frühjahr 1861 für die Stadt auch noch in anderer Hinsicht sehr bedeutsam. Es handelte sich um einen technischen Fortschritt, dessen schrittweise Verwirklichung in erster Linie von der Eisenbahn profitieren konnte, was die Anfuhr der Hilfsstoffe betraf: Das neue Gaswerk, die »Gasfabrik«, wie sie im Volksmund genannt wurde. Zwar bestand hier schon eine solche Einrichtung in kleinerer Ausdehnung seit 1858. Der Fabrikant Nikolaus Ott hatte sie auf dem Grundstück seiner Fabrik zwischen Brandstatt und Milchgäßle eingerichtet. An die Versorgung waren nur wenige Nutzer dieser neuen Energiequelle angeschlossen. Immerhin wurde ein Anfang damit gemacht. Das Herbeischaffen von Kohle war in den Jahren ohne Eisenbahn vor allem ein kostenmäßiges Problem. Der Schritt des Fabrikanten Ott war eine Pioniertat, die für die Stadt und deren Industrie Signalwirkung hatte. Ende März 1861 hatte der bekannte Augsburger Industrielle August Riedinger am Hennentörle vor der Stadtmauer im Nordosten des Mauerringes die neue »Gasfabrik« erbaut und eingerichtet. Der Vertrag mit dem bisherigen Gaslieferanten ging ohnehin zu Ende. Der unmittelbar bevorstehende Anschluß an das Schienennetz bot die Gewähr für die reibungslose Anfuhr von Kohle, dem wichtigsten Produkt zur Gasherstellung. So war das neue Gaswerk der erste große Kunde der Eisenbahn in Schwäbisch Gmünd.

Die bereits in der Lokalpresse angekündigte Kolaudationsfahrt zwischen Stuttgart und Schwäbisch Gmünd wurde auf den 29. Juni 1861 festgesetzt. Für die Stadt war dies ein willkommener Anlaß, die »Begrüßung der ersten Lokomotive« in angemessener Weise zu begehen. Anschaulich bringt der Bericht aus der Zeitung dieses bedeutende Ereignis der Stadtgeschichte zum Ausdruck. »Der heutige Tag«, so heißt es hier, »war für die Einwohner von Gmünd ein Tag der Freude, wie wir uns eines solchen kaum erinnern können. Es galt nämlich der Eröffnung der Eisenbahn und der Begrüßung der ersten Lokomotive, bei welcher Alles wetteiferte, dieses frohe Ereigniß mit derjenigen Würde zu feiern, welche geeignet erschien, den großen Dank für diese Bescheerung in offener herzlicher Weise auszudrücken. Mußten in den lezten 14 Tagen die Arbeitskräfte Tag und Nacht in Anspruch genommen werden, und war es wirklich erfreulich, zu sehen, mit welcher Ausdauer und Unverdroßenheit Alles zusammenwirkte, um die Eröffnung heute möglich zu machen, so hielt man es für das Passendste, diesen Tag der Freude mit einem großartigen Festessen in der Güterhalle zu begehen und von da den ersten Zug in der feierlichsten Weise zu begrüßen. Die Teilnahme war eine allgemeine, denn gegen 150 Gedecke waren in der schön dekorirten Güterhalle aufgestellt und alle Stände, insbesondere auch die Gesammtheit des verehrlichen Offizierskorps, gebührend vertreten. Kaum hatte der Ortsvorsteher, Stadtschultheiß Kohn, den ersten Toast auf Se. Maj. unsern erhabenen König ausgebracht, welcher allseitig mit der größten Begeisterung aufgenommen wurde, so verkündeten Böllersalven die Ankunft des Zuges, dem aus weiter Ferne fortgesetztes Hochrufen aus vielen tausend Kehlen entgegenjauchzte. Ein wirklich erhebender Augenblick war es aber, als der Zug wenige Minuten darauf sein Ziel erreichte und vor der Güterhalle von vielen tausend von Menschen mit entblößtem Haupte unter Musik und Gesang mit einem nicht enden wollenden Hochrufen unter in Strömen fallendem Regen begrüßt wurde. Da bei uns die Nachricht einlief, daß der Zug ohne weitere Begleitung eintreffen werde, so war Alles um so freudiger überrascht, als der Zug drei Waggons mit sich führte und aus denselben Hr. Staatsrath v. Sigel und Hr. Oberfinanzrath Schwarz mit vielen andern Eisenbahnbeamten und sonstigen geladenen Gästen traten. Aus diesem Grunde nahm das Ganze eine improvisierte Gestalt an und würzte die allseitige Heiterkeit und Fröhlichkeit in

17 Eintreffen des ersten Zuges in der vorläufigen Endstation Wasseralfingen am 18. Juli 1861

einer Weise, wie man sie nur in Gmünd treffen wird, dessen munteres und heiteres Völkchen in dieser Beziehung seinen alten Ruf möglichst zu bewahren suchte. An den verschiedensten Toasten fehlte es hierbei nicht; insbesondere glauben wir aber des Toastes erwähnen zu dürfen, welchen Hr. Staatsrath v. Sigel auf das Wohl der Stadt Gmünd ausbrachte, und in welchem derselbe der industriellen Verhältnisse Gmünds und seiner Einwohner rühmend erwähnte und erklärte, daß diese hauptsächlich es seien, welche die Stadt dieses leichten Verkehrsmittels besonders würdig mache. Es war schade, daß das Wetter sehr ungünstig sich zeigte; denn bei guter Witterung hätte sich das Ganze in ein wahres Volksfest gestaltet. Der Zug trat um 7 Uhr seinen Rückweg an, und wir glauben, aus der heitern Stimmung wahrnehmen zu dürfen, daß die vielen Gäste nicht unbefriedigt von dannen fuhren und sich des heutigen Tages gerne erinnern werden.«

Die letzte Abnahmefahrt von Stuttgart nach Wasseralfingen fand am 9. Juli 1861 statt. Darüber berichtete die »Schwäbische Kronik«: »Gestern hatten wir hier ein schönes, für die Geschichte unserer Stadt bedeutungsvolles Fest; nämlich die Ankunft der ersten Lokomotive in unseren Mauern. Kaum hatte sich in voriger Woche die Nachricht verbreitet, daß die Arbeiten an der Eisenbahn so weit herangediehen seien, daß wir diesem frohen Ereignis mit Zuversicht Anfangs dieser Woche entgegensehen dürfen, so war man auch schnell darüber einig, nicht erst die offizielle Eröffnung der Bahn abzuwarten, sondern gleich mit der Ankunft des ersten Dampfrosses eine städtische Feier zu verbinden und hierzu unsere lieben Nachbarn von Ellwangen, Heidenheim etc. einzuladen. Von Seiten der K. Baubehörde wurde uns mit größter Zuvorkommenheit die großartige Güterhalle zu diesem Zweck überlassen, und mit einer Schnelligkeit, die wohl am besten die Freude, die uns beseelt, bekundete, in einem grünen, mit farbigen Festons durchzogenen Bankettsaal umgeschaffen. Unsere Nachbarn folgten mit einer dankenswerten Bereitwilligkeit unserer Einladung, vom

Lande strömte in die Stadt, was abkommen konnte, und so hatte sich, lange ehe die Lokomotive ankam, auf dem Bahnhofe eine außerordentliche Menschenmenge, sämmtlich im Festgewande, angesammelt. Der hiesigen Bürgerschaft kündigte sich das Fest durch Böllerschüsse und eine solenne Tagwache an. Eine Stunde vor Ankunft des auf 3 Uhr angekündigten, sehnlich erwarteten Gastes, stellte sich das Komite, die höheren Knaben- und Töchterschulen vor dem Festlokale auf. Es war wirklich ein erhebender Moment, als die gewaltige Maschine unter dem Krachen der Böller, den Klängen der Musik und dem unendlichen Jubel der Menge einherdampfte und zuvor festlich geschmückt, unter einem Regen von Blumen ihren Weg fortsetzte, um auch vollends die kleine Strecke nach Wasseralfingen zu durchmessen. Sie brachte uns nur wenige Gäste, darunter die Herren Oberfinanzrat Schwarz, Oberbaurat v. Klein, Baurath Morlok, denen ihre Zeit leider nur kurz bemessen war. Doch blieben sie immerhin lange genug, um Zeugen einer allgemeinen Freude, einer gehobenen festlichen Stimmung zu seyn, wie wir sie in gleicher Weise hier nicht leicht gesehen haben, und die sich während des Banketts, an dem über 200 Personen sich betheiligten, in ernsten und heiteren Reden und Toasten kundgab. Leider war die Feier nicht ganz vom Wetter begünstigt. Es regnete in Strömen, als die Herren gegen 6 Uhr ihren Rückweg antraten. Viele Häuser, besonders an der auf den Bahnhof führenden Straße hatten sich in ein grünes Festkleid gehüllt, die städtischen Behörden hatten mit dankenswerther Liberalität die Mittel zur würdigen Begehung des Festes verwilligt.«

Nachdem mit der letzten Abnahmefahrt nach Wasseralfingen die gesamte Strecke zur Eröffnung freigegeben war, wurde der offizielle Eröffnungszug mit Ehrengästen und großen Empfängen auf den einzelnen Stationen auf den 18. Juli 1861 festgesetzt. Die »Schwäbische Kronik« wußte diese Fahrt folgendermaßen zu schildern: »Der gestrige Tag war Zeuge einer schönen und wahrhaft erhebenden Feier; es fand die Eröffnung der württembergischen Remstalbahn von der schönsten Witterung begünstigt, statt; ein Ereignis, das von der ganzen Bevölkerung des Remstales längst ersehnt und nun mit allseitigem Jubel begrüßt wurde. Die Remsbahn durchzieht eine der fruchtbarsten Gegenden Württembergs, welche nicht nur eine dichte Bevölkerung und reiche Elemente für die Entwicklung eines lebhaften Verkehrs enthält, sondern auch für das Auge viele Reize darbietet, wie denn namentlich die Aussicht auf das Neckar- und Stuttgarter Tal von der Höhe der großen Bahndämme zwischen Cannstatt und Fellbach als eine wirklich entzückende bezeichnet werden darf. Der schön dekorierte Wagenzug, der zu dieser Festfahrt bestimmt war, verließ mit den höchsten Staats-, Hof- und Militärbeamten, sowie den Mitgliedern beider Ständekammern den hiesigen Bahnhof morgens 7 1/2 Uhr und wurde auf allen Stationen von dem Jubel der Bevölkerung freudigst begrüßt. Die Stationsgebäude waren überall geschmackvoll dekoriert, an vielen Orten waren schöne Ehrenpforten errichtet, und die Gemeindebehörden waren erschienen, um ihre Freude und ihren Dank auszudrücken.« Dieser allgemeinen Schilderung soll nun eine örtliche aus Gmünd folgen. Der »Bote vom Remsthal« berichtete über das historische Ereignis vom 18. Juli, die Stadt sei aus diesem Anlaß »fast wie ausgestorben« gewesen. »Alles was zu laufen vermochte und auch sonst nicht aufgehalten war, hatte sich auf die Beine, dem Bahnhofe zu gemacht, wo es nun zum viertenmale Gelegenheit gab, die Wolken des auf dem neuen Schienenwege in raschem Fluge daherkommenden Zuges mit dem dahineilenden Dampfroß zerstieben zu sehen. Vormittags 10 Uhr traf die stattliche, hübsch bekränzte, mit den württembergischen Landesfarben flatternde Lokomotive NOERDLINGEN, 6 festlich geschmückte Wagen im Gefolge, welche unsere höchsten Staats- und Hofbeamte enthielten, hier ein. Zum Empfange dieses Festzuges hatten sich die hiesigen Staatsbediensteten und die Mitglieder der städtischen Kollegien bei der geschmackvoll dekorirten Güterhalle aufgestellt. Die Festfreude

Bekanntmachung, betreffend die Eröffnung des ordentlichen Betriebs auf der Remsbahn.

Am Donnerstag den 25. ds. M. wird der ordentliche Betrieb auf der Remsbahn zwischen (Stuttgart) Cannstatt und Wasseralfingen für den Personen-, Gepäck-, Equipagen-, Vieh- und Güter-Verkehr eröffnet werden. Fahrtenpläne und Tarife für die Remsbahn sind auf allen Eisenbahn-Stationen zu haben.

Stuttgart, den 17. Juli 1861.

K. Eisenbahn-Direktion.

Dillenius.

18 Amtliche Bekanntmachung über die bevorstehende Betriebseröffnung der 1. Remsbahn-Sektion

19 Der erste »Fahrtenplan« der Remsbahn-Strecke Stuttgart–Wasseralfingen = 4 Zugpaare täglich

Königl. württemb. Staats-Eisenbahn. Fahrtenplan für die Remsbahn.

Vom 25. Juli 1861 an bis auf Weiteres.

A. Fahrten in der Richtung von Stuttgart nach Wasseralfingen.

		Morgens		Vormitt.		Nachmit.		Abends.	
		Uhr.	Min.	Uhr.	Min.	Uhr.	Min.	Uhr.	Min.
Stuttgart	Abg.	5	20	8	20	2	30	6	20
Cannstatt	Ank.	5	27	8	27	2	37	6	27
	Abg.	5	39	8	31	2	40	6	30
Fellbach		6	2	8	49	2	58	6	48
Waiblingen	Ank.	6	7	8	54	3	3	6	53
	Abg.	6	17	8	57	3	7	6	57
Endersbach		6	30	9	7	3	17	7	7
Grunbach		6	39	9	14	3	24	7	14
Winterbach		6	53	9	23	3	33	7	23
Schorndorf	Ank.	6	59	9	29	3	39	7	29
	Abg.	7	9	9	34	3	45	7	35
Plüderhausen		7	22	9	45	3	56	7	46
Waldhausen		7	30	9	52	4	3	7	53
Lorch	Ank.	7	39	10	1	4	12	8	2
	Abg.	7	44	10	4	4	14	8	4
Gmünd	Ank.	7	59	10	19	4	29	8	19
	Abg.	8	16	10	24	4	35	8	25
Unterböbingen		8	38	10	45	4	56	8	46
Mögglingen		8	49	10	54	5	5	8	55
Essingen		9	13	11	9	5	20	9	10
Aalen	Ank.	9	23	11	19	5	30	9	20
	Abg.	9	40	11	24	5	36	9	26
Wasseralfingen		9	45	11	28	5	40	9	30
Anschlüsse an die Züge der Hauptbahn:									
von Bruchsal und Heilbronn		19.	29. v. Tags.	5.	21.	13.	25.	17.	27.
von Ulm und Reutlingen.		18.	38. v. Tags.	6.	32.	12.	34.	16.	36.

B. Fahrten in der Richtung von Wasseralfingen nach Stuttgart.

		Morgens		Vormitt.		Nachmit.		Abends.	
		Uhr.	Min.	Uhr.	Min.	Uhr.	Min.	Uhr.	Min.
Wasseralfingen	Abg.	5	—	10	20	3	—	6	15
Aalen	Ank.	5	4	10	24	3	4	6	20
	Abg	5	11	10	31	3	11	6	32
Essingen		5	24	10	44	3	24	6	54
Mögglingen		5	35	10	55	3	35	7	7
Unterböbingen		5	42	11	2	3	42	7	15
Gmünd	Ank.	5	57	11	17	3	57	7	30
	Abg	6	2	11	23	4	2	7	50
Lorch	Ank.	6	14	11	35	4	14	8	2
	Abg.	6	16	11	38	4	17	8	12
Waldhausen		6	24	11	46	4	25	8	21
Plüderhausen		6	31	11	53	4	32	8	30
Schorndorf	Ank.	6	40	12	2	4	41	8	39
	Abg.	6	45	12	7	4	46	8	49
Winterbach		6	53	12	15	4	54	9	3
Grunbach		7	2	12	24	5	3	9	14
Endersbach		7	10	12	32	5	11	9	24
Waiblingen	Ank.	7	22	12	44	5	23	9	36
	Abg.	7	25	12	49	5	28	9	44
Fellbach		7	32	12	56	5	36	9	55
Cannstatt	Ank.	7	44	1	8	5	48	10	7
	Abg.	7	48	1	13	5	53	10	19
Stuttgart		7	55	1	20	6	—	10	30
Anschlüsse an die Züge der Hauptbahn:									
nach Bruchsal und Heilbronn.		6.	24.	12.	28	16.	30.	2.	22. folg. Tag
nach Ulm und Reutlingen.		5.	33.	13. [Eßlingen]		17.	37.	3.	31. folg. Tag

20 Architektur am Bahndamm: Pergola der Villa des Fabrikanten Ott, erbaut von Georg Morlok

gab sich durch den Donner des Geschützes vom nahen Hohlenstein, durch das weithin hallende Hoch der versammelten Menge und mit Musik begleiteten Gesangs des hiesigen Liederkranzes kund. Nach kurzem Aufenthalte folgte der Zug, den oberhalb des Bahnhofes am Wegübergang auf den Sct. Salvator aufgemachten, zierlich ausgestatteten, von Fahnen mit den städtischen und den Landesfarben wehenden Triumphbogen passierend, seinem Endziel Wasseralfingen zu. Abends nach 8 Uhr traf derselbe Zug zurück wieder hier ein, von der gleichen großen Menschenmasse, dem Geschützdonner auf dem Hohlenstein und dem abermaligen, recht seinem Zwecke entsprechenden, schön ausgeführten Gesange des sich auf der Villa des Fabrikanten Ott am Lindenfirst aufgestellten Liederkranzes empfangen und sofort seinen weiteren Rückweg nach Stuttgart einschlagend.«

Den Höhepunkt bildete schließlich an jenem 18. Juli 1861 die Feier in der vorläufigen Endstation Wasseralfingen, worüber ebenfalls ein ausführlicher Bericht vorliegt.

Übrigens wurde dieses Ereignis in der Zeitschrift »Über Land und Meer«, einer Vorläuferin unserer heutigen Illustrierten, festgehalten in einem wirklichkeitsgetreuen Holzstich. Das Stationsgebäude von Wasseralfingen, im Hintergrund die guterkennbaren Umrisse des Hüttenwerkes, vor allem aber im Mittelgrund des Bildes die geschmückte Lokomotive und der erste Waggon des Eröffnungszuges veranschaulichen uns die Szene bei der Ankunft des Zuges.

Diese lebhaften Schilderungen zeigen die aufrichtige Begeisterung, die im 19. Jahrhundert beim Anschluß an das Schienennetz der Eisenbahnen herrschte. Immerhin bedeutete dieses Ereignis den Beginn einer neuen Epoche in dem von der

21 *Blick vom Hohlenstein auf den Gmünder Bahnhof um 1865, ein frühes photographisches Dokument*

Remsbahn durchfahrenen Landstrich. Dies begann sich sehr bald in wirtschaftlicher Hinsicht und vor allem in einem bevölkerungsmäßigen Wachstum abzuzeichnen.

Am Eröffnungstag und an den nächsten fanden weitere Fahrten für die Anrainerbevölkerung statt. ». . . in 8 Tagen soll dann die Remsbahn dem Betriebe übergeben werden. Möge sie dem Landestheil den sie durchschneidet, Glück und Segen bringen!«, meinte abschließend die »Schwäbische Kronik« in ihrem Bericht über die feierliche Eröffnung.

Als der Tag der offiziellen Eröffnung der Remsbahn gilt der 25. Juli 1861: »Am Donnerstag, den 25. d. M. wird der ordentliche Betrieb auf der Remsbahn zwischen (Stuttgart) Cannstatt und Wasseralfingen für den Personen-, Gepäck-, Equipagen-, Vieh- und Güterverkehr eröffnet. Fahrtenpläne und Tarife für die Remsbahn sind auf allen Eisenbahnstationen zu haben.«

Die Brenzbahn-Klausel und ihre Bedeutung für Württemberg

Nichts war einfacher und unkomplizierter als ein Übergang der württembergischen Eisenbahnen in das bayerische Nachbarland bei Nördlingen.
Die Nachbarn hatten diesen Umstand sehr früh in ihr verkehrspolitisches Kalkül einbezogen, wie sich aus verschiedenen Schritten ersehen läßt. Das geschah zunächst in höchst unmißverständlicher Weise schon bei der Planung der ersten großen bayerischen Magistrale, die das Königreich in seiner ganzen Länge vom Süden in den Norden, von den Gestaden des Bodensees bis in das Fichtelgebirge, durchziehen sollte, der königlich privilegierten Südnordbahn von Lindau bis Hof.
»Hinsichtlich der Bahn Donauwörth–Nürnberg«, so berichtet Hugo Marggraff in seinem auch heute noch gültigen Werk bezüglich der geplanten Streckenführung im Ries, »wurde die längere Route über Nördlingen und Gunzenhausen . . . und die direkte Route über Treuchtlingen . . . eingehendst erwogen und technisch untersucht, bis schließlich die Nördlinger Route mit Rücksicht auf einen künftigen Anschluß an die württembergischen Bahnen im Juni 1844 endgiltige Annahme fand.«[1]
Württemberg ist bekanntlich dem Wink nicht gefolgt und hatte sehr früh anders entschieden, obgleich die Frage des Anschlusses in Nördlingen auch Gegenstand der Untersuchungen von Carl Etzel und Ludwig Klein gewesen ist. Im Gegensatz zu dem bayerischen Entgegenkommen drängte Württemberg, wesentlich bestärkt durch die Bestrebungen der Stadt Ulm, den Anschluß dort zu erzwingen. So kam es schließlich zu einem ersten Staatsvertrag zwischen den beiden Ländern am 25. April 1850. Gegenstand des Übereinkommens war der Bau einer Bahn von Augsburg nach Ulm. Im Zusammenhang damit stand ein weiterer Bahnbau von München nach Südosten über Rosenheim nach Salzburg und Kufstein, wozu ein Staatsvertrag mit Österreich erforderlich wurde. Die Gesamtstrecke von Ulm nach Salzburg bzw. Kufstein wurde offiziell als »Maximiliansbahn« bezeichnet. Vor allem der Salzburger Zweig sollte bald darauf die Verbindung mit der Kaiserin-Elisabeth-Bahn, vor allem mit Wien, herstellen und somit die Grundlage zu einer europäischen Fernverbindungsstrecke bilden.
Am 1. Mai 1854 wurde die gemäß Gesetz vom 4. Mai 1851 beschlossene Strecke der Maximiliansbahn zwischen Ulm und Augsburg eröffnet. Somit war auch der erste Grenzübergang von Württemberg nach Bayern hergestellt.
In der Folgezeit hatte sich die Einstellung der Grenznachbarn in dieser Hinsicht gewandelt. Die Bayern verfolgten die weiteren Pläne mit großer Aufmerksamkeit. Dies bezog sich ganz besonders auf die geplante Lonseebahn, die in einer Verbindung von Nördlingen nach Ulm für eine Ablenkung des Verkehrs vom bayerischen Territorium eine gewisse Gefahr bedeutet hatte.
Als nun die Frage der Remsbahn und deren Übergang spruchreif wurde, hing diese neue Grenzüberschreitung weitgehend von Gunst und Wohlwollen der Nachbarn im Osten ab. Voraussetzung dafür war in erster Linie ein Staatsvertrag, der am 21. Februar 1861 in München zwischen Ferdinand Graf von Degenfeld-Schomburg als württembergischem Staatsrat und Gesandten und Karl Freiherrn von Schrenk als dem bayerischen Staatsminister des königlichen Hauses und des Äußeren geschlossen wurde.
»Die K. Württembergische Regierung setzt die

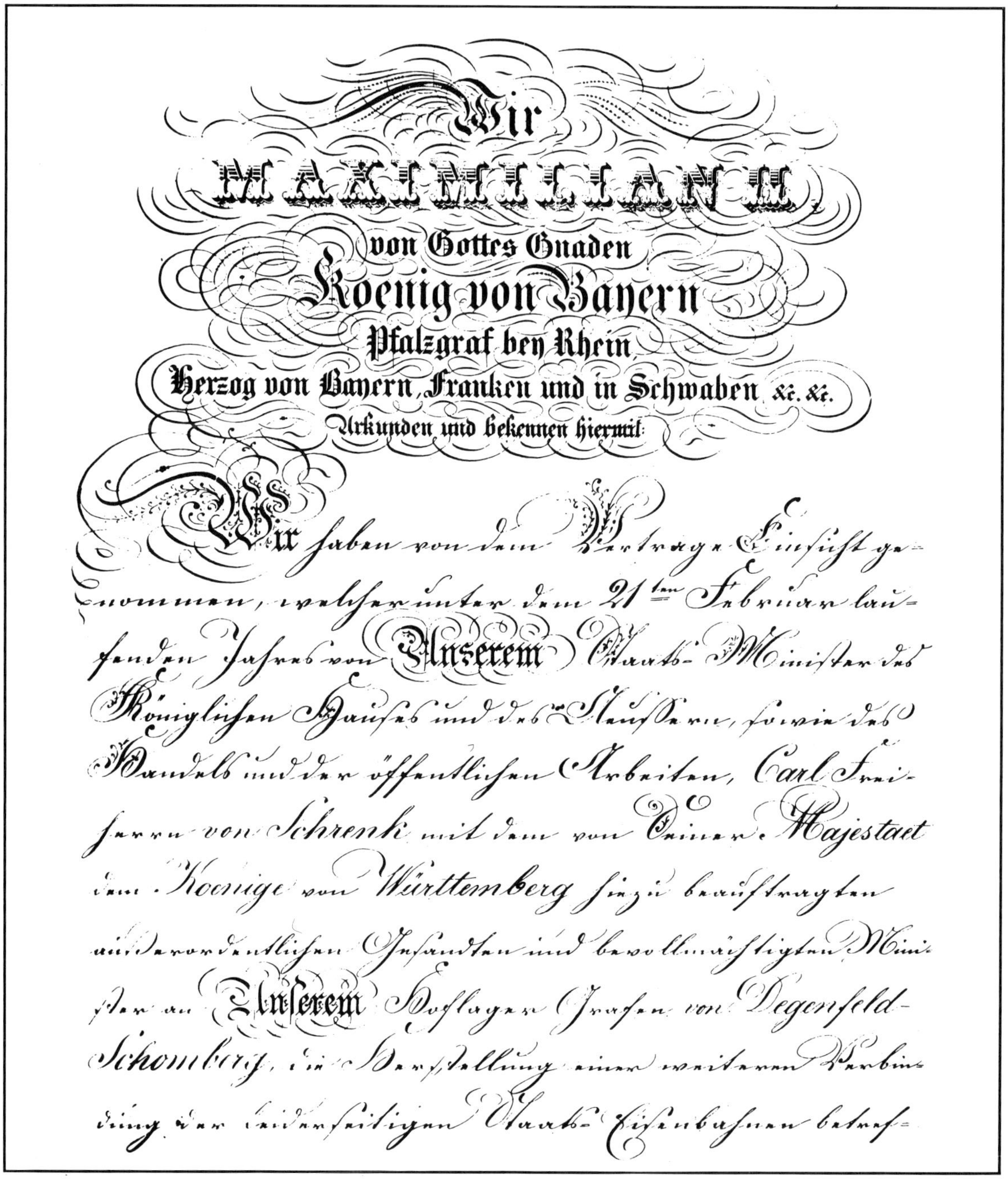
Wir
Maximilian II.
von Gottes Gnaden
Koenig von Bayern
Pfalzgraf bey Rhein
Herzog von Bayern, Franken und in Schwaben &c. &c.
Urkunden und bekennen hiermit:

Wir haben von dem Vertrage Einsicht genommen, welcher unter dem 21ten Februar laufenden Jahres von Unserem Staats-Minister des Königlichen Hauses und des Aeussern, sowie des Handels und der öffentlichen Arbeiten, Carl Freiherrn von Schrenk mit dem von Seiner Majestaet dem Koenige von Württemberg hiezu beauftragten außerordentlichen Gesandten und bevollmächtigten Minister an Unserem Hoflager Grafen von Degenfeld-Schomberg, die Herstellung einer weiteren Verbindung der beiderseitigen Staats-Eisenbahnen betref-

22 Bayerische Ausfertigung des Staatsvertrages über den Anschluß der Remsbahn in Nördlingen

bereits in der Ausführung begriffene Bahn von Cannstatt über Waiblingen, Schorndorf, Gmünd, Aalen nach Wasseralfingen zum Anschluß an die K. Bayerische Ludwigs-Süd-Nordbahn in Nördlingen bis zur Bayerischen Grenze fort«, heißt es in Artikel I des Vertragswerkes. In den Artikeln II bis XIV wurden die Einzelheiten geregelt, die sich zwangsläufig rechtlich aus dem Grenzübergang ergaben. Es heißt dazu wörtlich:

»II. Die K. Bayerische Regierung verpflichtet sich dagegen, im unmittelbaren Anschlusse an die in Art. I genannte Bahn eine Eisenbahn von der Grenze nach Nördlingen zum Anschlusse an die Ludwigs-Süd-Nordbahn bauen zu lassen.

III. Die K. Württembergische Regierung macht sich anheischig, die Bahn von Cannstatt bis an die Grenze bei Nördlingen im Laufe des Jahres 1863 zu vollenden und in Betrieb zu setzen.

IV. In gleicher Weise wird die K. Bayerische Regierung die Bahn von der Grenze bis Nördlingen im Laufe des Jahres 1863 vollenden.

V. Die durch gegenwärtigen Vertrag festgestellten Bahnen werden in beiden Staaten in Bezug auf Grunderwerbungen und Kunstbauten sogleich für ein Doppelgeleise vorbereitet werden, so daß das zweite Geleise, soweit es nicht schon bei Eröffnung des regelmäßigen Bahnbetriebes hergestellt seyn sollte, ohne Schwierigkeiten gelegt werden kann.«[2]

Die weiteren Bestimmungen des umfangreichen Vertragswerkes besagen, daß der Bahnhof Nördlingen »als alleinige und gemeinsame Wechselstation bestimmt« sei. Geregelt waren vor allem auch die vielfältigen politischen Zuständigkeiten, die Fragen der Landeshoheit und die zu praktizierende Polizeigewalt auf folgende Weise: »Der K. Bayerischen Gensd'armerie und anderen, als solche sich legitimirenden Polizeiorganen ist, wo und so oft es der Dienst erfordert, das Ueberschreiten und Begehen der im Betriebe der Württembergischen Verwaltung befindlichen Bayerischen Eisenbahnstrecke zu gestatten.«

Neben den sonstigen Bestimmungen, die sich auf Einzelheiten beziehen, wären noch Artikel XXV und XXVI zu erwähnen, die sich auf die »Betriebsmittel«, den gegenseitigen Wagenübergang und die fahrplanmäßige Abstimmung beziehen.

»XXV. Auf der Station Nördlingen hat der Wechsel der beiderseitigen Betriebsmittel rücksichtlich der Locomotive, Tender, Personen- und Gepäckwagen der Regel nach zu geschehen.

Es soll jedoch eine jede der beiderseitigen Verwaltungen verpflichtet seyn, der andern in außerordentlichen Fällen mit ihren Betriebsmitteln gegen besonders zu vereinbarende Vergütung Aushilfe zur Deckung eines augenblicklichen dringenden Bedarfes zu leisten.

In Betreff des Durchgangs der Güterwagen der einen Verwaltung auf die Bahnstrecke der anderen bleibt den betreffenden Bahndirectionen Verständigung auf den Grund der im deutschen Eisenbahn-Verein bestehenden Vereinbarungen, sowie der wegen des gegenseitigen Wagenüberganges in Ulm getroffenen Vereinbarung überlassen.«

Besonderes Augenmerk wird auch der Fahrplankoordination geschenkt, denn die Fahrpläne beider Verwaltungen sollen »an dem Bahngrenzpunkte Nördlingen gehörig ineinandergreifen«. In Absatz XXVII wird weiterhin eine Garantie über die Mindestzahl an Zügen gegeben, wenn es heißt: »Im Sommer sollen wenigstens 4, im Winter wenigstens 3 Fahrten täglich in beiden Richtungen ausgeführt werden, von Cannstatt auf der K. Württembergischen Bahn, von Nördlingen auf der K. Bayerischen Ludwigs-Süd-Nordbahn entsprechende Fortsetzung finden.«

Die hier aufgeführten Bestimmungen sind typisch für die Problematik und gegenseitige Lösung und Abstimmung der Aufgaben auf einem Gemeinschaftsbahnhof zur Zeit der Länderbahnen. Nördlingen bildete dafür ein klassisches Beispiel.

Eine schwerwiegende Bestimmung des hier aufgeführten Vertrages war allerdings der Artikel XXXVII, der rechtliche Folgen in sich schloß und in die Eisenbahngeschichte unter der Bezeichnung »Brenzbahn-Klausel« eingegangen ist. Der lapidare Satz, eine Ausgeburt juristischer Spitzfindigkeiten, hatte folgenden Wortlaut:

»Die K. Württembergische Regierung verpflichtet sich, innerhalb eines Zeitraumes von zwölf Jahren vom Tage der Eröffnung der Cannstatt–Nördlinger Eisenbahn an keine Schienenverbindung zwischen dieser Bahnlinie und der Cannstatt–Ulmer Eisenbahn herzustellen oder herstellen zu lassen, durch welche die Württembergische Bahnlinie von Nördlingen bis Friedrichshafen kürzer würde, als die Bayerische Linie von Nördlingen bis Lindau.«

23 Der Preis für den Anschluß in Nördlingen 1861

Diese Sperrfrist erstreckte sich vom 3. Oktober 1863, dem Tage, als die 2. Teilstrecke der Remsbahn zwischen Wasseralfingen und Nördlingen in Betrieb genommen wurde, und dem 2. Oktober 1875. Daß das benachbarte Bayern diese Frist sinnvoll zu nutzen verstand, ergibt sich aus der Tatsache, daß dort noch alle Strecken gebaut wurden, die den Weg zum Bodensee über ausschließlich bayerischen Boden ermöglichen konnten. Nicht unter die Bestimmungen des Staatsvertrages fiel die Brenzbahn-Teilstrecke Aalen–Heidenheim, die am 21. September 1864 nach relativ kurzer Bauzeit eingeweiht werden konnte, während das letzte Streckenstück von Langenau bis Ulm erst 1876 fertiggestellt wurde und somit dem Wortlaut der Klausel Genüge getan war. Die folgende Aufstellung und die nebenstehende Skizze sollen die Problematik veranschaulichen:

A. Nördlingen–Friedrichshafen via Aalen–Cannstatt–Ulm	306 km
B. Nördlingen–Lindau via Donauwörth–Augsburg–Buchloe–Kempten	261 km
Differenz: (Ziel des Staatsvertrages)	+ 45 km

Vergleich der in Frage kommenden Zwischenverbindungen auf württembergischem Gebiet:

a) bei sofortigem Ausbau der Brenzbahn
Aalen–Ulm 217 km (= – 44 km)

b) bei Ausführung der Verbindung Fils–Rems
Eislingen–Gmünd
(via Asrücken) 233 km (= – 28 km)

c) bei Ausführung der Verbindung Fils–Rems
Plochingen–Schorndorf
(via Schurwald) 276 km (= +15 km)

Resultat der Vertragsklausel:
bei a) Bau Aalen–Heidenheim gutgeheißen, jedoch Aufschub 12 Jahre für Heidenheim–Ulm,
bei b) totale Sperre,
bei c) ohnehin Wegfall, da längerer Weg.

Aus diesem Grunde konnte auch zwischen den Tälern von Fils und Rems, zwischen Göppingen und Gmünd, in dieser Zeit keine Verbindung geschaffen werden, obwohl hierfür die nötigen Vorplanungen seit 1845 und 1847 schon existierten. Diese Pläne wurden dann unmittelbar nach der Jahrhundertwende, als ein wahres Nebenbahnfieber allenthalben im Lande aufgekommen war, in abgewandelter und vereinfachter Form wieder aufgegriffen. Bald nach der Fertigstellung der Verbindung mit Bayern in Nördlingen konnte am 15. September 1864 die erste Teilstrecke der Brenzbahn zwischen Aalen und Heidenheim in Betrieb genommen werden. Dieser Abschnitt fiel ausdrücklich nicht unter die aufschiebende Wirkung jenes bereits erwähnten § 37 des bayerisch-württembergischen Staatsvertrages, der »Brenzbahn-Klausel«. Stärkere Auseinandersetzungen zwischen den beteiligten Landstrichen gab es in der Planung einer Verbindungsstrecke zwischen Hall und Aalen. Vor allem im Limpurger Land wurde für eine »Kocherbahn« agitiert, die von Hall aus über Gaildorf, Untergröningen und Abtsgmünd nach Wasseralfingen geführt werden sollte. Dieses mit allem Nachdruck verfochtene Vorhaben wurde aber sehr bald von der Streckenführung von Hall über Crailsheim und Ellwangen an die Remsbahn nach Goldshöfe verdrängt, vor allem durch die wirksame Agitation der Städte Ellwangen und Crailsheim.

Durch den Anschluß der Oberen Jagstbahn an die schon bestehende Remsbahn in der Station Goldshöfe am 15. November 1866 war eine neue Verbindung hergestellt, die nun offiziell im »Fahrtenplan« der Staatseisenbahnen längere Zeit als Strecke »Bietigheim–Heilbronn–Heidenheim« verzeichnet war.

Durch den zusätzlichen Verkehr der Brenzbahn und der Oberen Jagstbahn auf dem Remsbahn-Abschnitt zwischen Aalen und Goldshöfe wurde ein zweites Gleis erforderlich. Dieses wurde ebenfalls 1866 erbaut, und zwar rechtzeitig zur Eröffnung der Oberen Jagstbahn.

Das Jahr 1866 brachte auch eine Neuerung, die

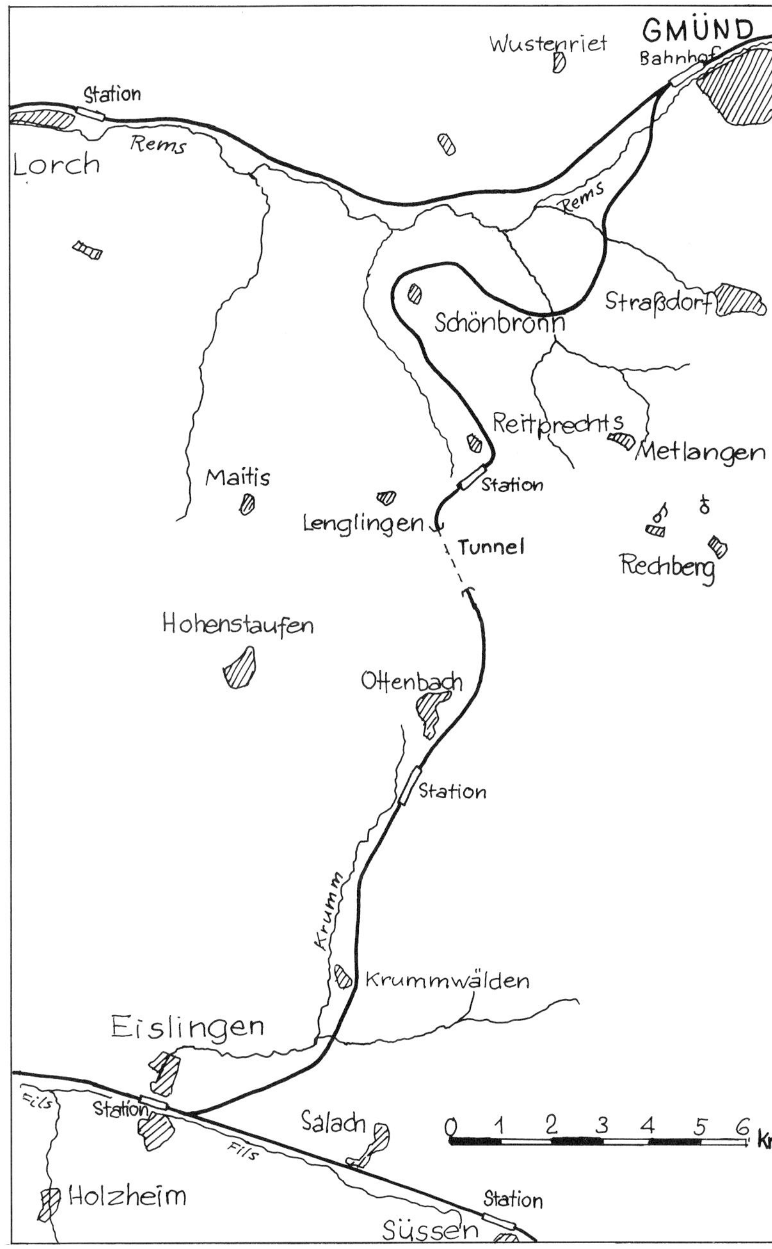

24 Das Bahnprojekt Eislingen–Gmünd, 1858 und 1873

aus maschinentechnischen Gründen notwendig wurde, die Errichtung einer Hauptwerkstätte in Aalen. Es hatte sich nämlich gezeigt, daß eine weitere Abhängigkeit von Depot und Hauptwerk-

stätte Esslingen aus rein betrieblichen Gründen nicht mehr gemeistert werden konnte. Somit bekam Aalen den für den ostwürttembergischen Raum unentbehrlichen Lokomotivstützpunkt und vor allem die Hauptwerkstätte.[3]
Als die Sperrfrist des Staatsvertrages im Jahre 1875 zu Ende ging, wurden alte Planungen aus den ersten Tagen der württembergischen Eisenbahnen wieder aus der Schublade geholt. Hier zeigte sich das Gute und Vorausschauende der Eisenbahnplanung, nämlich die Tatsache, daß von Anfang an alle konkurrierenden Streckenvarianten schon auf dem Reißbrett bearbeitet waren. So konnte man auch auf die Vorplanungen zwischen den Tälern von Rems und Fils zurückgreifen. Eine Kommission bearbeitete das Problem und legte das Resultat der Trassenstudie in 19 detailliert ausgearbeiteten Varianten vor. Es handelte sich um Untersuchungen, die von einer Verbindung von Plochingen nach Schorndorf bis zu einer solchen von Süßen nach Gmünd reichten. Gute Aussichten hatte die Verbindung von Eislingen durch das Ottenbachertal und einen Asrückentunnel westlich vom Hohenrechberg in das Remstal nach Gmünd. Alle die genannten Projekte waren als Hauptbahnen durchgeplant worden. Wenn auch jetzt die Brenzbahn-Klausel als ernstes Hemmnis weggefallen war, so wurde nach kritischen Überlegungen und Beratungen vor der Kammer der Abgeordneten von der weiteren Verfolgung jener differenziert ausgearbeiteten Pläne vorläufig Abstand genommen. Die Ergebnisse konnten aber in späteren Jahrzehnten für Nebenbahnplanungen, vor allem von Göppingen nach Schwäbisch Gmünd, wertvolle Erkenntnisse liefern.[4]

Eisenbahn und Öffentlichkeit im 19. Jahrhundert

»Die Eisenbahn ist zu einem Wahrzeichen des Zeitalters geworden, dessen Entwicklung sie von der ersten Hälfte des 19. Jahrhunderts an entscheidend beeinflußt hat. Mit der Einführung der Dampfkraft in Produktion und Verkehr wird die technische Revolution sichtbar, die die Lebensbedingungen von Grund auf umgestaltet, alte Lebensformen in Frage gestellt und neue erzwingt. . . . Wie die Maschine die Produktionskraft über ihre jahrhundertelange handwerkliche Betätigung hinaus gesteigert und ihr andauernd neue Möglichkeiten erschlossen hat, so vermochte sie auch die Schranken des Verkehrs zu überwinden, indem sie die Entfernungen zusehends verkürzte. Damit ist aber der Lebensbereich des Menschen so sehr erweitert worden, daß die Erde als eine einzige Werkstätte erscheint, in der jeder einzelne in immer stärkerem Maße vom andern, jedes Volk in immer höherem Grade von den revolutionierenden Kräften neuer Erkenntnisse und ihrer Anwendung in der modernen Technik erfaßt wird.« Mit diesen Sätzen aus einem Standardwerk der Eisenbahngeschichte, die auch heute noch nichts von ihrer Bedeutung eingebüßt haben, wird die Bedeutung der Eisenbahn und ihre Einflußnahme auf das öffentliche Leben umrissen.[1]

Die Erbauung der Remsbahn in ihren beiden Bauabschnitten war eine Meisterleistung von Georg Morlok, aufgrund derer er zum Oberbaurat befördert und mit dem württembergischen Friedrichsorden ausgezeichnet wurde. Seine technischen Leistungen wurden auch höheren Orts gebührend zur Kenntnis genommen. Die von ihm beim Bau der beiden Sektionen der Remsbahn angewandten Richtlinien und Methoden wurden allen mit weiteren Streckenbauten im Lande befaßten Bauämtern zur Nachahmung empfohlen und schließlich zur Ergänzung der Mustersammlung der Baunormalien herangezogen.

Daß Morlok auch längs der Strecke Zeugen seiner technischen Kenntnisse und Fertigkeiten hinterlassen hat, sei an dieser Stelle ausdrücklich hervorgehoben. In Schwäbisch Gmünd erbaute er um 1860 dem Fabrikanten und örtlichen Industriepionier Johann Baptist Ott die geschmackvolle Pergola, die dessen Grundstück gegen die benachbarte Eisenbahn hin sinnvoll abgrenzte. Von dieser Stelle aus sangen auch, wie aus den zeitgenössischen Berichten hervorgeht, die vereinigten Liederkränze bei der Eröffnungsfahrt der Remsbahn am 18. Juli 1861. In der Innenstadt stammte von ihm die private Irrenanstalt St. Vinzenz, die kurz vor der Jahrhundertwende von hier nach auswärts verlegt wurde. Deren Baulichkeiten bestehen als St. Loreto noch heute, wenngleich sie einer anderen Zweckbestimmung dienen. In Aalen betätigte sich Morlok außerhalb seines dienstlichen Auftrages mit dem Bau der katholischen St.-Marien-Kirche im Zwickel zwischen Rems- und Brenzbahn. Bei diesem Bau allein ist es nicht geblieben. In kurzen Abständen folgten weitere katholische Kirchenbauten im Aalener Raum, so in Lauchheim, Dalkingen und Pommertsweiler. Es ist erstaunlich, wozu der in jenen Jahren restlos in Anspruch genommene Eisenbahnbauer noch Zeit hatte und außerdem wegen seiner nicht zu übersehenden Nebentätigkeit von seinem Arbeitgeber nicht gerügt und dienstlich beanstandet wurde.

Die Stationen und Bahnhöfe, die beim Bau der Remsbahn geschaffen wurden, entwickelten sich bald an allen Orten zu Stätten der »Communication«, der Begegnung, des Kommens und Gehens,

des Empfangs und des Abschieds, Umschlagplätze menschlicher Bewegungen.
Die Baulichkeiten, in denen sich diese Vorgänge abspielten, wurden in Württemberg als »Verwaltungsgebäude« bezeichnet, in Baden, der Schweiz und in Österreich als »Aufnahmegebäude«. Erst nach 1920 setzte sich die Bezeichnung »Empfangsgebäude« auch in Württemberg durch. Ein solches Bauwerk enthielt alle Räumlichkeiten, die für den Kundenverkehr erforderlich waren, die Schalterhalle mit der Fahrkartenausgabe, die Gepäckabfertigung, den Warteraum, das Bahnhofsbuffet sowie die erforderlichen Diensträume. Die Verwaltungsgebäude der Stationen bildeten die Nahtstellen zwischen dem Schienen- und Straßenverkehr. Daher wurde auch schon beim Bahnbau darauf geachtet, daß die Stationen in verkehrsgünstiger Lage zu ihrem Einzugsgebiet errichtet wurden.
Schon bald hatte die Gmünder Bevölkerung den Wert der Eisenbahn erkannt. Daß die Einrichtung angenommen und auch rege benutzt wurde, zeigte sich sehr überzeugend darin, daß der Bahnhof Gmünd stets in der Spitzengruppe der ersten 20 württembergischen Stationen genannt war, wie sich aus den Verwaltungsberichten der königlich württembergischen Verkehrsanstalten entnehmen läßt. Immer wieder berichtete die lokale Presse über Themen aus dem Verkehr, in bösen wie in erfreulichen Situationen, wie etwa in jener Meldung vom 13. Januar 1865: »Gmünd. Gestern Abend ereignete sich auf dem hiesigen Bahnhofe ein bedauernswerthes Unglück. Der Eisenbahnbedienstete Wörner von hier wollte beim Zusammenkuppeln der Wägen vom sog. Puffer herabspringen, stürzte jedoch auf die Schienen und wurde von den im Laufe befindlichen Wägen erfaßt, in Folge dessen sein Oberkörper so bedeutend beschädigt wurde, daß der Tod alsbald erfolgte. – Dem gestern auf dem Bahnhof vorgekommenen Unglücksfalle folgte heute Mittag dort ein Ereigniß freudigerer Natur. Ein Frauenzimmer, welches zum Mittagszuge eine Karte lösen wollte, wurde auf der Staffel des Bahnhofs von einem Kinde entbunden.«
Ebenfalls aus dem Jahre 1865 stammt ein Bericht über einen spontanen und freundnachbarlichen Rettungsakt mit aktiver Unterstützung eines Extrazuges bei einem großen und gefährlichen Brand in der Nachbarstadt Aalen. Ein zeitgenössischer Pressebericht schildert die Situation mit folgenden Worten: »Gmünd, 6. Febr. In der Nacht vom 3. auf den 4. hatte unsere Feuerwehr wieder Gelegenheit ihre Kräfte so viel als möglich zu entwikkeln, denn ein Telegramm von Aalen, welches um 8 Uhr hier eintraf, forderte schleunigste Hilfe, um den daselbst ausgebrochenen Brand zu bewältigen. Es wurde denn auch nicht versäumt, um diesem Nothrufe unserer Nachbarstadt mit der That zu begegnen; denn der alsbald ankommende Zug fand die Mannschaft mit den nöthigen Geräthschaften schon auf dem Bahnhofe bereit, um sie auf die Brandstätte zu entsenden. Allein es schien, als ob die vereinte Kraft dieser sowohl als der anderen Feuerwehren nicht hinreiche, das entfesselte Element zu bezwingen, und ein weiteres Telegramm forderte wiederum Verstärkung. Auf die erneuten Feuersignale hin versammelte sich fast die ganze Feuerwehrmannschaft auf dem Bahnhofe, von wo sie mittelst Extrazugs nach Aalen befördert wurde. Unsere Feuerwehr, die allein mit nahezu 400 Mann vertreten war, gelangte um 8 Uhr Morgens hier wieder an.«
Nach Fertigstellung der Remsbahn und der Brenzbahnteilstrecke von Aalen nach Heidenheim und der unmittelbar bevorstehenden Oberen Jagstbahn, die in Goldshöfe nach Crailsheim abzuzweigen hatte, stand ein Lokomotivbedarf bevor, der auf die Dauer vom bisher zuständig gewesenen Depot in Esslingen nicht mehr zufriedenstellend bedient werden konnte. Das mußte sich bald ändern.
Am 28. April 1863 hatten Ludwig Klein und Georg Morlok die Errichtung einer »Reparatur-Werkstätte« für Lokomotiven und Wagen in Aalen vor der Eisenbahn-Kommission eingehend begründet und dafür entsprechende Pläne und Kostenvoranschläge eingereicht. Zwecks Mittelbewilligung wurden die Unterlagen dem Finanzmi-

nisterium weitergereicht. Da aber in den Gesetzesgrundlagen vom 17. November 1858 eine Reparaturwerkstätte in Aalen nicht ausdrücklich vorgesehen war, entschloß sich das Finanzministerium, die Genehmigung des Monarchen zur Durchführung des Vorhabens unmittelbar zu erwirken. Das »Anbringen des Finanzministers an den König« vom 20. Juni 1863 hatte folgenden Wortlaut: »Infolge der Eröffnung der Remsbahn ist die Tätigkeit der Reparatur-Werkstätte in Esslingen in einem Maße in Anspruch genommen, daß dieselbe dem Bedürfnis nicht mehr zu entsprechen vermag und auf eine Erweiterung der dortigen Lokale Bedacht genommen, überdies aber auf einer der Stationen der Remsbahn eine Filial-Werkstätte . . . errichtet werden müßte, wenn nicht auf anderm Wege dem vorliegenden Bedürfnis abgeholfen werden könnte. Außer der Remsbahn von 20 Stunden Länge kommen in Betracht die Strecke Wasseralfingen–Nördlingen mit 10, Goldshöfe–Crailsheim–Ansbach mit 20, Crailsheim–Mergentheim mit 18, Aalen–Ulm mit 20 Stunden Länge, welche teils in Ausführung begriffen sind, teils in nicht ferner Zeit erstellt werden sollen. Diese Bahnen mit einer Länge von 88 Stunden bilden einen Komplex, welcher nahezu eine Gesamtausdehnung erhält, wie sie gegenwärtig dem Maschinenerhaltungsbezirk Esslingen zukommt.

Der am besten geeignete Ort für die Werkstätte wäre die Stadt Aalen, da alle oben bezeichneten Bahnen mit der Station Aalen in direkter Verbindung stehen und zum größeren Teil in derselben ihren Ausgangspunkt haben. Ich erlaube mir da-

25 Die Hauptwerkstätte Aalen und ihre räumliche Ausdehnung um 1885

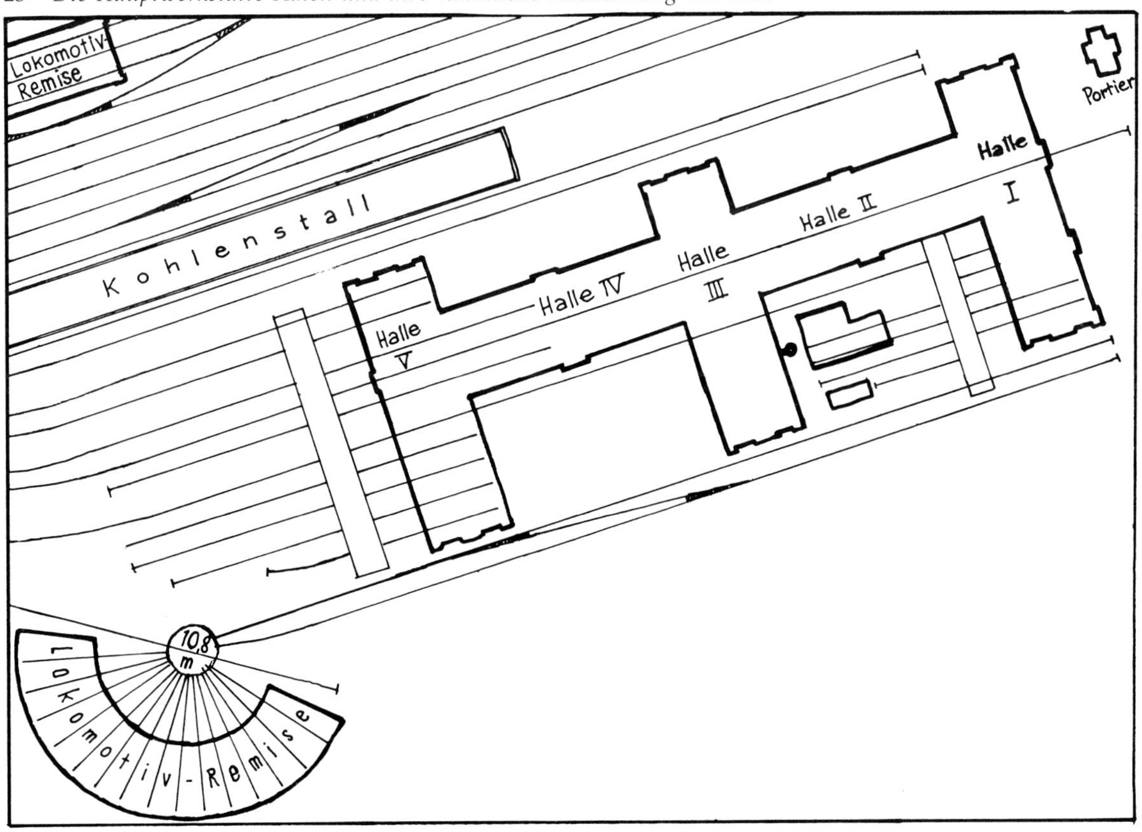

her, im Einverständnis mit der Eisenbahn-Kommission und der Eisenbahndirektion ein vom technischen Bureau der Eisenbahn-Kommission unter der Leitung des Direktors von Klein und des Baurats Morlok ausgearbeitetes Projekt für die fragliche Reparaturwerkstätte der höchsten Genehmigung Seiner Königlichen Majestät untertänigst zu empfehlen.«[2]

Durch königliches Dekret wurde die Genehmigung am 23. Juni 1863 erteilt. Zwei Monate darauf konnten schon die Bauarbeiten vergeben werden. Nach einem genauen Fristenplan sollten die Bauarbeiten bis Jahresende 1865 abgeschlossen sein. Die Werkstätte sollte aus 3 Querflügeln, je 220 wü Fuß lang und 65 wü Fuß breit (= 63,03 m x 18,61 m), und 2 Längsflügeln zu je 180 wü Fuß Länge und 70 wü Fuß Breite (51,57 m x 20,06 m) bestehen sowie einer Lokomotivremise in Polygonform. Die Bauarbeiten konnten fristgerecht im Dezember 1865 vollendet werden.[3]

Am 25. Juni 1865 hatte Maschinenmeister Lorenz, ein aus Schwerin stammender »Werkführer« der mecklenburgischen Eisenbahnen, seinen Dienst angetreten. Die Lokomotivführer und -heizer, die auf der Remsbahn ihren Dienst verrichteten, wurden alle im November 1865 nach Aalen versetzt und zur gleichen Zeit auch die ersten Werkstättenarbeiter aufgenommen. Mit ihrer Hilfe konnten dann auch die ersten Werkzeugmaschinen in den fünf Hallen aufgestellt werden. Die zur Behandlung zugeteilten Lokomotiven mußten jedoch noch auf absehbare Zeit von der Werkstätte Esslingen betreut werden. Endgültig unabhängig von der Hauptwerkstätte in Esslingen wurde Aalen erst im April 1866. Schon sehr bald bekam die Werkstätte durch umfangreiche Lokomotivumbauten ein reiches Betätigungsfeld. Für den umfangreichen Wasserbedarf der Werkstätte und der Aalener Lokomotivstation wurde eigens bei Bahnkilometer 3,80 der Brenzbahn kurz vor der Station Unterkochen eine Wasserfassungsanlage mit Filtereinrichtung gebaut, von der aus genügend Wasser nach Aalen geleitet werden konnte. Wir müssen uns vergegenwärtigen, daß es um jene Zeit in einer Stadt wie Aalen noch keine öffentliche Wasserversorgung gab.[4]

Im Zusammenhang mit der Werkstätte und ihrer Einrichtung stand auch der Bau umfangreicher Wohngebäude in der Aalener Bahnhofstraße, die ohne Zweifel interessante Beispiele betrieblichen Wohnungsbaues darstellten.

Daß die Eisenbahn auch anderen als rein friedlichen Zwecken dienen mußte, erfuhren die Anrainer der Remsbahn frühestens im Jahre 1866, als Preußen Österreich und seinen Verbündeten im Süden den Krieg erklärt hatte. Vor allem waren es Truppentransporte, die hier begannen oder auf der Durchfahrt in die Krisengebiete den Bahnhof Gmünd passierten.

Die Bevölkerung wurde über alle Besonderheiten ordnungsgemäß informiert. So wurde auch eine anfänglich befohlene Totalsperre des Zugverkehrs wieder aufgehoben, was durch die Mitteilung: »Von heute, Dienstag, 19. Juni an, gehen sämmtliche Züge der Remsbahn wieder regelmäßig« der interessierten Öffentlichkeit kundgetan wurde.

Die Nachrichten jagten sich. So meldete Stuttgart unter dem 18. Juni u. a.: »Samstag Abends traf die Nachricht ein, daß die Preußen in Kurhessen eingerückt seien und damit den ersten kriegerischen Akt ausgeübt haben. . . . Ihr Hilferuf erklang in Württemberg nicht an taube Ohren; der König empfahl den Ministern v. Varnbüler (Eisenbahnen) und v. Hardegg (Krieg) die dringendsten Maßregeln, und in der That gelang es diesen Herren, die Pfade bis Frankfurt so zu ebnen, daß in der Zeit von 10 Stunden 5000 Mann Infanterie, Artillerie, Reiterei, Jäger, kurz Alles in Allem eine vollständige Feldbrigade mit sämmtlichem Zubehör vor den Thoren von Frankfurt und darüber hinaus war. Und doch war es nicht nothwendig, den Dienst der Eisenbahn für das Publikum ganz zu sperren. Die Schnell- und Kurierzüge, die auf fremde Bahnen influirten, gingen, wenn auch nicht in der gewohnten Präzision.«

Auch die Gmünder Garnison wurde in die Mobilmachung einbezogen und in das bedrohte Gebiet nach Hessen geschickt. Die hier stationierten

Truppenteile wurden mit der Eisenbahn »in Marsch gesetzt«, was sich aus folgender Notiz in der Lokalpresse entnehmen läßt: »Gmünd, 26. Juni. Heute Vor- und Nachmittag ging in 4 Extrazügen das reitende Bataillon von hier nach seinem nächsten Bestimmungsorte Hessen-Darmstadt ab.«

Daß es bei den militärischen Transporten auch Unfälle gab, beweist folgende bedauerliche Notiz: »Letzten Dienstag fiel in der Nähe von Lorch ein Artillerist während der Fahrt vom Eisenbahnwagen herab, wurde überfahren und verlor beide Füße und einen Arm.«

Daß im Schießtal und im Barackenlager bei Gotteszell mehrere Truppenkontingente in Bereitstellung lagen und auf ihren Abtransport mit der Eisenbahn warteten, ergibt sich aus einem Stuttgarter Korrespondentenbericht: »Stuttgart, 26. Juni. Die neue Truppenbewegung hat von Gmünd aus ihren Anfang genommen. Heute gingen 4 Züge mit Artillerie hier durch: am Donnerstag folgen fünf Extrazüge und am Freitag deren sechs. Die Züge werden so in den Fahrplan eingetheilt, daß die gewöhnlichen Fahrzeiten keine Störung erleiden.«

Das Kriegsgeschehen brachte auch die Verköstigung und Verpflegungsmöglichkeiten der durchfahrenden Truppen auf dem Bahnhof mit folgendem Aufruf: »An die verehrliche Einwohnerschaft der Stadt Gmünd. Bei den mehrfachen Truppendurchzügen auf dem hiesigen Bahnhof hat sich bei aller Opferwilligkeit der Einwohnerschaft gezeigt, daß eine zweckmäßige und gleichmäßige Vertheilung der Erfrischungen nur möglich ist, wenn im Wiederholungsfalle eine Anzahl Bürger sich vereinigt, und die Herbeischaffung der Lebensmittel, Getränke, Cigarren etc. sowie deren Vertheilung übernimmt . . .«

Ein Stuttgarter Bericht vom 3. August bringt die Nachricht über die Verladung einer Sanitäts-Compagnie nach Nördlingen, wo die vom Kriegsschauplatz hertransportierten Württemberger über Würzburg, Ansbach und Gunzenhausen eingetroffen waren, da zur Zeit noch keine andere Schienenverbindung bestand: »Heute Vormittag ist eine Abtheilung der Sanitäts-Compagnie mit Bagagewägen von der Solitude hier eingetroffen und hat sich nach Nördlingen begeben, wo verwundete Württemberger eintreffen.« Interessant ist in demselben Bericht die vorgesehene Zerstörung der württembergischen Bahnanlagen vor den vorrückenden Preußen: »In Folge der unerwarteten Besetzung Mergentheims durch die Preußen wurden gestern die Lokomotiven und Eisenbahnwagen von der Haller Bahn weggezogen, und weil die Preußen in Heidelberg eingerückt sind und der Abschluß des Waffenstillstands noch nicht bekannt war, wurde die Demolirung der Bahn bei Bruchsal sowie die Versperrung des Tunnels bei Maulbronn angeordnet. Heute früh, nachdem sichere Nachrichten über Abschluß des Waffenstillstands bekannt waren, hat Herr Direktor v. Dillenius befohlen, die demolirten Bahnstrecken sofort wiederherzustellen.«

Am 10. August wurde aus Stuttgart berichtet: »Eben komme ich vom Bahnhofe, wo eine größere Anzahl von kranken Soldaten eintraf; sie kamen von der Remsbahn und bestanden zum größeren Theil aus Jägern. Zu ihrem Empfang bereit standen Soldaten, das Verwaltungspersonal, ebenso die Aerzte des Militärhospitals.«

Neben diesen im Raume von Nördlingen zusammengestellten Transporten kamen auf dem Schienenwege auch noch reguläre Truppen, wie sich aus einer Gmünder Notiz vom 11. August 1866 ergibt: »Seit heute früh 8 Uhr haben wir ununterbrochene Truppen Durchzüge aller Waffengattungen und eine Einquartierung von 3000 Mann.«

Auch unter den negativen Zeichen eines aufgezwungenen Krieges haben sich die jungen württembergischen Eisenbahnen doch glänzend bewährt. Immerhin mußte damals die Remsbahn eine sehr wichtige Funktion auch im Transitverkehr meistern. Beachtlich war auch die Zahl der vielen Verladungen in Gmünd. Da der Schießplatz der württembergischen Artillerie sich noch bis 1875 im »Schießtal« hinter Gotteszell befand, blieb dieser Umstand weiter erhalten. Zudem lastete auf der Stadt auch weiterhin der zweifelhafte Ruf einer Garnison, was bis heute der Fall ist und somit geradezu schicksalhafte »Tradition« hat, gleich unter welchem Regime.

Zum Glück zeigte der Verkehr auf der Remsbahn auch bald wieder glückliche Seiten.

Wertvoll für die Eisenbahngeschichte sind in dieser Beziehung die Erinnerungen des Dichters Eduard Mörike. Dieser Mann, der sehr viel für die Eisenbahn übrig hatte (». . . ich freu mich auf die Eisenbahn«[5]), wohnte längere Zeit auch in Lorch. In dieser Zeit war er auf die Schienenverbindung angewiesen. Aus seinem Nachlaß, der im Schiller-Nationalmuseum in Marbach am Neckar verwahrt wird, sind einige wertvolle Zeugnisse darüber erhalten. Glanzstück ist zweifellos jener »Fahrtenplan vom 1. Juni 1868 mit vollständigem

26 Der ständige Begleiter des Dichters Eduard Mörike

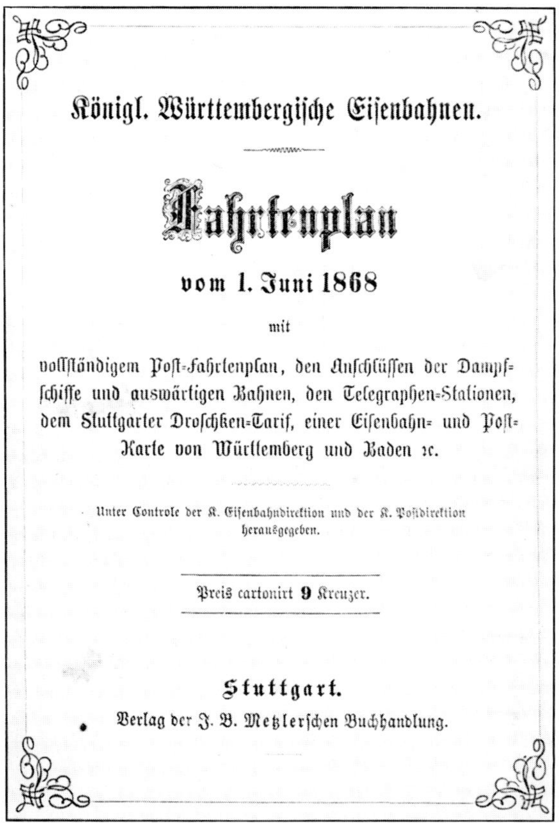
Königl. Württembergische Eisenbahnen.

Fahrtenplan

vom 1. Juni 1868

mit

vollständigem Post-Fahrtenplan, den Anschlüssen der Dampfschiffe und auswärtigen Bahnen, den Telegraphen-Stationen, dem Stuttgarter Droschken-Tarif, einer Eisenbahn- und Post-Karte von Württemberg und Baden ꝛc.

Unter Controle der K. Eisenbahndirektion und der K. Postdirektion herausgegeben.

Preis cartonirt 9 Kreuzer.

Stuttgart.

Verlag der J. B. Metzlerschen Buchhandlung.

Post-Fahrtenplan, den Anschlüssen der Dampfschiffe und auswärtigen Bahnen, den Telegraphen-Stationen, dem Stuttgarter Droschken-Tarif, einer Eisenbahn- und Post-Karte von Württemberg und Baden etc.«[6], der zur ständigen Ausrüstung des Dichters gehörte. Dieses Dokument enthält die kompletten Fahrpläne aller im Sommer 1868 bestehenden Eisenbahnstrecken. Ohne jetzt näher auf Einzelheiten einzugehen, seien aber die Hinweise über die Fahrzeiten herausgegriffen, weil sie zeigen, wie in dieser Hinsicht bis zu der internationalen Einigung von 1893 in dieser Sache verfahren wurde. »Die Fahrzeiten sind in Württemberg nach der Stuttgarter Uhr, in Bayern nach der Münchener, in Baden nach der Carlsruher, in der Schweiz nach der Berner Uhr angegeben. Das Verhältnis ist folgendes:

Wenn die Stuttgarter Uhr 12 Uhr zeigt,
zeigt die Carlsruher 11 Uhr 57 Minuten,
die Münchener 12 Uhr 10 Minuten,
und die Berner 11 Uhr 53 Minuten.«

Über die Zeiten im Fahrplan heißt es hier: »Die angegebenen Abfahrtszeiten treffen nur genau zu auf den Stationen, von welchen die Fahrten ausgehen. Auf Zwischenstationen kann der Reisende auf Beförderung mit Sicherheit nur rechnen, wenn er mindestens 10 Minuten, bei Güterzügen mit Personenbeförderung mindestens 15 Minuten vor der angegebenen Abfahrtszeit auf dem Bahnhof sich einfindet.«

Mörike, der ein gastliches Haus auch in Lorch führte, empfing dort viele seiner Freunde. Dem Maler Moritz von Schwind schrieb er am 25. Oktober 1867: »Da wäre nun die Frage, ob Sie Verehrtester, den Weg nach Stuttgart nicht ebenso bequem über Nördlingen, als, wie bisher Ihre Gewohnheit war, über Ulm nehmen würden? Ein Bahnzug kommt zum Beispiel, von dort um elf Uhr Vormittags hier an, um sieben Uhr Abends geht ein solcher nach Stuttgart, wo er halb neun Uhr eintrifft.« Erst ein Jahr später benutzte Schwind die Strecke in der Gegenrichtung, als er von Frankfurt und Karlsruhe auf der Heimreise nach München war. Anderthalb Tage blieb er Mö-

27 *Durchblick zur Remsbahnstrecke in Lorch, 1867*

rikes Gast, und dieser zeichnete ihn am 20. November 1868 in sein »Lorcher Hausbuch«.
Als sein Kater Weißling nach Stuttgart verfrachtet wurde, geschah diese Reise auch mit Hilfe der Eisenbahn. Das Tierchen wurde fachgerecht in einen Korb gebettet und konnte auf diese Weise seine Reise antreten. Dieser Vorgang wurde Gegenstand eines kleinen Gedichtes:

»O Rockebuß, jetzt mußt du dran!
Du fährst mit Sturmeseilen
Im Gretten auf der Eisenbahn
Vier lange bange Meilen.
Du hörest nicht und siehest nicht,
Und öffnest Du Dein Augenlicht,
So steigst du aus in Stuttgart!
Lorch, d. 17. Dec. 1867.«[7]

Ein wichtiges Ereignis der ersten Jahre der Remsbahn bildete eine Pioniertat ersten Ranges, die erste deutsche Zahnradbahn. Zweifellos handelte es sich um eine rein industrielle Angelegenheit, aber dennoch eine Planung in staatlicher Regie. Es galt, das staatliche Hüttenwerk von Wasseralfingen, seinerzeit einer der wichtigsten Gründe zum Bau der Remsbahn, mit den Doggererzgruben auf dem Braunenberg schienenmäßig zu verbinden. Bisher mußte die Zufuhr der Erze mit primitiven Fuhr-

28 *Der Kater Weißling . . .*

29 *. . . und sein Transportbehälter*

werktransporten vollzogen werden. Erhöhte Lohnforderungen der Fuhrleute gaben letztlich den Ausschlag. Georg Morlok, der bewährte Oberbaurat der Staatseisenbahnen und Planer und Erbauer der Remsbahn, der schon 1858 vor dem Bahnanschluß das neue Walzwerk in Wasseralfingen gebaut hatte, schlug zusammen mit Bergrat Erhardt, dem Chef des Hüttenwerkes, vor, passende Angebote einzuholen. Ein Schrägaufzug nach einem Muster der Segen-Gottes-Grube bei Saarbrücken war in der Diskussion, eine Adhäsionsbahn nach dem Muster der kurz zuvor fertiggestellten Uetlibergbahn bei Zürich in Verbindung mit dem bekannten Lokomotivkonstrukteur Georg Krauss und schließlich eine Zahnradbahn nach dem Patent von Niklaus Riggenbach. Dessen Zahnradbahn auf die Rigi aus dem Jahre 1871, die erste auf dem Kontinent, hatte schon Weltruf erlangt. Als passendes Muster für eine Montanbahn in Wasseralfingen bot sich die von Riggenbach konstruierte Steinbruchbahn in Ostermundigen bei Bern an. Morlok, der gute Verbindungen zu dem Konstrukteur pflegte, war dafür verantwortlich, daß von dem ersten Gedankenaustausch mit der »Internationalen Gesellschaft für Bergbahnen« in Aarau der Weg zu einem Vertrag über Lieferung einer entsprechenden Lokomotive nur noch ein kleiner war. Im Herbst 1876 konnte das bestellte Exemplar geliefert werden. Das Bedienungspersonal mußte zunächst noch Einschulungsfahrten auf der Rorschach-Heiden-Bahn absolvieren. Riggenbachs Zahnradbahn auf den Braunenberg war zwar nicht die erste Zahnradbahn der Welt, aber die erste dieser Gattung in der Spurweite von 1000 mm! Der Rohstoff Doggererz wurde von der Grube ins Hüttenwerk zu Tal gebracht, die Bergfahrt brachte Ladungen von Schlacken und Abfallprodukten in die Höhe, die in

30 *Graphischer Fahrplan von 1877 in der ursprünglich in Württemberg üblichen Anordnung*

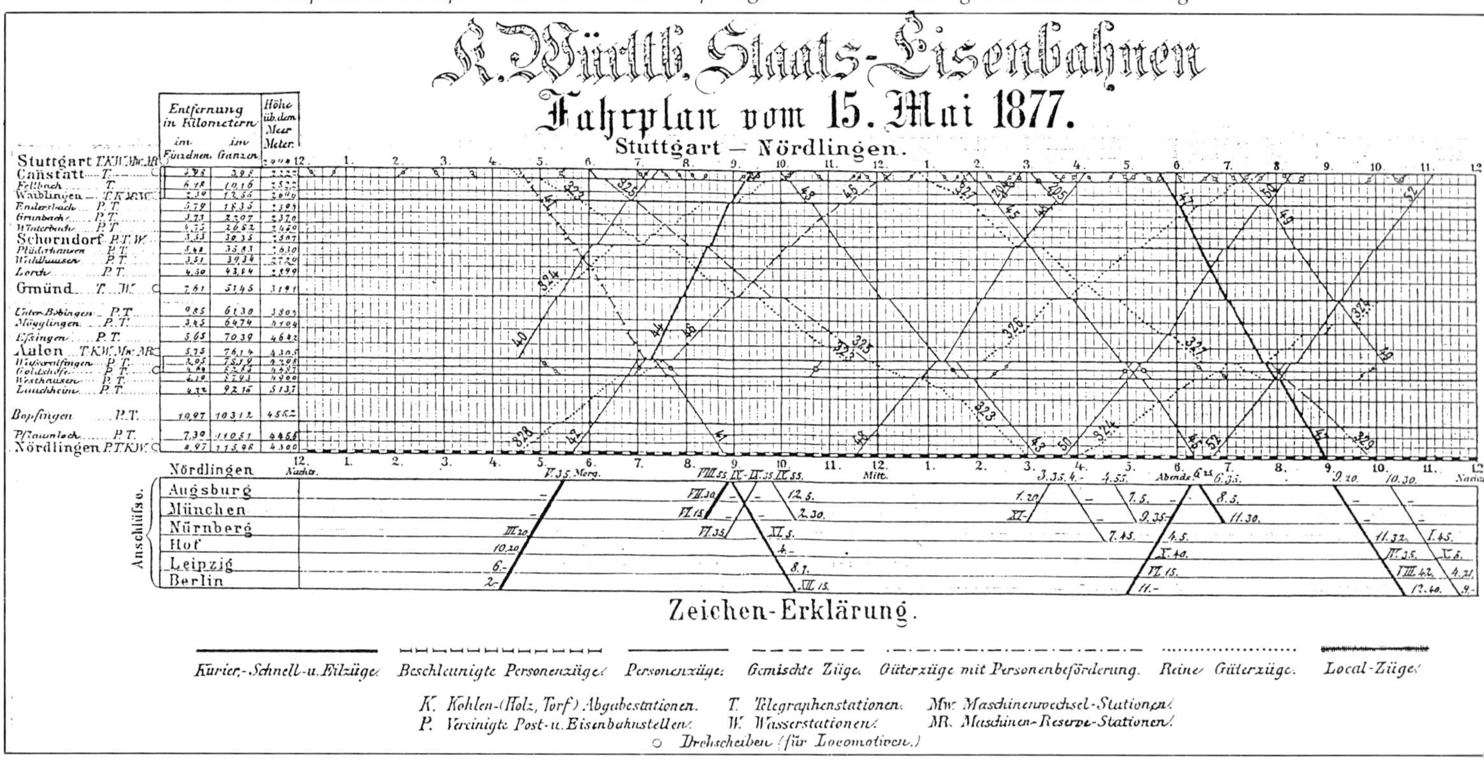

eine aufzufüllende Talklinge geschüttet wurden. Im Jahre 1924 nach dem Ausblasen des Hochofens wurde auch diese Bahn stillgelegt und die Lokomotive, die heute ein wertvolles technisches Denkmal wäre, verschrottet.

Das Jahr 1876 brachte auch die erste Ergänzung des Schienennetzes im unteren Teil der Remsbahn. Der Plan einer Verbindungsstrecke zwischen der Remsbahn und der Hohenloherbahn bei Schwäbisch Hall brachte mit der Einweihung der Teilstrecke Waiblingen–Backnang am 26. Oktober 1876 die Einbindung der als »Murrbahn« bezeichneten Verbindungsbahn nach Hessental in die Station Waiblingen. Da die bisherige Lage nicht zuließ, eine passende Abzweigung mit gleichzeitiger Überquerung des in den Muschelkalk eingeschnittenen Remstales zu erreichen, mußte mit der nach Westen verlegten Abzweigung auch ein neues Stationsgebäude errichtet werden. Das bisherige Verwaltungsgebäude, das seinen Dienst gerade 15 Jahre erfüllen konnte, wurde einem anderen bahndienstlichen Zweck zugeführt, konnte aber auf diese Weise überleben, während das neue Bauwerk im Zusammenhang mit dem Ausbau der S-Bahn-Linien 2 und 3 einem neuen und zweckentsprechenden modernen Bauwerk weichen mußte.

Ein unbekannt gebliebener Verfasser schilderte in den Gmünder Heimatblättern recht anschaulich und mit besonderer Liebe für das Detail das Leben und Treiben auf dem Gmünder Bahnhof in der Zeit vor der Jahrhundertwende. Die Eindrücke aus sonnigen und unbeschwerten Kindertagen zeigen im vollen Wortlaut, was der Begriff »Bahnhof« den Kindern von damals bedeutet hat. Es heißt in dieser reizenden Milieuschilderung wörtlich: »Das Leben eines Gmünder Buben spielte sich damals noch einfach ab. . . . Doch bot der Bahnhof uns Buben so viele Eindrücke, daß das Leben keineswegs arm war. Jeder Bube wußte die Ankunft und die Abfahrt des Zuges. Da nun die Sammeltätigkeit jeden Buben um das 12. Lebensjahr herum unwiderstehlich ergreift, und es damals weder Reklamebildchen noch bedruckte Bierfilze gab, so sammelte man mit Leidenschaft die Namen der Lokomotiven. Diese leuchteten in goldschimmernden Metallbuchstaben an beiden Seiten der Kessel verführerisch auf. Jeder Bube hatte sich ein kleines Büchlein zurecht gemacht und schrieb nun gewissenhaft auf, welche Maschinen er schon gesehen hatte. Da kamen nicht selten auch kleine Diebstähle vor, daß nämlich ein Bube einem anderen eine Lokomotive aus dessen Notizbuch stahl. Schwer löslich war für uns die Tatsache, daß fast immer die gleichen Maschinen nach Gmünd kamen. Wir glaubten nämlich, die Lokomotivführer würden mit ihren Maschinen im ganzen Deutschen Reiche herumreisen. Die Ferien bei entfernt wohnenden Onkeln und Tanten wurden daher eifrig zur ›Lokomotivenjagd‹ benützt. Ich war überglücklich, als ich 1900 auf dem Stuttgarter Hauptbahnhof die Maschine GMUEND entdeckte, die dort zu Verschiebezwecken eingesetzt war. Ich war lange der einzige hiesige Bube, der diese Maschine in seinem Merkbuch besaß.

Die größte Unterhaltung gewährte das Rangieren. Es war auch gar zu schön, zuzusehen, wie die Wagen abgestoßen und wieder eingefangen wurden. Noch höre ich in meinen Ohren die schrillen Pfiffe des Rangiermeisters und den ewig sich wiederholenden Ruf: 6 Wagenlängen, 4 Wagenlängen, 2 Wagenlängen, wodurch die Entfernung vom stehenden Zugteil angezeigt wurde, und dann ein leiser Aufprall der Wagen, der sich dem ganzen Zug entlang fortpflanzte und die Wagen in leichte Bewegung brachte. Mit gewissen Schaudern sah man nun dem Manne zu, der gewandt unter den Puffern hindurchkroch und die Kupplungen schloß: für uns ein kleiner Held. So ging es dauernd hin und her mit Pfeifen und Rufen, bis schließlich das Abfahrtssignal hochging und der Güterzug abdampfte.

Der Güterbahnhof war damals noch auf der anderen Seite des Bahnhofs, der Stadt zu. An der Laderampe hielten die schweren Pferde von Güterbeförderer Eisele, und wir Buben waren glücklich, wenn wir hin und wieder zum ›Jakob‹ auf den Wagen sitzen und bei Regenwetter sogar unter die

31 Strecke beim Gmünder Gaswerk in Richtung Aalen in Höhe von Posten 58 gegen 1905

Blahe kriechen durften. Das waren unsere ›Blaufahrten‹ und sie waren schön – und kosteten nichts. Unterhalb der Rampe lagen große Stapel von Stammholz, Brettern, Backsteinen und anderem. Auch hier ging das Schauen und Erleben nicht aus. Wenn dann abends ein Diener mit den Erdöllampen kam und damit die mannigfachen Signale versorgte, war für uns die Zeit zur Heimkehr gekommen. Wenn einmal die Lampen brannten, durfte sich kein Bube mehr auf der Gasse zeigen, und das war sehr gut.

Viel zu sehen gab es am Empfangsgebäude. Da es noch keine Bahnsteigsperre gab, konnte man alles aus nächster Nähe beobachten. Wohl kündete sich jeder einfahrende Zug durch ein Glockensignal an, für uns aber waren die einfahrenden Hotelwagen ein sicheres Anzeichen. Zu ihnen gesellten sich alsbald die beiden Dienstmänner Weitmann und Steinhäuser mit Handwagen und Schubkarren. Sobald der Zug hielt, stellten sich die Hoteldiener wie die Gepäckträger am Eingang des Bahnhofs wie Soldaten auf und riefen den vorbeieilenden Reisenden ihr ewig gleiches: ›Hotel Rad! – Hotel Drei Mohren! – Gasthof zum Sankt Josef!‹ – oder ›Dienstmann!‹ zu. Es tat mir immer leid, wenn einer dieser Männer unverrichteter Dinge wieder abziehen mußte. Die Aufenthalte der Züge waren damals meist sehr lange, weil der Betrieb noch eingleisig und viel Gepäck zu verladen war. Namentlich vor Weihnachten standen die Gepäckkarren in langen Reihen auf den Bahnsteigen und harrten der Entladung. In den letzten Tagen vor dem Feste fuhr der ›Christkindleszug‹, ein kurzer Güterzug, der nur Postgut geladen hatte. Wir kannten ihn alle; denn er führte auch von uns zwischen seinen Gepäckstücken manchen süßen Wunsch und manchen frohen Traum mit. Das Zeichen zur Abfahrt des Zuges gab der Bahnhofsvorstand mit sei-

32 *Gmünder Bahngelände vor 1908 mit abgestellten Waggons und Blick zum benachbarten Nepperberg*

ner Trillerpfeife. Die Lokomotive antwortete mit einem lauten Geheul. Damals entstand der Kindervers, den man im ganzen Lande hören konnte: ›Eisebahn-Wägele Lokomotiv, Wenn se noch Schtuagart fährt, läßt se en Pfiff!‹«[8]

Die Tatsache, daß es in Gmünd schon sehr früh den »Dienstmann« als eine unentbehrliche Institution gab, war ein besonderes Merkmal dieser Stadt. Tatsächlich bestand dafür ein Bedürfnis. Die vielen Kundenbesuche bei der einheimischen Industrie verlangten einen solchen Service. Zwar ließen verschiedene Unternehmen auch ihre Hilfsknechte wie etwa ihren »Hausknecht« aufmarschieren, um das Reisegepäck vom Bahnhof abzuholen und in das Hotel zu bringen, oder aber es wurden gleich die Gepäckträger der einzelnen Hotels damit beauftragt. Die letztgenannten Hilfskräfte waren in den meisten Fällen gleich mit dem pferdebespannten Hotel-Omnibus angefahren, der jeweils rechtzeitig zur Zeit der Ankunft des Zuges am Bahnhofsplatz stand.

Für die Dienstmänner gab es eine besondere Dienstanweisung und einen verbindlichen Tarif. »Zum Betrieb des Gewerbes solcher Personen, welche auf öffentlichen Plätzen ihre Dienste gewerbsmäßig anbieten oder anbieten lassen, sind selbständige Dienstmänner zugelassen«, hieß es in § 1 der »Dienstmänner-Ordnung«. Das Schriftstück enthielt alle einschlägigen Bestimmungen über Zulassung, persönliche Erfordernisse, Standplätze und Dienstzeit. Letztere reichte »im Sommer von morgens 8 Uhr bis abends 5 Uhr«. Besonders wichtig erschien der Stadt der § 9, der das Verhalten im Dienst näher definierte.

Es wurde darin den Dienstmännern auferlegt, Nüchternheit und höfliches Benehmen als Richtschnur dienen zu lassen.[9] So betrachtet, war in Gmünd bis mindestens zum Anfang der dreißiger

Jahre dieser Dienst vorhanden, der sehr gerne von den Besuchern der Stadt, aber auch von einem Teil der sozial besser gestellten Bürger und den vielen Offiziersfamilien der Gmünder Garnison in Anspruch genommen wurde.

Auch die Gmünder Wirtschaft war froh an der Eisenbahn. Ein Blick in die Statistik des Dampfkessel-Überwachungsvereins zeigt, daß mit dem Anschluß an das Schienennetz die Zahl der betriebsfähigen Dampfkessel stetig zugenommen hat. Die zu deren Betrieb erforderliche Kohle wurde mit der Eisenbahn angefahren. So kam es, daß Gmünd auch sehr bald an die Spitze der Orte rückte, die großen Bedarf an Steinkohle hatten, und dies trotz der Tatsache, daß hier keine großen Betriebe der Schwerindustrie ansässig waren. Das Gaswerk bildete den größten Kohleempfänger, dazu kamen dann später noch das Wasserwerk und das städtische Schwimmbad und die Vielzahl der Fabriken.

Daß die Eisenbahn von der Bevölkerung »angenommen« und in ihrem vollen Wert erkannt und begriffen wurde, zeigte sich an einem Beispiel der Gmünder Nachbarschaft. Beim Bau der Remsbahn wurde in der Herlikofer Teilgemeinde Hussenhofen, etwa in der Mitte der 9,8 km langen Strecke zwischen Gmünd und Unterböbingen gelegen, kein Halt vorgesehen. Da viele Einwohner von Hussenhofen in Gmünd ihrer Arbeit nachgingen und beim Fußweg in die benachbarte Stadt den Schienenstrang entlanggehen und sehen mußten, wie die Züge an ihnen vorbeirollten, wurden schließlich von der Gemeinde Herlikofen Gesuche nach Stuttgart geschickt mit der Bitte, die Wünsche der Bevölkerung zu respektieren und einen Haltepunkt einzurichten.

33 Blick zum Gmünder Bahnhof mit Remsbrücke und »Bahnhôtel-Restaurant Arche« um 1907

34 Die Herren vom Innen- und Außendienst mit ihrem Vorstand, Bahnhofsinspektor Bannwarth, 1908

Die Eröffnung des neuen Haltepunktes war ein großes Fest, das noch gehörig durch den örtlichen Gesangverein und die Militärmusik des Füsilier-Regimentes Nr. 121 »Kaiser Franz Josef von Österreich, König von Ungarn« umrahmt wurde. »Für 70 Pfg., so sagte man uns, sollen Wochenbillette nach Gmünd zu haben sein, gewiß eine Wohlthat für viele Arbeiter. Mit herzlichem Gruß senden wir auch von dieser Stelle aus die besten Wünsche zum frohen Ereignis nach Hussenhofen-Herlikofen«, so endet ein überschwenglicher Stimmungsbericht aus der Lokalpresse vom 6. Mai 1889 über die Einweihung eines neuen Haltepunktes.

Nicht nur der regelmäßige Weg zur Arbeitsstelle, das »Pendeln« war es, worauf die breite Öffentlichkeit Wert legte, und auch die gelegentlichen Fahrten, die nach und nach die Massen interessierten. Im Vordergrund standen die »Vergnügungsfahrten« aufs Land hinaus, wozu die Eisenbahn die besten Voraussetzungen bot. Zunächst waren es neben den Familien die Vereine, die gemerkt hatten, daß zusätzlich zu den normalen fahrplanmäßigen Zügen auch Extrazüge eingelegt werden konnten.

Außer den Gesangvereinen, den Bolzschützen und sonstigen Vereinigungen, denen die Geselligkeit eine Herzenssache war, waren auch Privatpersonen, die im eigenen Namen zu Extrafahrten das reiselustige Publikum zu animieren verstanden, und das mit großem Erfolg. Ein solcher wagemutiger Extrazug-Besteller war der Kaufmann Wilhelm Hösch »hinter dem Pfauen«. Seine Inserate kamen in der Lokalpresse und gliederten sich ge-

35 Vorbildliches Engagement eines Geschäftsmannes für die Eisenbahn 1881: ein »Extra-Zug«!

wöhnlich in drei Stufen: Die reine Ankündigung des Reisetermins mit dem lapidaren Vermerk »schriftliche und mündliche Anmeldungen werden ab . . . entgegengenommen«. Die zweite Stufe lautete dann gewöhnlich »nachdem sich bei dem Unterzeichneten mehr wie 300 Personen angemeldet haben, ist der Extrazug gesichert und können weitere Billete noch bis . . . abgegeben werden«. Die dritte Stufe und zugleich die letzte kündigte dann die Fahrzeiten an und den Vermerk, daß auch ein Verschlafen des Termins ausgeschlossen ist mit dem Hinweis: »Böllerschüsse werden morgen früh 4 Uhr den Teilnehmern des Extrazuges zurufen: Auf nach . . .!«

»Die Eisenbahn hat Schwäbisch Gmünd zu dem gemacht, was es heute ist«, hat anläßlich der Feierlichkeiten zum Jubiläum »125 Jahre Remsbahn« ein prominenter Festredner gesagt. Die Eisenbahn kam in Gmünd noch vor der sog. Gründerzeit. Sie hat dem Aufschwung der Stadt geholfen und Brücken geschlagen im Inland wie im Ausland. Für die Gmünder Industrie wurde der Schienenweg zum internationalen Bindeglied.

Die Erschließung des ländlichen Raumes
Nebenbahnen in Planung und Ausführung bis 1920

Im letzten Jahrzehnt des 19. Jahrhunderts war das Netz der Hauptbahnen in Württemberg im wesentlichen fertiggestellt. Mit den Strecken Nagold–Altensteig, Schiltach–Schramberg und Reutlingen–Honau begann eine neue Gattung von Eisenbahnen im Lande Fuß zu fassen, die sog. »Secundairbahnen« oder Nebenbahnen, wie sie in der Folgezeit genannt wurden. Plötzlich wurden bisher unbefriedigte Eisenbahnwünsche laut. Der weitgehende Abschluß des Hauptbahnbaues zeigte auffällig die noch bestehenden Lücken im Eisenbahnnetz. Was die Hauptbahnen nicht erreicht hatten, konnten die Nebenbahnen nachholen. Wert und Bedeutung der Sekundärbahnen wurden ringsumher im Lande erkannt und auch mit Nachdruck propagiert. Bereits in den achtziger Jahren war in dem Stuttgarter Redakteur Dr. Otto Elben ein sehr rühriger Fürsprecher aufgetreten, der am Beispiel von Böblingen als geplanter Zentralstation für Sekundärbahnen den Nachweis für die Berechtigung dieser Gattung von Eisenbahnen zu erbringen nicht müde wurde.

Auch im Gmünder Umland lagen solche Eisenbahnwünsche vor, die buchstäblich »in der Schublade« auf die Zeit ihrer Verwirklichung warteten. Davon waren in erster Linie die Wünsche für eine Verbindung mit Göppingen betroffen, die immerhin schon bald eine Tradition von über vier Jahrzehnten aufweisen konnten. Zusammen mit den berechtigten Absichten der bisher immer noch eisenbahnlosen benachbarten Oberamtsstadt Welzheim wurde von einem Projekt gesprochen, das eine Verbindung auf dem Schienenwege von Göppingen über Gmünd, Alfdorf, Welzheim nach Backnang herstellen sollte. Eifrig verfochten in den beiden Kammern des Stuttgarter Parlaments die Abgeordneten ihre Eisenbahnwünsche und machten Vorschläge zu ihrer Verwirklichung.

Das Härtsfeld mit seinem Hauptort Neresheim bekam am 31. Oktober 1901 den Anschluß an die meterspurige Nebenbahn Aalen–Neresheim–Ballmertshofen. Kurz darauf, am 7. Dezember 1901, wurde das Tal der Donzdorfer Lauter durch einen Schienenweg erschlossen. Die Strecke von Süßen über Donzdorf und Nenningen nach Weißenstein bildete zwar einen Einbruch in ein altes Gmünder Einzugsgebiet, das sich in der Folgezeit aber in logischer geographischer Weise nach Göppingen und Geislingen zu orientieren begann. Die Endstation Weißenstein wurde vorsorglich so angelegt, daß jederzeit eine Fortsetzung der Bahn in Richtung Böhmenkirch und Söhnstetten nach Heidenheim möglich gewesen wäre.

Kurz vor der Jahrhundertwende plante die Württembergische Eisenbahn-Gesellschaft in Stuttgart den Bau einer schmalspurigen Nebenbahn von 750 mm Spurweite von Gaildorf nach Untergröningen. In dieses Vorhaben schaltete sich die Amtskörperschaft Aalen ein, die verständlicherweise dafür plädierte, diese Eisenbahn von der vorgesehenen Endstation Untergröningen durch das Kochertal über Abtsgmünd, Hüttlingen, Wasseralfingen und Aalen zu verlängern. Regierungsbaumeister Wallerstein aus Nürnberg, der Projektbearbeiter, der wenig später auch andere Vorhaben von Eisenbahnen in der Region bearbeitet hat, wurde von den Auftraggebern gebeten, die Pläne für die Kochertalbahn in eine Normalspurbahn umzuändern. Am 1. Oktober 1903 konnte die Strecke Gaildorf Staatsbahnhof–Untergröningen in Betrieb genommen werden. Die WEG, die mit den Betriebsergebnissen der ersten Jahre nicht besonders zufrieden war, konnte sich in keiner Weise für eine mögliche Verlängerung in Richtung Wasseralfingen begeistern lassen, und so wurde bei allen weiteren parlamentarischen Vorstößen eigentlich nur noch eine Stichbahn von Wasseralfingen nach Abtsgmünd genannt. Das Schwergewicht bei der Sache lag nun bei der Gemeinde Abtsgmünd, die als wichtiges Argument für ihren Eisenbahnwunsch auch das dortige Hüttenwerk in die Diskussion einbringen konnte. Im Mai 1907 wurde die Abtsgmünder Eisenbahnfrage im Landtag erörtert und der Kammer »zur Erwägung« zugewiesen, weniger aus Interessenlosigkeit als vielmehr aufgrund der Tatsache, daß in dieser Zeit, wenige Jahre vor dem Krieg, eine solche Vielzahl von Eisenbahnwünschen in Stuttgart vorlagen, die ebenso einen Anspruch auf baldige Verwirklichung gehabt hätten, wie der Plan Wasseralfingen–Abtsgmünd.[1]

Zur gleichen Zeit, ab 1906, wurde das Projekt einer normalspurigen Nebenbahn von Gmünd über Gschwend nach Fichtenberg verfochten. Damit wäre eine günstige Verbindung zwischen Remsbahn und Murrbahn zustande gekommen. Der Verlauf der Strecke sollte von Gmünd über Lindach, Täferrot, Birkenlohe, Gschwend, Wildgarten und durch das Rauhenzainbachtal nach Fichtenberg führen. Vor allem hätte die Strecke auch in einem Nachbarschaftsverkehr zwischen den Städten Hall und Gmünd eine beachtliche Rolle gespielt. Vorgebracht wurde dieser Plan zusammen mit dem Abtsgmünder Projekt in derselben Sitzung mit dem ähnlichen Erfolg. Die Projektbearbeitung war ebenfalls in der Hand von Regierungsbaumeister Wallersteiner.[2]

In direktem Zusammenhang mit dem Bau der Nebenbahn Göppingen–Gmünd standen auch die umfangreichen Bahnhofserweiterungen in Gmünd und Göppingen. Die Arbeiten zum Gmünder Bahnhofsumbau, der mit einer umfassenden Erweiterung verbunden war, wurde im Laufe des Jahres 1909 begonnen. Im Zuge dieser Baumaßnahmen wurde sogar eine kleine Streckenkorrektur notwendig. Die Doppelspur der Remsbahn erreichte Schorndorf bereits im Jahre 1899, rückte 1902 bis Lorch vor, erreichte die Blockstation Deinbach, wo schließlich 1905 auch ein Haltepunkt eingerichtet wurde.

Um die Einrichtung eines Haltepunktes Deinbach hatten sich Gemeinderat und Bürgerausschuß der Gemeinde Großdeinbach unter dem 31. Dezember 1900 an die »Hohe Königliche Generaldirektion der Staatseisenbahnen in Stuttgart« gewandt und sie um baldige Berücksichtigung gebeten. An diese höchste Instanz der Staatseisenbahnen, so hieß es in dem Schreiben wörtlich, »wagen wir, die ehrerbietigst unterzeichneten Gemeindevertreter, mit der Bitte uns zu wenden, zwischen den beiden Eisenbahnstationen Lorch und Gmünd auf Markung Sachsenhof eine Haltestelle für vorerst nur Personenverkehr einrichten zu wollen.

Die Einwohner von Groß-, Klein- und Hangendeinbach, von Beutenhof, Sachsenhof, Radelstetten, Lenglingen, Ziegerhof, Reitprechts, Maitis und Hohenstaufen, etwa 2200 Seelen betragend, sind für ihren Personenbahnverkehr auf die Stationen Lorch, Gmünd und Göppingen angewiesen, von diesen aber theilweise weit entfernt. Ihnen würde eine große Erleichterung geschaffen, wenn auf Markung Sachsenhof, da, wo die Straße von Hohenstaufen her die Bahn überschreitet, um in die Staatsstraße Gmünd–Nördlingen einzumünden, etwa 200 m westlich von Posten Nr. 53 eine Haltestelle für täglich etwa 4 Personenzüge eingerichtet würde.

Die ununterbrochene Bahnstrecke zwischen Lorch und Gmünd beträgt mehr als 9 km (in Wirklichkeit 7,6 km, d. Verf.) und es würde sich eine Haltestelle auf obigem Platz um so eher eignen, als dieser etwa in der Mitte liegt, die Bahn dort fast vollständig eben sich hinzieht, keine Kurven vorhanden sind und in der Nähe ein Bahnwärter stationirt ist.

Zweifellos wäre der Verkehr ein reger, und es würde derselbe beweisen, wie groß das Bedürfniß der Haltestelle noch über die genannten nächstgelegenen Orte hinaus ist.

Wir wären bereit, den erforderlichen Bauplatz und

36 Haltepunkt Deinbach beim Sachsenhof, 1905 eröffnet, 1962 aufgelassen

Barbeiträge zur Verfügung zu stellen, soweit wir nicht hinsichtlich letzterer auf die Güte der Königlichen Staatseisenbahnverwaltung rechnen dürften, bitten um wohlwollende Entscheidung und verharren ehrerbietigst . . .« Es folgten die Unterschriften von sechs Gemeinderäten und sieben Bürgerausschußmitgliedern. Die Genehmigung folgte umgehend, und so konnte die Neuerung im Zusammenhang mit dem Doppelspurausbau vollzogen werden.[3]

Die Fertigstellung des zweiten Gleises bis Gmünd hing unmittelbar mit dem dortigen Bahnhofsumbau zusammen. Der 16. September 1907, der zeitlich mit dem ersten Spatenstich zur Göppinger Nebenbahn zusammenhing, bildete auch den Auftakt zu den Umbaumaßnahmen. Der Weg vom Vogelhof, jener Erhebung über dem Tale am westlichen Rande der Stadt zur Lorcher Straße wurde nach Westen verlegt und unter der Bahn durchgeführt. Im Jahre 1909 wurde der 80 m lange Rohbau der neuen Güterabfertigung nach dem Abbruch der bisherigen Lokomotivremise erstellt und am westlichen Bahnhofskopf die neue vierständige Lokomotivremise mit dem dazugehörigen Kohlenstall errichtet. An die neuen Überholungs- und Güterzugsgleise erfolgte nach Westen zu der Anschluß einer Gleisharfe mit einem langen Ausziehgleis, die dem Rangierbetrieb zu dienen hatte. Im Rahmen des etappenweisen Umbaus mußte auch die alte Wasserstation weichen, nachdem die neue funktionstüchtig war. Der Einbau einer Drehscheibe mit 12,0 m Durchmesser anstelle einer ursprünglich geplanten Segmentdrehscheibe ermöglichte allen Lokomotiven der Göppinger Bahn hier, am Kopfbahnsteig der Göppinger Nebenbahn, abzudrehen. Westlich der Gärtnerei Fehrle, am östlichen Bahnhofskopf, wurde die große Drehscheibe mit einem Durchmesser von 16,8 m eingerichtet. Die ehemalige Waggonremise, die in letzter Zeit für zusätzliche Lokomo-

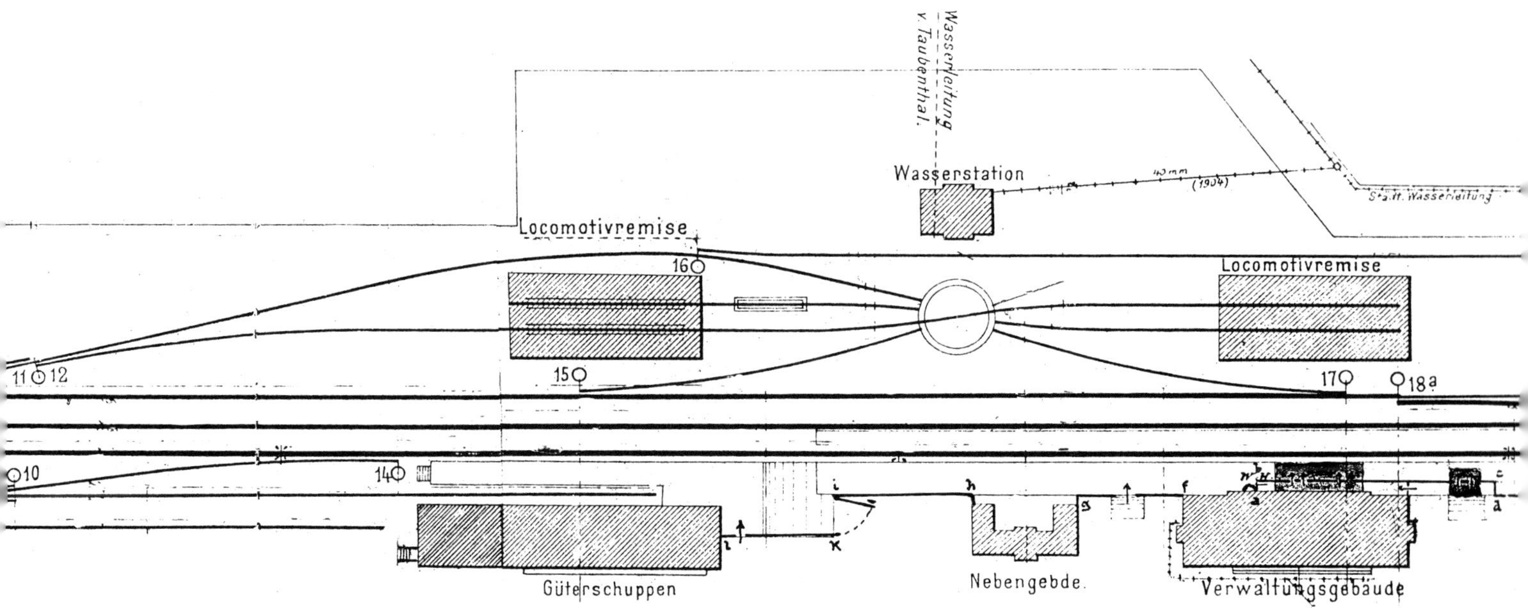

37 *Musterschema einer Bahnhofsanlage aus dem 19. Jahrhundert: Bahnhof Gmünd von 1861 bis 1908*

tiven und für Zwecke der Bahnmeisterei vorgesehen war, und die bisherige Drehscheibe zwischen den beiden Remisen verschwanden jetzt auch.

Der aus dem Taubental kommende Wetzgauer Bach wurde verlegt und sein alter Lauf bei der eben erwähnten Gärtnerei zu einem Fußgängertunnel umgewandelt. Die bisher stadtseitige Güterhalle mußte den Gleisanlagen der Göppinger Nebenbahn weichen. Den mit dem Bau der Perronunterführung anfallenden Erdaushub fuhr man anfänglich auf das Gelände westlich des 1910 erbauten Hauptpostamtes. Nach der Auffüllung dieser Parzelle kamen die Erdmassen mit Hilfe einer Feldbahn der Bauunternehmung Antonio Rossaro mit 600 mm Spurweite auf dem Planum des zukünftigen zweiten Gleises (Nördlingen –Cannstatt) bis in die Höhe von Gotteszell (km 49,2), überquerten niveaugleich, signalmäßig gesichert, das bestehende Gleis und verließen den Bahndamm. Nach Überquerung der Aalener Straße führte die Materialbahn auf einer Behelfsbrücke über die Rems und endete nach Überwindung des Geländes bei der Pfennigmühle am Bauplatz der neuen Infanterie-Kaserne.[4]

Mit der umfassenden Erweiterung des Empfangsgebäudes und der Fertigstellung des neuen Dienstgebäudes für die Übernachtungsräume und die Zwecke der beiden Bahnmeistereien Gmünd I und II war der Umbau, was die Hochbauten betraf, im wesentlichen vollzogen. Am 27. April 1910 konnte der doppelspurige Betrieb zwischen der Blockstation Deinbach und dem umgebauten Bahnhof Gmünd aufgenommen werden.

Der neue Bahnhof präsentierte sich nun in vierfacher Größe gegenüber seinem Vorgänger. Die Nutzgleislänge war von anfänglich rund 4 km auf 16 km angewachsen. Insgesamt 116 Weichen waren montiert, die von den Stellwerken I, II und III bedient wurden. Drei Wasserkrane, einer vor der neuen Lokomotivremise, einer beim Hauptgleis der Göppinger Nebenbahn und einer an der Spitze von Gleis 1 in Richtung Aalen, dienten der Speisung der Lokomotiven. Der Bahnhof verdiente nun seine Klassifikation in Rangklasse I zu Recht.

38 *Bahnhof Gmünd noch im Urzustand gegen 1890*

39 *Bahnhof Gmünd nach Umbau mit großzügiger Erweiterung und neuen Hochbauten 1911*

Man konnte von Glück sagen, daß das Umbauvorhaben noch zur rechten Zeit ausgeführt und vor allem auch ungestört zu Ende geführt werden konnte. Wenige Jahre später brach der verhängnisvolle Krieg aus. Diese vier Jahre brachten dem erweiterten und modernisierten Bahnhof seine erste Bewährungsprobe, die er mit den neuen Anlagen ausgezeichnet meistern konnte. Da Gmünd Garnison war, mußten viele militärische Be- und Entladungen ausgeführt werden.

Die Stimmen, die nach einer Verbindung mit dem Filstal und seinem Wirtschaftsraum riefen, wollten nicht mehr ganz verstummen. Es war aber in der Folge nur noch die Verbindung zwischen den beiden Tälern von Rems und Fils im Gespräch. Die Kombination mit Welzheim war in der Zwischenzeit weggefallen. Im Eisenbahngesetz von 1905 wurde erstmals auch die normalspurige Verbindungsbahn Göppingen–Gmünd aufgeführt. Die Projektbearbeitung stammte ebenfalls von Regie-

40 Bahnprojekte Gmünd–Gschwend–Fichtenberg und Aalen–Wasseralfingen–Abtsgmünd vom Jahre 1906

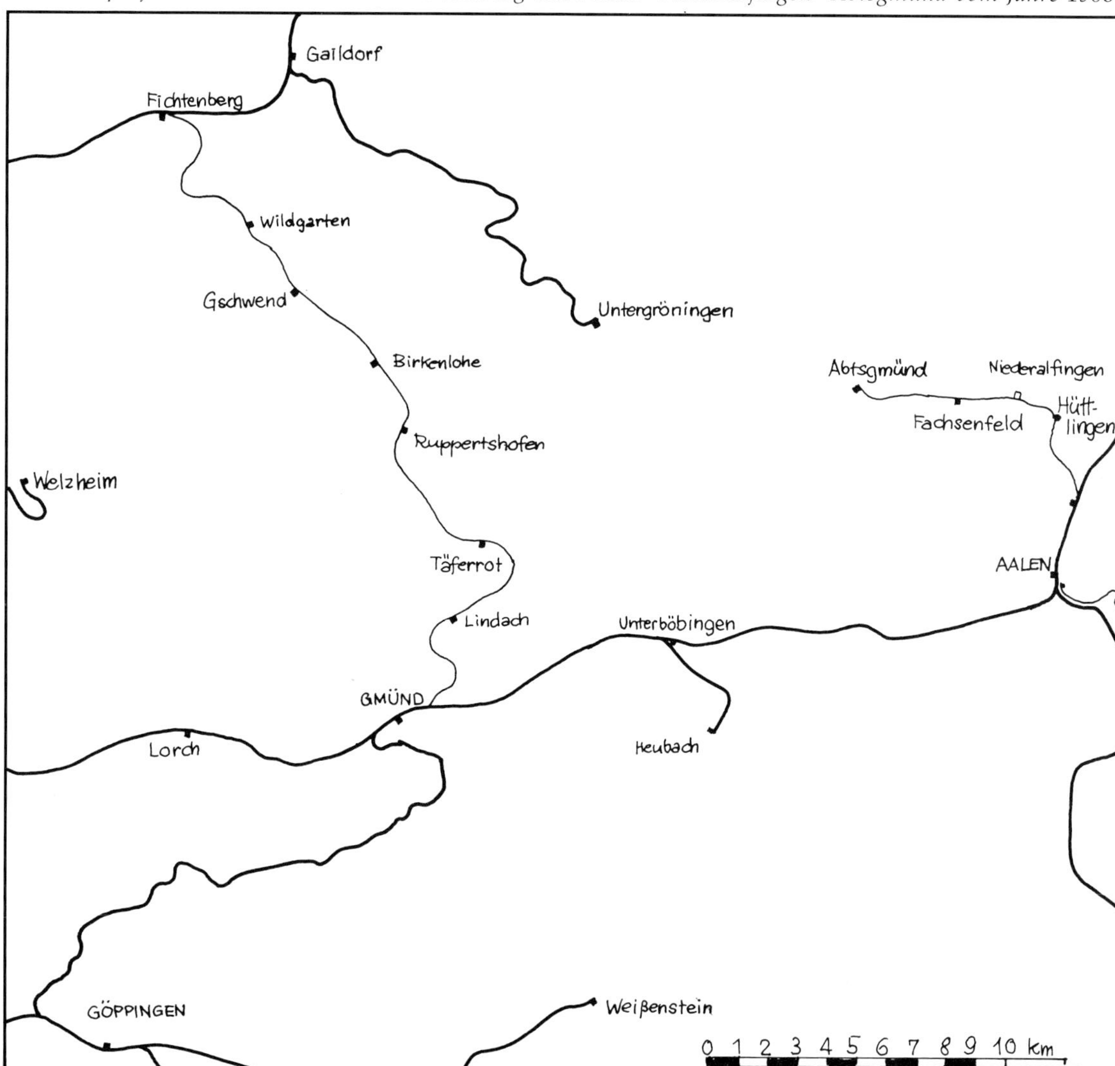

41 Neues Hauptpostamt am Bahnhof, erbaut 1911, städtebauliche Note am Bahnhofsplatz

rungsbaumeister Wallersteiner aus Nürnberg, wie bei so vielen württembergischen Vorhaben. Die Göppinger Nebenbahn sollte zu einer der langwierigsten Baumaßnahmen im Lande werden. Vom ersten Spatenstich am 16. September 1907 bis zur Eröffnung der ersten Teilstrecke Gmünd–Wäschenbeuren am 1. August 1911 mußten viele Schwierigkeiten gemeistert werden, die mit den morphologischen Gegebenheiten, besonders dem Knollenmergel, im Zusammenhang standen. Kostspielige Sicherungsfundamente am südlichen Stadtrand konnten dann schließlich genauso wie zwischen Birenbach und Wäschenbeuren diese Gefahr bannen. Der Bau war in verschiedene Lose aufgeteilt, die u. a. durch die Bauunternehmungen Antonio Rossaro in Aalen, Leonhard Moll in München und Gebrüder Lutz in Plochingen betreut wurden. Am 14. Mai 1912 konnte schließlich mit dem Abschnitt Göppingen–Wäschenbeuren die Gesamtstrecke in Betrieb genommen werden. Die Fertigstellung brachte ein großes Fest, an dem alle beteiligten Städte und Gemeinden lebhaften Anteil nahmen.

Einige Presseberichte sollen dokumentieren, welchen regen Anteil die Bevölkerung an solchen Anlässen nahm. In beiden Städten, Göppingen und Gmünd, liefen die Vorbereitungen auf Hochtouren.

Oberbürgermeister Möhler ließ in die beiden Lokalzeitungen ein Inserat zur »Aufforderung zur Beflaggung« einrücken mit dem ausdrücklichen Hinweis »Anläßlich der am Dienstag den 14. Mai stattfindenden Eröffnungsfeier der Nebenbahn Göppingen–Gmünd ersuche ich die Besitzer der Gebäude in der Gegend des Bahnhofs, an der Bahnhof- und Promenadenstraße sowie derjeni-

42 *»Steinquetschmaschine« der Firma Leonhard Moll, München, bei Wäschenbeuren, um 1909*

43 *Wäschenbeuren als vorläufige Endstation: Ankunft des ersten Zuges am 1. August 1911*

gen Gebäude, welche an der Nebenbahn bzw. in deren Nähe liegen, um Beflaggung«.

Kurz vor dem Eröffnungstermin wurde in der Presse auf das Festprogramm hingewiesen: »Gmünd, 11. Mai. Die Bahneröffnung Gmünd –Göppingen. Zu der Festfahrt am 14. Mai sind im ganzen 350 Personen angemeldet, zu dem Festmahl von Gmünd 164, von Göppingen 163. Außer dem Hrn. Ministerpräsidenten Dr. v. Weizsäcker werden u. a. erscheinen v. Stieler, Präsident der Generaldirektion der Staatseisenbahnen; von Majer, Präsident der Generaldirektion der Posten und Telegraphen; Direktor v. Leo von derselben Behörde, Vorstand der Betriebsabteilung; Direktor v. Neuffer, Vorstand der Bauabteilung der Generaldirektion der Staatseisenbahnen; Direktor von Schall vom Ministerium der auswärtigen Angelegenheiten; Geh. Hofrat Dr. v. Jobst, Mitglied der 1. Kammer; v. Payer, Präsident der 2. Kammer; die Landtagsabgeordneten Alfred Rembold-Gmünd und Theodor Körner; Regierungsdirektor Dr. v. Hieber; Baurat Ott von der Generaldirektion der Staatseisenbahnen; Regierungsbaumeister Wallersteiner-Nürnberg; Oberregierungsrat a. D. Jungel (früher Oberamtmann in Gmünd); die Bezirksvorstände der beteiligten Oberämter etc. – Bei dem Frühstück in Gmünd wird als einziger Redner Oberbürgermeister Möhler-Gmünd sprechen; bei dem Mittagsmahl in Göppingen Ministerpräsident Dr. v. Weizsäcker, Oberbürgermeister Dr. Keck-Göppingen und noch mehrere andere Redner.«

44 In Erwartung des ersten Zuges nach Wäschenbeuren: Haltepunkt Gmünd Süd am 1. August 1911

45 Festzug für die Gesamtstrecke Gmünd–Göppingen am 14. Mai 1912. Vorspannmaschine: F1c Nr. 503

Wenige Tage später kam für die Nebenbahn, die mit dem Prädikat »Panoramabahn« bedacht wurde, die erste Bewährungsprobe, worüber ein anschaulicher Stimmungsbericht in der Lokalpresse vorliegt: »Die neue Bahnverbindung Gmünd–Göppingen hat am Christi-Himmelfahrtsfeiertag die Probe nach jeder Richtung hin glänzend bestanden. Sie brachte beiden Städten und auch verschiedenen Orten an der Bahnlinie einen gegenseitigen großen Fremdenverkehr. Der Zustrom nach Gmünd war ganz gewaltig. Jeder Zug hatte Scharen von Ausflüglern, die der Stadt Gmünd einen Besuch abstatteten. Aus dem ganzen Filstal, besonders aber auch von Göppingen selbst strömten sie hieher. Leute, die noch nie in Gmünd waren, benützten die nun gegebene Bahngelegenheit, um die alte Reichsstadt zu sehen. Um den billigen Preis kann sich ja jetzt jedermann erlauben, einen Ausflug nach Gmünd zu machen. Neben vielen einzelnen Fremden waren auch Vereine und Gesellschaften hier. Das Leben in der Stadt war daher trotz des teilweise ungünstigen Wetters recht lebhaft. Abends, als von den verschiedensten Richtungen die Bahnzüge einliefen und abfuhren, das Postauto Gmünd–Gaildorf, welches ebenfalls gut besetzt war, seine Fahrt aufnahm, war der Verkehr am Bahnhofplatz fast wie in einer Großstadt. Alles wickelte sich aber in Ruhe, Ordnung und Sicherheit ab. Ueber die Bahn und deren Schönheiten während der ganzen Fahrt hörte man allgemeines Lob und Bewunderung; es sei eine wirkliche Panoramabahn. Sämtliche 21 Züge fuhren die Strecke ohne jegliche Störung. Sowohl den Berg hinauf als die Steige hinab vollzog sich die Fahrt in voller Sicherheit. Das Lokomotiv- und ganze Zugpersonal hat sich als tüchtig und seiner Pflicht gewachsen erwiesen, ebenso die einzelnen Stationsvorsteher. Möge es immer so bleiben und der Bahnverkehr auf der neuen Linie stets ein großer und glücklicher sein. Mögen die Hoffnungen, die an die neue Bahnverbindung, besonders in der Stadt Gmünd geknüpft werden, in

allweg in Erfüllung gehen. Die Stadt mit ihren Schönheiten und Sehenswürdigkeiten gefiel den Fremden sehr. Das schöne Stadtpanorama wurde allgemein bewundert . . .
Im übrigen waren die Fahrgäste auf der Hohenstaufenbahn recht vergnügt. Auch von der Remstalbahn gingen Reisende auf sie über. Aus Göppingen wird berichtet, daß am Donnerstag dort allein 1600–1800 Fahrkarten für die neue Bahn gelöst wurden.«

Um die Jahrhundertwende wurde der Bahnhof Aalen erweitert. Dieser Bauauftrag wurde in den Jahren 1902 bis 1904 ausgeführt. Dabei mußten umfangreiche Erdarbeiten, Entwässerungen, Beschotterungsarbeiten, der Bau einer Wegunterführung bei der Werkstätte und der Bahnsteigunterführung im Akkord ausgeführt werden. Mit dem Auftrag wurde die erst im Jahre 1902 aus Lauffen am Neckar nach Aalen übersiedelte Bauunternehmung Antonio Rossaro & Sohn betraut. In engem Zusammenhang damit stand auch die neue Härtsfeldbahn, die von Aalen bis Ballmertshofen seit dem 31. Oktober 1901 in Betrieb war. Die von Antonio Rossaro gebaute »Hirschbachunterführung« stellte die Verbindung zwischen der neuen Schmalspurbahn und dem Staatsbahnhof her.[5]

Diesem großen Auftrag folgte wenige Jahre später ein nicht minder großes Bauvorhaben, die schon erwähnte Bahnhofserweiterung in Gmünd.

Auf den Strecken zwischen Aalen und Ellwangen bzw. Lauchheim wurde im Jahre 1913 ein interessanter Versuch im Nahverkehr gestartet. Dies geschah mit Hilfe von Dampfmotorwagen »System Kittel«, die von der Maschinenfabrik Esslingen konstruiert waren. Diese Fahrzeuge wurden in verschiedenen Gegenden des Landes eingesetzt, vor allem im oberschwäbischen Raum. In dem eben erwähnten Aalener Nahbereich hatte sich dieses Projekt durchaus bewährt, und es war bedauerlich, daß der geschickte und vor allem wirtschaftliche Einsatz dieser Fahrzeuggattung im

46 Ausblick vom Kloster Lorch auf Bahnhof, Stadt, Weitmars und den Elisabethenberg, gegen 1895

47 Abfahrbereiter Kinderferienzug im alten Stuttgarter Bahnhof kurz vor dem Ersten Weltkrieg

48 Bahnhof Aalen, die »Drehscheibe« des Schienenverkehrs im ostwürttembergischen Raum, 1985

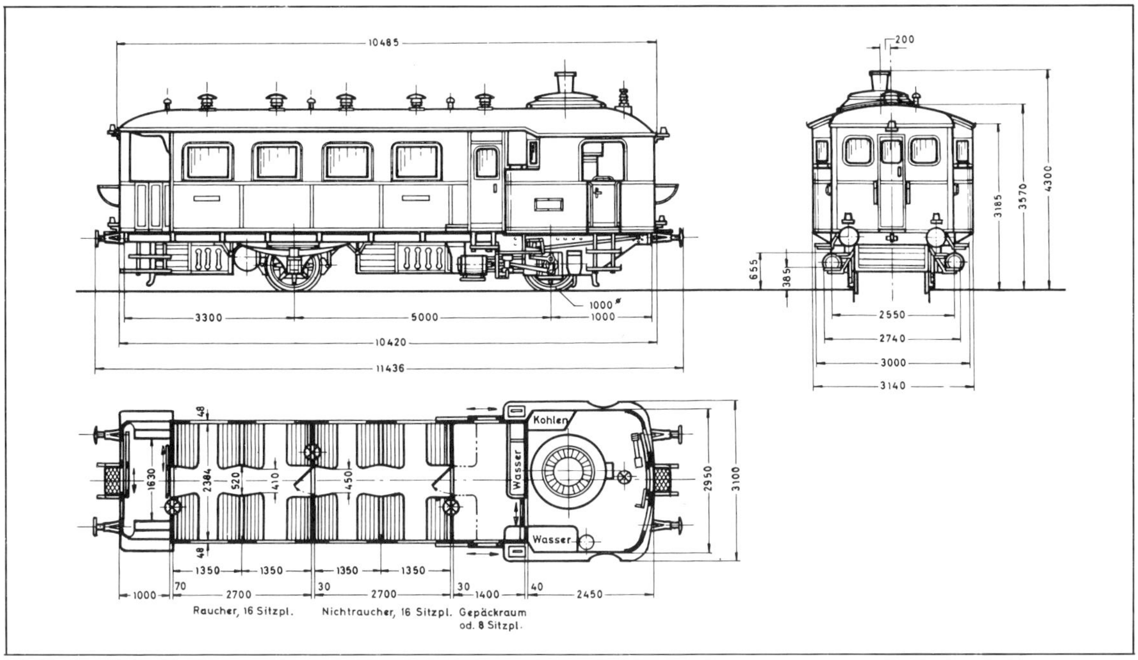

49 Dampfwagen »System Kittel«, 1913–1914 im Aalener Nahverkehr nach Ellwangen und Lauchheim

Nahverkehr mit dem Beginn des Ersten Weltkrieges 1914 ersatzlos gestrichen und in der Nachkriegszeit auch kein Versuch einer Wiederaufnahme unternommen wurde.

Zu den verschiedenen Planungen, die allerdings nicht zur Ausführung kamen, gehörte auch der ernsthafte Versuch des Rechtsanwalts Dr. Moritz Debler, die Stadt Gmünd zur Einrichtung eines Haltepunktes in Gmünd-Ost auf der Höhe von Gotteszell zu bewegen. Mißverständnisse und schließlich der Krieg verhinderten die Ausführung des Vorhabens.

50 Der projektierte Haltepunkt Gmünd Ost in km 49,085 zwischen Aalener Straße und Gotteszell

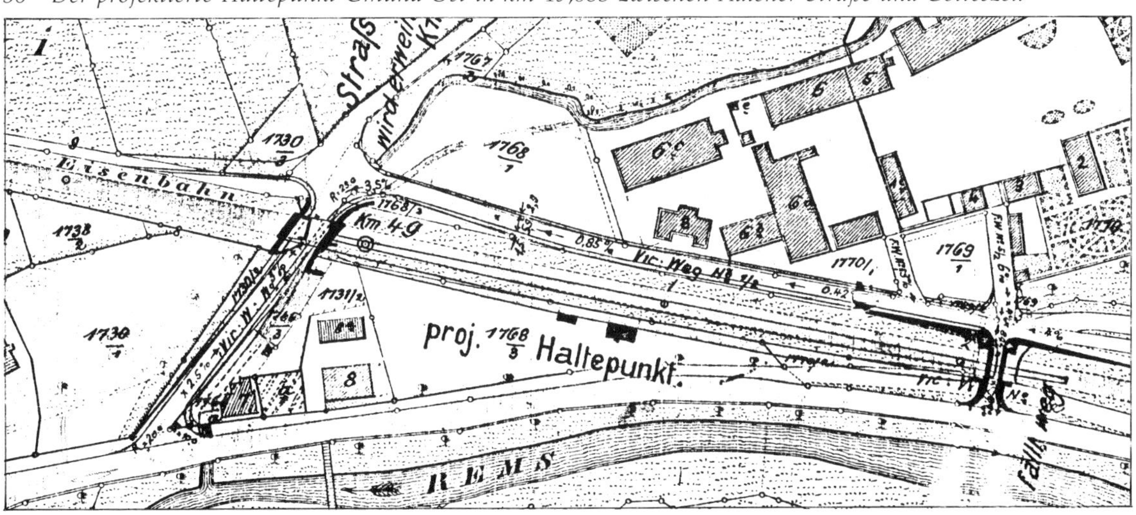

Um die Jahrhundertwende plante die Stadt Heubach einen Anschluß an das Schienennetz. Sie beauftragte die »Continentale Eisenbahnbaugesellschaft« in Berlin mit der Ausarbeitung eines generellen Projektes für eine Dampftramway mit einer Spurweite von 750 mm. Außerhalb der besiedelten Gebiete sollte sich die Schmalspurbahn auf eigenem Bahnkörper bewegen, während innerhalb der Ortschaften an eine Führung auf dem Straßenkörper gedacht war. Das Vorhaben wurde nicht verwirklicht, obwohl es in Plänen und Berechnungen vollständig vorliegt.

Im Jahre 1919 unterbreitete Ing. Conrad Centmeier aus Esslingen der Stadt Gmünd und verschiedenen Gemeinden des Umkreises konkrete Pläne, die sich mit der Erschließung des flachen Landes mit elektrischen Überlandbahnen in Meterspur befaßten. Er hatte in einer fleißigen Studie untersucht, wie etwa in Gmünd beginnende Strecken nach Alfdorf, Eschach und Abtsgmünd führen konnten. Dabei hatte er es auch nicht an konstruktiven Fahrplanstudien, basierend auf dem derzeitigen Fahrplan, fehlen lassen. Die Ausführung scheiterte ausschließlich an den Zeitumständen (1919!), der allgemeinen Not nach der Niederlage und nicht zuletzt auch an der allmählich wieder aufkommenden Omnibuskonkurrenz.

Ein interessantes Kapitel unverwirklichter Projekte waren die Varianten der Linienführung der Nebenbahn nach Welzheim. Drei Linien standen zur Diskussion: Die eine, schon angeführte, war die von Backnang über Welzheim nach Schwäbisch Gmünd, die zuerst im Zusammenhang mit dem Bauvorhaben von Schwäbisch Gmünd nach Göppingen genannt wurde. Daneben bestand ein weiterer Plan, der eine Bahn von Lorch über Alfdorf nach Welzheim vorsah. Das dritte Projekt war eine von Schorndorf durch das Wieslauftal nach Welzheim führende Schmalspurbahn, deren Spurweite 750 mm betragen sollte. Zu diesem

51 Continentale Eisenbahnbaugesellschaft, 1899: Dampftramway (750 mm) nach Waldstetten/Mögglingen

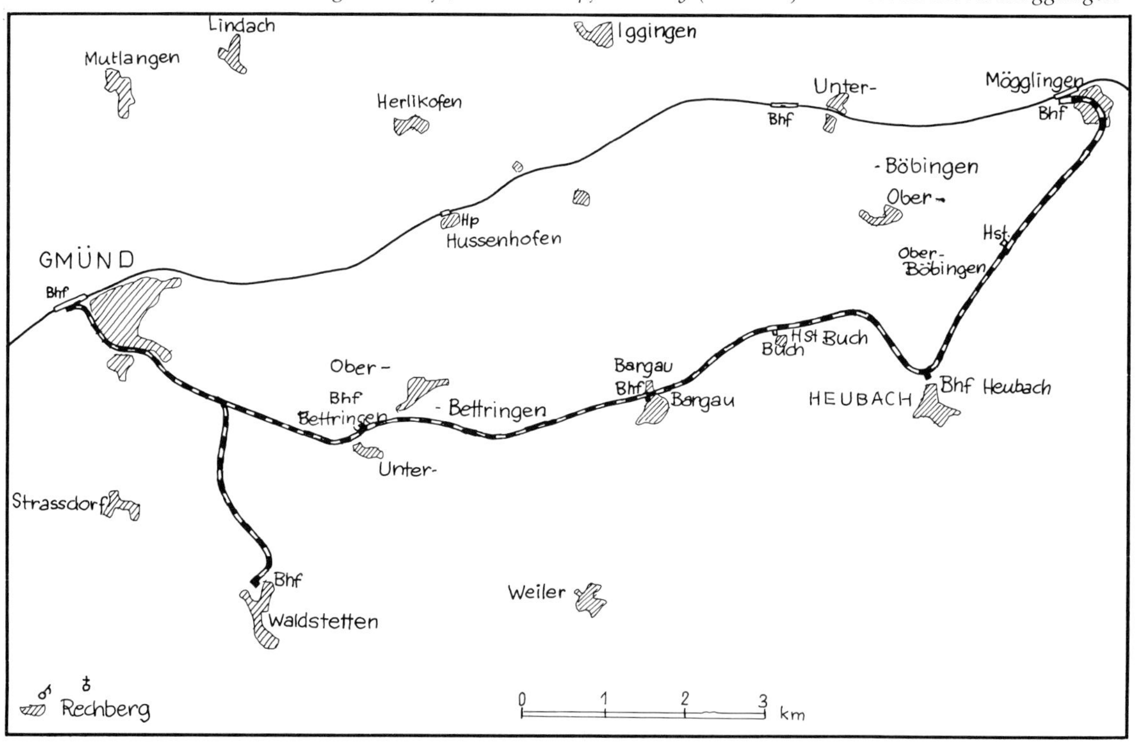

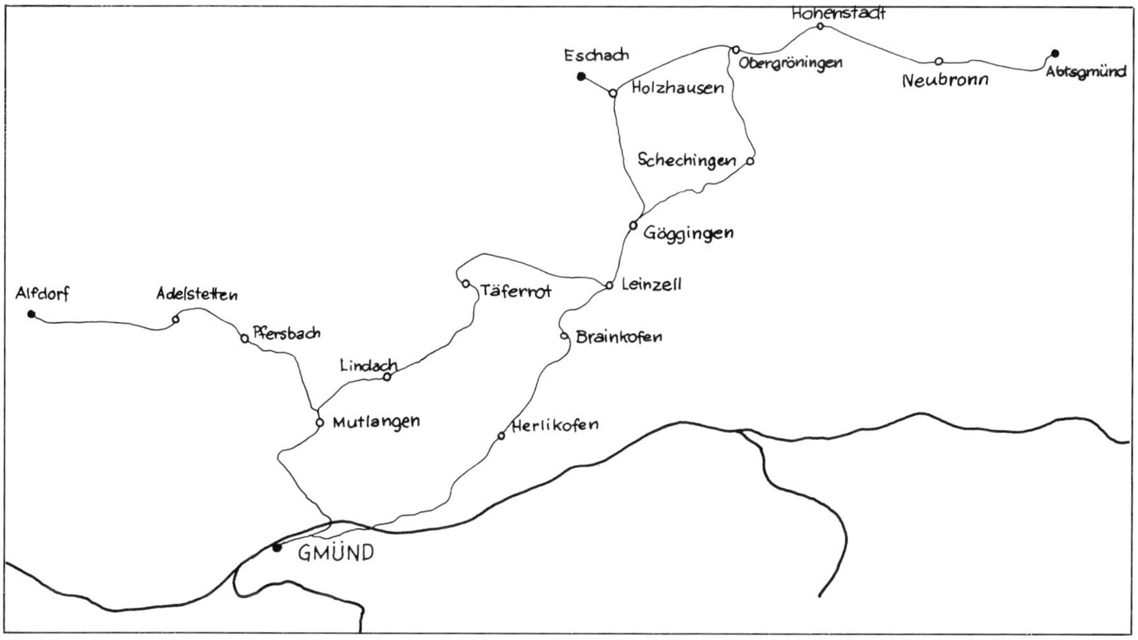

52 *Elektrische Überlandbahnen (1000 mm) nach Alfdorf, Eschach und Abtsgmünd mit Varianten, 1919*

53 *Welzheimer Schmalspurprojekte (750 mm) mit Zahnstangenabschnitt und Varianten, 1899 ff.*

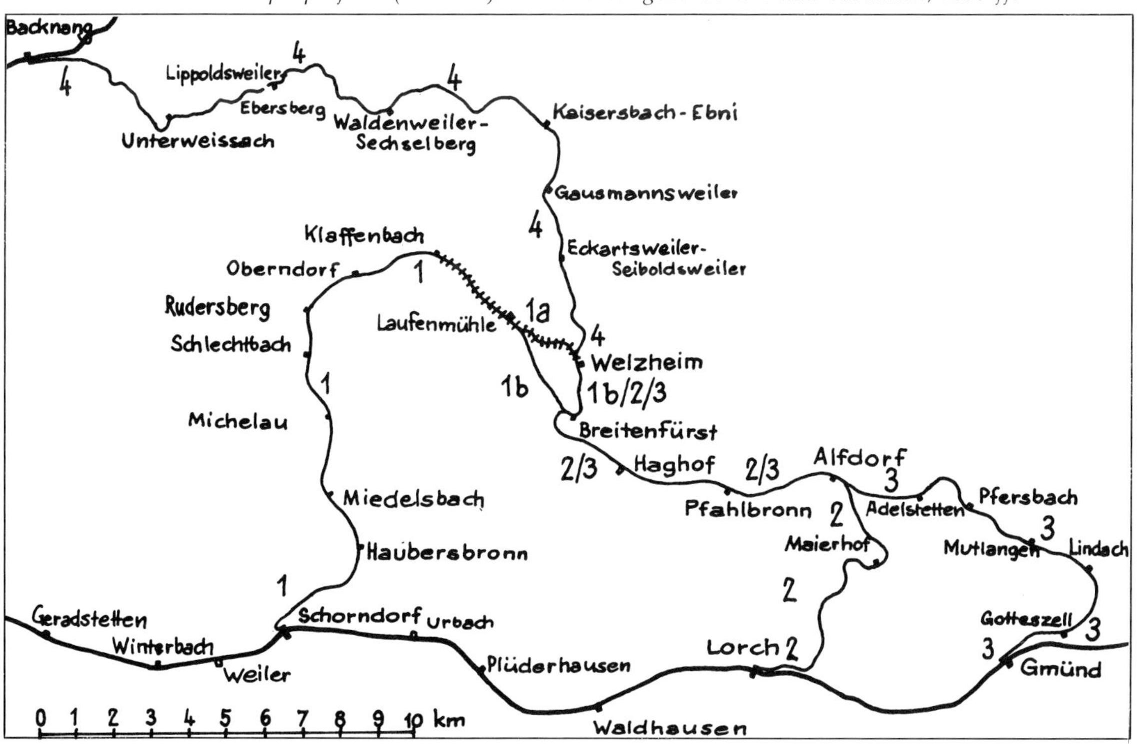

54 *Ausfahrender Zug aus dem erweiterten Gmünder Bahnhof mit Blick auf die Stadt von Westen, 1916*

55 *Gmünd: einfahrender Zug aus Richtung Aalen mit Lokomotive AD beim neuen Gaswerkssteg um 1915*

Vorhaben kam schließlich noch eine Variante, eine schmalspurige Nebenbahn von Schwäbisch Gmünd über Mutlangen, Alfdorf und Pfahlbronn nach Welzheim.
Bei der Schmalspurbahn hätte sich bei Ausführung der Wieslaufvariante die Notwendigkeit einer Zahnradstrecke zwischen Klaffenbach und Welzheim ergeben, eine sicherlich betriebstechnisch interessante Lösung, die aber auch sehr kostenintensiv geworden wäre, zumal auch die Staatseisenbahnen noch keine Prototyp-Lokomotive dieser Betriebsart in Schmalspur besaßen.[6]
Durch das Eintreten des Abgeordneten Hieber, der vor allem nach einer günstigen Verbindung seines Bezirkes in Richtung Stuttgart drängte, siegte schließlich die Wieslaufbahn. Ihre Ausführung erfuhr allerdings insoweit eine Änderung, als nunmehr für den Bahnbau die Normalspur unter Verzicht auf den geplanten Zahnstangenabschnitt vorgeschlagen wurde. Mit dem in zwei Etappen ausgeführten Bahnbau ist die Entscheidung zur Verkehrserschließung des Welzheimer Waldes gefallen. Das Stück zwischen Rudersberg und Welzheim litt unter den bekannten morphologischen Schwierigkeiten, so daß sich die Fertigstellung bis 1912 hinzog. Die Jahre vor dem Ersten Weltkrieg waren dadurch gekennzeichnet, daß sich die Automobilkurse von Post und Privaten bildeten. So brachte das Jahr 1910 die Verbindung zwischen Schwäbisch Gmünd und Frickenhofen durch einen Omnibus. Diese Ansätze waren für die noch nicht von der Schiene erschlossenen Gebietsstreifen wichtig, denn in den der Kriegszeit folgenden Jahren trat dieses Verkehrsmittel an die Stelle verschiedener Eisenbahnvorhaben.
Das Adreßbuch der Stadt Schwäbisch Gmünd für das Jahr 1914 brachte über den »Autoverkehr« eine interessante und aufschlußreiche Aufstellung mit folgendem Wortlaut:
»Autoverkehr.
Kraftwagenverbindungen bestehen:
1. Staatliche Linie Gmünd–Gschwend–Gaildorf über Mutlangen, Spraitbach. Abgangs- und Ankunftsstationen: ›Löwen‹ und Hauptpostamt.
2. Linie Gmünd–Eschach–Frickenhofen mit täglich 3 Fahrten über Herlikofen und 3 über Hussenhofen. Abgangs- und Ankunftsstationen: ›Krone‹ und Hauptpostamt. Geschäftsführer: Ratsschreiber Scheel, Gmünd; Betriebsleiter: Fabrikant Uhlmann, Leinzell und Schultheiß Schilling, Frickenhofen.
3. Linie Gmünd–Waldstetten–Straßdorf (Bahnhof)–Donzdorf–Süßen. Abgangs- und Ankunftsstationen: ›Krone‹ und Hauptpostamt. Geschäftsführer: Ratsschreiber Scheel, Gmünd; Betriebsleiter: Schultheiß Barth, Waldstetten und Schultheiß Ammon, Donzdorf.
4. Linie Gmünd–Unter- und Oberbettringen –Heubach–Unterböbingen. Abgangs- und Ankunftsstationen: ›Bären‹ und Hauptpostamt. 3 Tageskurse hin und zurück. Die Linie hat Post- und Gepäckverkehr und ist im Betrieb der Deutschen Lastautomobilfabrik A.-G. in Ratingen-Düsseldorf, Zweigniederlassung in Stuttgart. Betriebsverwalter: Polizeikommissär Arnold in Gmünd.
Die Linien Ziff. 2 und 3 werden durch von den beteiligten Gemeinden gebildeten Gesellschaften m. b. H. betrieben mit Post- und Gepäckbeförderung.
Der Grundpreis für Personenbeförderung ist allgemein 7 Pfg. pro km (Postpreis).
Sonderfahrten (für Gesellschaften etc.) werden, soweit Wagen verfügbar sind, jederzeit und bei pauschaler Preisbemessung nach Kilometern ausgeführt. Anmeldungen hiezu sind bei den Betriebsleitern zu machen.«[7]
Die Kriegsjahre brachten bei den Eisenbahnstrecken zunächst einen stark eingeschränkten Kriegsfahrplan, der einige Zeit später wohl wieder ausgeweitet wurde, aber dennoch hinter dem Friedensfahrplan weit zurückstand. Der Krieg bildete eine elementare Zäsur. Trotzdem bestanden die Bestrebungen fort, brachgelegte Arbeiten wiederaufzunehmen und fertigzustellen. Ihre Weiterführung geschah hauptsächlich im Rahmen sogenannter Notstandsarbeiten. Auf diese Weise wurde das zweite Gleis auf der Remsbahn zwi-

56 *Postauto IIIWP-13 fahrbereit nach Mutlangen–Gschwend–Gaildorf vor dem neuen Postamt 1 um 1912*

schen Schwäbisch Gmünd und Aalen in Angriff genommen. Im September 1920 konnte die Doppelspur von Schwäbisch Gmünd bis Unterböbingen in Betrieb genommen werden. Bis endlich noch der letzte Abschnitt zwischen Essingen und Aalen fertiggestellt werden konnte, wurde es 1926. An dieser Stelle ist eine zuverlässige Aussage von Bedeutung, die auf einer persönlichen Erinnerung beruht.

Oberrangiermeister Bernhard Betz (Geburtsjahrgang 1902), ab 1916 als Eisenbahner in Gmünd tätig, weiß zu berichten, daß bereits Ende des Krieges das zweite Gleis zwischen Gmünd und Unterböbingen fertiggestellt, aber noch nicht in Betrieb genommen war. Es diente aber einem rein militärischen Zweck. In dem Waldstück zwischen dem Bahnübergang bei Burgholz und der Überführung der Straße Unterböbingen war ein zwölfachsiges deutsches Eisenbahngeschütz gut getarnt und durch das umgebende Wäldchen zusätzlich geschützt, abgestellt und gegen Abrollen auf die freie Strecke gesichert. Wann es dann nach dem Waffenstillstand abgefahren wurde, ist nicht mehr genau bekannt. Jedenfalls wurde nach dem Abtransport dieser nicht mehr benötigten Waffe, wohl auf Geheiß der Entente, das Gleis in Richtung Gmünd wieder freigegeben und fertiggestellt, damit es dann im September 1920 endlich seiner betrieblichen Bestimmung übergeben werden konnte, rechtzeitig im Zusammenhang mit der bevorstehenden Eröffnung der Nebenbahn Unterböbingen–Heubach, von der nun die Rede sein soll. Diese verdankt ihre Entstehung ebenfalls solchen Notstandsarbeiten.[8]

Während viele in Angriff genommene Vorhaben nie mehr zur Vollendung kamen und als Bruchstücke liegenblieben, kam jetzt für einige kürzere Strecken, wie die Heubacher oder die von Göppingen nach Boll führende, die rettende Stunde. Die Heubacher Eisenbahnpläne haben ebenfalls eine reiche Vorgeschichte. Die schmalspurige Dampftrambahn von Schwäbisch Gmünd über Bargau mit Abzweigung von Dreifaltigkeit nach Waldstetten wurde schon erwähnt. In der Zeit vor dem Krieg interessierte sich die AEG für eine elektrische Nebenbahn von Unterböbingen aus. Auch Mögglingen stand als Ausgangspunkt zur Debatte, allein die Tatsache, daß Heubach ausschließlich nach Schwäbisch Gmünd ausgerichtet war, brachte schließlich doch den Anschluß in Unterböbingen. Unter den Projekten verdient auch das einer sog. gleislosen Straßenbahn, etwa in der Art des heutigen Trolleybusses, Beachtung. Kurz vor Kriegsausbruch erschien die Heubacher Bahn unter den ausführungswürdigen Projekten. Dem Umstand, daß es sich um eine verhältnismäßig kurze Strecke handelt, verdankte sie schließlich ihre Ausführung als Notstandsarbeit. Die Nebenbahn Unterböbingen–Heubach war die erste Eisenbahn, die unter der Ära der neugegründeten Reichsbahn-Direktion Stuttgart am 30. Oktober 1920 eröffnet wurde.

Seltsamerweise war kein durchgehender Betrieb nach Schwäbisch Gmünd eröffnet, und noch bis 1945 bestand der Umsteigeverkehr, obgleich schon beim Bau diese Frage immer wieder auftauchte.

Eines der trübsten Kapitel der Weltgeschichte wie der regionalen und lokalen bildeten die Jahre des Ersten Weltkrieges von 1914 bis 1918. Vom militärischen Standpunkt aus hätte der Gmünder Bahnhof nicht zeitgerechter, also unmittelbar vor dem Ausbruch des Krieges, vollendet werden können. Immerhin waren nun die nötigen Rampen vorhanden, darunter noch vier Kopframpen, die bei Verladung militärischen Gerätes besonders geschätzt waren. Die große »Holzverladerampe« im Norden des Bahnhofs bot noch eine zusätzliche Verladefläche. Einige unauffällige Verladeübungen konnten die militärischen Instanzen von der Funktionstüchtigkeit dieser Anlagen durchaus überzeugen.

In den letzten Julitagen, als sich die unerträgliche Spannung ihrem Höhepunkt näherte, war es schließlich soweit, und es bedurfte nur mehr des auslösenden Stichwortes. Die Gmünder Garnison stand feldmarschmäßig bereit, um in die Kampfgebiete im Westen abtransportiert zu werden. Der

57 *Militärische Zeremonie der Gmünder Garnison auf dem Bahnhofsplatz im Sommer 1914*

58 *Auf dem Wege zur »Westfront«: Verpflegungsaufenthalt eines Truppentransportes, August 1914*

Transport spielte sich in der Nacht ab. Der Chronist von »Gmünd im Weltkrieg« schilderte das so: »Das hiesige Militär, nämlich das II. und III. Bataillon und eine Maschinengewehrkompagnie des württ. Inf. Reg. 180, rückte in der Nacht vom 7. auf den 8. August ins Feld. Die Fahrt ging über Freudenstadt, Offenburg nach Kenzingen.«[9] Von hier aus, in unmittelbarer Nähe des Kaiserstuhls, war es nicht mehr weit zum »Einsatz« in den Vogesentälern bei Schirmeck und Rothau. Weiteres im Barackenlager bei Gotteszell kaserniertes Militär kam am 10. August mit der Eisenbahn in das Kriegsgebiet. Das hier mobilisierte III. Bataillon des Landwehrregimentes 124 wurde am selben Tage nach Mitternacht, wie es im militärischen Fachjargon heißt, »in Marsch gesetzt«.

Die Remsbahnstrecke war seit Anfang August stark in Anspruch genommen durch viele Transportzüge, fast ausschließlich in Ost-West-Richtung. Das Rote Kreuz – Mädchen und Frauen – versorgten auf dem Bahnhof durchziehende Transporte mit Getränken und Eßwaren. Noch waren die Truppen seltsam heiter, übermütig und, gemessen an den Aufschriften an den Waggons, mitunter auch sehr arrogant.

Kaum waren die ersten Tage vergangen, da trafen nun in der Gegenrichtung weniger freudige Frachten ein, Verwundete und Kranke, die u. a. auch in

59 Der letzte Friedensfahrplan, »gültig ab 5. Mai 1914«, mit dem Fahrplanauszug der Remsbahn

(Vom 1 Mai 1914) ● nur 4. Kl.

282 Stuttgart – Nördlingen – (Nürnberg)

□ auch 5·20 üb Bretten 271. 270

Durchl. Wagen 1–3 Kl.: Stuttgart–Nürnberg Z 185, 184; Dresden–Stuttgart D 148 **1 u. 2 Kl.:** Karlsbad–Stuttgart D 148; Nürnberg–Stuttgart D 148 **2 u. 3 Kl.:** Stuttgart–Nürnberg Z 184, 185 **3 Kl.:** Nürnberg–Stuttgart D 148

⊙ **Außerdem:** ab Stuttgart Hbf W 5·47, 8 9, F 10 14, ab Stuttgart-Cannstatt W 5·56, 8 18, F 10 23, an Waiblingen W 6 19, 8 38, F 10 42, an Schorndorf W 7 10, 9 33, F 11 14, ab Schorndorf 9 35, an Lorch 10 3 — R ab Schorndorf F 8 45, ab Endersbach W 12·58, F 9 13, ab Waiblingen W 1·15, F 9 32, an Stuttgart-Cannstatt W 1·32, F 9 48, an Stuttgart Hbf W 1·43, F 9 58

Z 561	Z 1501		Z 575	Z 577	Z 585	Z 587	W 591	Z 599	Z 1513	Z 601	Z 1517	Z 605	Z 1521	Z 613	Z 185	Z 617	km	(Württemb. Staatseisenb.)
1 7	...	...	5 3	...	7 20	...	9 45	11 15	...	12 38	...	2 38	...	3·36	6 45	8 42		Ab **Karlsruhe** Hbf 268 An
3 59	4 39	W 569	7 20	7·31	9 48	11 10	12·10	1 9	1·55	2 35	4 5	5 2	6 20	7 17	8 39	11 16	0,0	Ab **Stuttgart** Hbf ⊙ An
4 9	4 47	6·36	e) 7 27	7·41	9 55	11·19	12·18	1 16	2· 4	e) 2·42	4·15	5·10	6 29	7 26	»	11 25	4,0	Stuttg.-Cannstatt 271. ⊙
4 22	5 2	6·49	»	7·55	10 8	11·32	12·31	1 29	2·21	»	4·28	»	6 47	7 41	»	11 38	10,2	Fellbach ....[275
4 26	5 6	6·53	7 41	7·59	10 12	11·36	12·35	1 32	2·25	2·57	4·32	5·23	6 52	7 45	»	11 42	12,6	An Waiblingen ⊙ Ab
4 28	5 8	▬	7 42	8· 1	10 13	11·37	12·36	1 33	2·27	2·58	4·34	5·24	6 55	7 47	»	11 43	12,6	Ab Waiblingen An
»	5 12	Bis	»	8· 5	»	»	12·40	»	2·31	»	4·39	»	6 59	7 51	»	»	14,4	Rommelshausen
»	5 15	31/7u.	»	8· 8	»	»	12·43	»	2·34	»	4·43	»	7 3	7 54	»	»	15,3	Beinstein
»	5 19	v. 1/9	»	8·11	»	»	12·47	»	2·38	»	4·49	»	7 7	7 58	»	»	16,9	Stetten i. R.
4 36	5 23	b. 15/9	»	8·16	10 21	11·46	12·50	1 41	2·43	»	4·56	»	7 12	8 2	»	11 52	18,4	Endersbach ⊙
»	5 27	W 565	»	8·19	»	»	W 595	»	2·46	»	5· 0	»	7 15	8 6	»	»	19,6	Beutelsbach
4 42	5 32	● 6·35	»	8·26	10 27	11·53	● 12·30	1 47	2·51	»	5· 7	»	7 21	8 12	»	11 58	22,1	Grunbach
»	5 36	6·39	»	8·30	»	»	12·35	»	2·55	»	5·12	»	7 26	8 17	»	»	23,6	Geradstetten
4 50	5 43	6·46	»	8·37	10 35	12· 0	12·44	1 54	3· 2	»	5·19	»	7 33	8 23	»	12 6	26,8	Winterbach
»	5 47	6·50	»	8·41	»	»	12·48	»	3· 6	»	5·24	»	7 37	8 27	»	»	28,3	Weiler a. R.
4 55	5 51	● 6·55	7 57	8·45	10 40	12· 6	● 12·53	2 0	3·10	3·17	5 29	5·43	7 42	8 32	9 11	12 12	30,4	An Schorndorf 282b ⊙ Ab
	▬	▬					W 6667		▬									
4 57	...	...	7 58	8·47	10 42	12· 8	● 11·15	2 1	...	3·19	6 16	5·45	W 7 45	8 42	9 12	12 14	30,4	Ab Schorndorf An
5 3	..	W 6651	»	8·54	»	12·15	11·40	»	...	3·26	6 24	5·51	7 53	8 49	»	12 20	34,0	Urbach
5 8	...	● 5 20	»	8·59	10 50	12·20	11·48	2 9	...	3·31	6 30	5·56	7 58	8 54	»	12 25	35,8	Plüderhausen
5 15	...	5 38	»	9· 6	10 56	12·26	12·10	»	...	3·37	6 39	6 3	...	9 1	»	12 32	39,3	Waldhausen b. Lorch
5 23	...	6· 5	8 13	9·14	11 3	12·34	12·42	2 19	...	3·45	6 50	6 10	▬	9 9	»	12 39	43,8	Lorch ⊙
5 30	...	6·20	»	9·22	»	12·41	»	»	...	3·52	6 58	»	...	9 17	»	»	48,0	Deinbach
5 36	...	6·36	8 23	9·28	11 14	12·47	● 1·10	2 29	...	3·58	7 6	6 21	Z 1519	9 24	9 32	12 50	51,5	An Gmünd Hbf 282 d Ab
5 40		6·58	8 24	9·31	...	12·51	...	2 31	...	4· 1	W 7 22	6 25	8 57	9 46	9 34	...	51,5	Ab Gmünd An
5 49	W	»	»	9·39	...	12·59	...	»	...	4·10	7 32	6 33	9 7	9 57	»	...	56,6	Hussenhofen
5 58	T 1527	7·25	»	9·50	...	1· 9	▬	»	...	4·19	7 48	6 43	9 17	10 10	»	...	61,3	Unterböbingen
6· 6	● 7·23	7·41	»	9·59	...	1·17	...	2 49	...	4·27	7 57	6 51	9 26	10 23	»	...	61,7	Mögglingen
6·18	7·37	8· 7	8 46	10·13	...	1·29	...	»	...	4·39	8 12	7 3	9 40	10 36	»	...	70,4	Essingen b. Aalen
6·25	● 7·47	● 8·22	8 55	10·20	...	1·36	┐	3 4	┐	4·46	W 8 20	7 10	9 48	10 44	10 0	...	76,1	An **Aalen** Stbf 282 a Ab
9 0	~	▬	11 51	2·44	▬	7 5	↓	...	|	7 55	▬	11 29	▬	▬	8·52	▬		An **Nürnberg** 272. 294 Ab
4 8	ab 15/9	...	7 49	8·20	...	11·20		...	↓	2·23	4 10	5· 9		...	8 54	...		Ab **Ulm** 272 An
	Z 1537	...	Z 581	Z 525			Z 531	T 1543	T 1545		W 603	↘	Z 539	T 1523		Z 541		
6·42	7·52	...	9·18	10·49	...	2· 5	1·51	● 3· 7	● 3·26	5· 0	● 6 13	7 33	7 15	W 9 52	10 3	10 7	76,1	Ab **Aalen** Stbf 282a An
6·47	7·57	...	9·23	10·54	...	2·10	1·56	● 3·12	3·32	5· 5	6 17	7 38	7 20	9 57	»	10 12	78,2	Wasseralfingen
»	8· 2	W	»	10·59	...	»	2· 1	...	3·39	5·10	6 21	7 44	7 25	»	»	10 16	79,2	Hofen b. Aalen
6·55	8· 8	T 1503	9·34	11· 6	W 6673	2·23	2· 7	...	● 3·49	5·16	6 27	7 51	7 31	10 7	»	10 22	82,8	An Goldshöfe Ab
6·56	↳	● 8·24	9·35	↳	11·12	2·25	...	...		5·17	6 28	7 53	▬	10 28	»	...	82,8	Ab Goldshöfe An
7· 2	...	8·32	»	...	»	»	...	...	W	»	6 33	7 59	W 6659	10 36	»	...	85,5	Frankenreute
7· 7	▬	8·45	9·44	▬	11·28	2·34	...	...	...	5·26	● 6 38	8 5	● 6 39	10 43	»	...	87,9	Westhausen
7·15	...	● 8·56	9·54	...	11·45	2·43	...	...	...	5·34	...	8 15	6 55	W 10 55	»	...	92,2	Lauchheim
7·24	...	...	10· 2	...	12· 9	2·53	...	...	...	5·42	...	8 27	7 21		»	...	95,9	Röttingen
7·31	Z 1505	...	10· 8	F 589	»	3· 0	...	...	...	5·49	...	8 34	7 33	●	»	...	100,0	Aufhausen
7·36	5 39	...	10·13	12·45	12·45	3· 6	...	...	...	5·54	...	8 43	● 7 43	...	10 31	...	103,1	Bopfingen
7·42	5 46	...	10·19	12·53	12·56	3·12	...	...	...	6 0	...	8 49	...	...	»	...	107,6	Trochtelfingen b. Bopfingen
7·48	5 53	...	10·25	1· 0	1· 5	3·18	...	...	...	6 5	...	8 55	...	...	»	...	110,5	Pflaumloch ...[301d
7 55	6· 1	...	10·31	1· 9	1·20	3 26	...	...	...	6 12	...	9 2	...	...	10 43	...	115,5	An **Nördlingen** 294m. Ab
8 17	...	...	11· 2	...	1·29	3·55	...	...	...	7 10	...	9 58	...	...	10 50	...	115,5	Ab **Nördlingen** 301a An
9 25	...	...	1·25	...	2·55	5·38	...	...	...	8 15	...	11 28	...	...	11 41	...	171,8	An **Pleinfeld** Ab
10 19	...	...	3·33	...	4 0	7 17	...	...	...	9 32	...	...	...	...	12 35	...	215,5	An **Nürnberg** 295 Ab

km	(Württemb. Staatseisenb.)	Z 1500	W 560	Z 1504	Z 1506	Z 568	Z 1508	Z 184	Z 574	Z 578	Z 586	Z 590	Z 1512	Z 592	Z 1516	D 148	Z 596	Z 602
	Ab **Karlsruhe** Hbf 268 An	...	7 48	10·20	11 49	10·20	11 49	12 37	2 28	□ 5·25	7 8	7 34	...	...	...	11 2	12 15	4 2
0,0	Ab **Stuttgart** Hbf ⊙ An	5 16	5 55	7· 4	8· 9	7 56	9·23	10 16	11 30	1 58	4 9	5 21	7 34	7 40	9 24	8 51	10 6	12 13
4,0	Stuttg.-Cannstatt 271. ⊙	5 7	5 46	6·55	8· 1	7 48	9·15	10 9	11·23	1·50	4· 0	5 12	7 24	7 30	9 14	8 43	9 58	12 5
10,2	Fellbach ....[275	4 53	5 34	6·41	7·49	»	9· 1	»	11·14	1·39	3·50	5 2	7 9	7 20	8 58	»	9 47	11 55
12,6	An Waiblingen ⊙ Ab	4 46	5 27	6·33	7·42	7 37	8·55	»	11· 8	1·32	3·43	4 57	7 2	7 14	8 50	Karlsbad u. Berlin, Nürnberg	9 40	11 49
12,6	Ab Waiblingen An	4 42	5 25	6·31	7·27	7 36	8·50	»	11· 7	1·30	3·41	4 56	6 59	7 12	8 48		9 38	11 48
14,4	Rommelshausen	4 38	5 20	6·27	7·23	»	8·46	»	»	1·26	»	»	6 55	»	8 43		9 34	»
15,3	Beinstein	4 34	5 16	6·22	7·18	»	8·41	»	»	1·22	»	»	6 51	»	8 40		9 31	»
16,9	Stetten i. R.	4 29	5 11	6·17	7·13	»	8·36	»	»	1·18	»	»	6 46	»	8 35		9 26	»
18,4	Endersbach ⊙	4 25	5 7	6·12	7· 7	»	8·32	»	10·58	1·14	3·32	4 47	6 42	7 3	8 31		9 22	11 39
19,6	Beutelsbach	4 19	5 1	6· 5	7· 2	»	8·26	»	»	1· 9	»	»	6 36	»	8 17		9 17	»
22,1	Grunbach	4 14	4 56	5 59	6·56	»	8·21	»	10·52	1· 5	3·25	4 42	6 31	6 56	8 13		9 13	11 32
23,6	Geradstetten	4 10	4 50	5 54	6·51	»	8·17	»	»	1· 1	»	»	6 25	»	8 9		9 9	»
26,8	Winterbach	4 4	4 45	5 47	6·44	»	8·11	»	10·45	12·56	3·18	4 35	6 19	6 49	8 3		9 4	11 25
28,3	Weiler a. R.	3 59	4 40	5 41	6·38	»	8· 7	»	»	12·52	»	»	6 14	»	7 59	»	9 0	»
30,4	An Schorndorf 282b ⊙ Ab	3 55	4 36	5 37	6·34	7 19	8· 3	9 44	10·39	12·48	3·11	4 30	6 10	6 43	7 55	8 15	8 56	11 19
		Z 6700		W 6652									▬					
30,4	Ab Schorndorf An	● 4 30	...	● 5 33	6·27	7 18	7·48	9 43	10·37	12·46	3· 8	4 29	...	6 41	7 7	8 14	8 52	11 17
34,0	Urbach	»	...	5 23	6·21	»	7·42	»	10·32	12·41	3· 3	»	...	6 36	7 1	»	8 46	11 12
35,8	Plüderhausen	»	...	5 16	6·16	»	7·37	»	10·28	12·36	2·58	4 22	...	6 32	6 56	Prag–	8 41	11 8
39,3	Waldhausen b. Lorch	»	...	5 6	6· 9	»	7·31	»	10·22	12·29	2·52	4 17	...	6 26	6 49		8 35	11 3
43,8	Lorch ⊙	4 3	...	4 55	6· 1	7 6	7·23	9 31	10·16	12·22	2·45	4 11	...	6 19	6 41		8 28	10 56
48,0	Deinbach	»	...	»	5 52	»	7·15	»	10·10	12·14	2·38	»	...	»	6 33	»	8 20	10 50
51,5	An Gmünd Hbf 282 d Ab	● 3 45	...	● 4 37	5 46	6 57	7· 9	9 22	10· 4	12· 8	2·32	4 2	...	6 9	6 26	7 55	8 15	10 45
51,5	Ab Gmünd An	nur Di	▬		● 5 38	6 55	6·28	9 21	10· 2	12· 3	2·28	4 0	...	6 6	▬	7 54	7 17	10 42
56,6	Hussenhofen	bis Sb	...	W 6654	5 24	»	6·20	»	9·55	11·56	2·21	»	...	5·59	W 1518	SZ von	7 8	10 35
61,3	Unterböbingen		T 1526		4 59	»	6·13	»	9·49	11·49	2·14	»	...	5·53	8 54		6 59	10 29
61,7	Mögglingen	...	W 7·17		4 48	6 43	6· 6	»	9·41	11·43	2· 7	3 46	...	5·47	8 47		6 51	10 23
70,4	Essingen b. Aalen	...	7· 8		3 54	6 36	5 54	»	9·32	11·34	1·58	»	...	5·39	8 38	»	6 38	10 15
76,1	An **Aalen** Stbf 282 a Ab	...	W 6·54		● 3 29	6 28	5 43	8 59	9 20	11·23	1·47	3 30	↰	5·29	8 26	7 30	6 24	10 5
	An **Nürnberg** 272. 294 Ab	...	~	▬	▬	9 45	▬	11 48	▬	7 58	...	...		12· 2	●	5 6	▬	...
	Ab **Ulm** 272 An	...	ab	8·58	...	8·58	...	10·43	11 39	...	3·47	5·51		7 9	10 26	...	...	6·13
			13/9	Z 564		Z 504	Z 508		Z 512			T 1540	T 1544		W 1548			
76,1	Ab **Aalen** Stbf 282a An	...	u. nur	5 48	...	6 23	8·37	8 56	10·29	11·13	1·21	2·40	● 3·19	5 4	7 40		...	9 43
78,2	Wasseralfingen	...	4. Kl.	5 44	...	6·19	8·32	»	10·25	11· 8	1·17	2·36	● 3·15	5· 0	7 36		...	9 39
79,2	Hofen b. Aalen	...	...	5 40	...	6·15	8·28	»	»	11· 4	»	2·31	...	»	7 31	●	...	9 35
82,8	An Goldshöfe Ab	...	...	5 35	T 1502	6 10	8·23	»	10·18	10·58	1· 9	2·25	...	4·53	7 26		...	9 30
82,8	Ab Goldshöfe An	...	...	5 34	● 7·55	...	...	»	● 9·55	10·55	1· 7		...	4·52	7 22		...	9 27
85,5	Frankenreute	...	...	5 29	7·50	...	...	»	9·49	10·50	»	●	...	»	»		...	9 23
87,9	Westhausen	...	...	5 25	7·44	...	...	»	9·44	10·45	1· 1	...	...	4·45	7 6		...	9 18
92,2	Lauchheim	...	...	5 18	● 7·36	...	...	»	● 9·34	10·37	12·54	...	...	4·39	6 38		...	9 11
95,9	Röttingen	...	...	5 12		...	...	»	T 1540	10·31	12·48	...	...	4·33	»	W 6699	...	9 4
100,0	Aufhausen	...	...	5 3	W	...	...	»		10·21	12·39	...	...	4·25	»		Z 1522	8 54
103,1	Bopfingen	...	...	4 56	...	...	...	8 28	W	10·13	12·31	...	...	4·18	6 0		10 16	8 46
107,6	Trochtelfingen b. Bopfingen	...	...	4 47	...	...	...	»	..	10· 2	12·19	...	...	4· 9	5· 1		10 7	8 33
110,5	Pflaumloch ...[301d	...	...	4 41	...	...	...	»	...	9·57	12·13	...	...	4· 3	4·46		10 1	8 26
115,5	An **Nördlingen** 294m. Ab	...	...	4 34	...	...	...	8 13	...	9 49	12 5	...	...	3 56	4·30		9 52	8 18
115,5	Ab **Nördlingen** 301a An	...	...	F 10 44	...	...	...	8 0	...	...	10·20	...	...	3·48	...	...	9 20	8 5
171,8	An **Pleinfeld** Ab	...	...	F 8 23	...	...	...	6 58	...	...	8·30	...	...	2·24	...	...	8 16	6 10
215,5	An **Nürnberg** 295 Ab	...	...	...	...	...	...	6 0	...	...	6·50	...	...	1 31	...	...	7 10	4 20

die Gmünder Lazarette kamen. Den Hurrarufen folgte langsam die Bestürzung und Betroffenheit, die in den ersten Monaten noch überspielt wurde. So gingen die vier Jahre stets Transporte hin und her. Die späteren Transporte »ins Feld« wurden nüchterner und trauriger.

Die Remsbahn wurde am 2. November 1914 Schauplatz eines Eisenbahnunglücks im Bahnhof Endersbach, wo ein Zug das Ausfahrtssignal überfuhr und den Prellbock durchbrach. Der Lokomotivführer wurde getötet, vier weitere Beamte verletzt, und es entstand ein hoher Sachschaden.

Groß war die Zahl der militärischen Transporte auf der Remsbahn. Die reinen Truppentransporte waren merklich zurückgegangen, dagegen standen Transporte mit Verwundeten und Kriegsgefangenen nunmehr im Vordergrund.

Nach dem Ende der Monarchie am 9. und dem Waffenstillstand am 11. November 1918 setzten nach und nach die Rücktransporte in die Heimatgarnisonen zur Demobilisierung ein. So kam am 4. Dezember 1918 ein Zug mit einem Teil des Infanterie-Regiments 121 hier an und begab sich in das Barackenlager im Schießtal. Der Rest dieses Truppenteils folgte tags darauf. Mit einem weiteren Transport eines Landsturm-Bataillons am 12. Dezember hörten die Truppenzüge langsam auf.

Ein besonderes Ereignis bildete noch der Generalstreik in Stuttgart vom 1. bis 6. April 1919. In dieser Zeit ruhte der gesamte Bahn- und Postverkehr im Umkreis von 52 km ab Stuttgart. Nur vereinzelt kamen in diesen Tagen Züge von Stuttgart. Während der Verkehr nach Aalen nur vom 1. bis 3. April ruhte, war der Zugverkehr mit Göppingen gänzlich lahmgelegt.

Das folgende Jahr 1920 brachte als wichtigstes Ereignis das Ende der württembergischen Staatseisenbahnen. Mit Wirkung vom 1. April 1920 gingen alle bisherigen Länderbahnen auf das Deutsche Reich über. Damit endete in Württemberg eine ruhmreiche 75jährige Tradition der eigenen Eisenbahnen. Dieses Datum steht in direktem ursächlichen Zusammenhang mit dem Ersten Weltkrieg, der für die Entwicklung des Eisenbahnwesens eine geradezu tödliche Zäsur bedeutete. Von diesem Schlag konnten sich die Eisenbahnen tatsächlich nicht mehr richtig erholen.

60 Endersbach, 3. November 1914: Am Tag nach dem Unglück beginnen die Aufräumungsarbeiten.

Lokomotiven auf der Remsbahn

Die bisherigen Betrachtungen behandeln hauptsächlich den Bau von Eisenbahnstrecken vom Stadium der Vorplanung bis zur Verwirklichung. Nun aber soll auch noch vom Rollmaterial, vornehmlich den Lokomotiven, die Rede sein. Es ist hier bewußt vermieden worden, diese Seite allzusehr in den Vordergrund einer regionalen Eisenbahngeschichte zu stellen, wenn auch in der einschlägigen Literatur bisher die Meinung vorgeherrscht hat, Eisenbahngeschichte sei ausschließlich Lokomotivgeschichte.

Schon um 1830 wurde auf die Fürsprache des Heidenheimer Fabrikanten Meebold der vormalige Drahtzug in Unterkochen den beiden englischen Mechanikern Richard Holmes aus Newcastle und John Rowlandson als Produktionsstätte zur Verfügung gestellt.[1] Die beiden Spezialisten haben sich in der Folgezeit um die Einführung der maschinellen Spitzenfabrikation in Württemberg sehr verdient gemacht. Sie ließen in ihren Räumen eine stationäre Dampfmaschine aufstellen, die eine wichtige Voraussetzung für den Ablauf ihrer Produktion bildete. Es war die erste ihrer Art im östlichen Landesteil.

Als die am 18. November 1833 gegründete »Königlich Privilegierte Ludwigs-Eisenbahn-Gesellschaft« für ihre geplante Verbindungsbahn zwischen den Nachbarstädten Nürnberg und Fürth eine öffentliche Ausschreibung für eine geeignete Lokomotivgattung veranstaltete, kam u. a. aus Unterkochen eine Offerte. Im ersten Geschäftsbericht der Unternehmung wurde dieses Angebot ausführlich mit folgenden Worten erwähnt: »Die Herren Holmes und Rowlandson in Unterkochen bei Aalen, welche eine Dampfmaschine besitzen, machen sich verbindlich, einen Dampfwagen, wie solcher für unsere Bahn erforderlich ist, à 4500.– fl. zu liefern, mit der Garantie, daß er bei dreimonatlichem Gebrauch keiner Reparatur bedürfe, dem besten englischen Dampfwagen gleichkomme und nicht mehr Brennmaterial als dieser erfordere.«[2]

Trotzdem erhielt der damals schon international bekannte englische Lokomotivkonstrukteur und -produzent Robert Stephenson aus Newcastle auf sein wesentlich höher lautendes Angebot von £ 850.– mit seiner Lokomotive »DER ADLER« den Zuschlag. Dieser »Dampfwagen« wurde unter der Fabriknummer 118 um den Preis von 13930 fl. 2 kr. geliefert, was dem Umrechnungswert einschließlich Kosten entsprochen haben dürfte.[3] Sicherlich hatte der gute Ruf der Firma aus Newcastle, die um jene Zeit bereits gute Erfahrungen im Lokomotivbau besaß, den Ausschlag gegeben. Doch wollten die beiden Engländer trotz verschiedener Vergünstigungen nicht im Lande bleiben. Der »Rechenschaftsbericht an die Gesellschaft für Beförderung der Gewerbe« berichtet darüber, daß die beiden Konstrukteure 1837 nach Sachsen auswanderten, wo sie wesentlich bessere Voraussetzungen und Produktionsbedingungen als in Württemberg vorfanden.[4]

Die Entwicklung des Lokomotivbaues in Württemberg hatte auch auf die Remsbahn einen Einfluß ausgeübt. Das rühmliche Engagement von Ludwig Klein wurde schon an anderer Stelle gebührend erwähnt. Diesem tüchtigen Ingenieur aus der Schule eines Franz Anton Ritter von Gerstner war es zu danken, daß hierzulande die Konstruktionsprinzipien, die unter der Bezeichnung »amerikanisches System« in die Technikgeschichte eingegangen sind, angewendet und prak-

tiziert wurden. Ausschlaggebend für diese Entscheidung war auf jeden Fall sein längerer Studienaufenthalt in Philadelphia, dem Standort der beiden Lokomotivfabriken von Norris & Comp. und Baldwin & Whitney. Je drei Prototyp-Maschinen dieser beiden Firmen bildeten die ersten sechs aus der Neuen Welt importierten Lokomotiven. Die Entscheidung zugunsten der Drehgestellbauart Norris'scher Konstruktion bildete den Auftakt für den zukünftigen bodenständigen Lokomotivbau in Esslingen unter der Leitung von Emil Kessler aus Karlsruhe, der im Wettbewerb um die Niederlassung dort andere Bewerber aus dem Feld geschlagen hatte. Bis zur Inbetriebnahme der gesamten Remsbahn im Oktober 1863 waren bei den Staatseisenbahnen immerhin schon 125 Maschinen vorhanden. Die Neubauten konnten rechtzeitig vor der Fertigstellung der Strecken der zweiten Bauperiode auf dem schon bestehenden Stammnetz eingefahren und ausprobiert werden und standen somit »auf Abruf« bereit.
Es handelte sich dabei um

41 Lokomotiven der Klasse III	Baujahre 1846–1853
43 Lokomotiven der Klasse VII/D	Baujahre 1856–1861
5 Lokomotiven der Klasse IV/ALP	Baujahre 1849–1850
5 Lokomotiven der Klasse V	Baujahr 1854
6 Lokomotiven der Klasse VI/A	Baujahre 1854–1860
25 Lokomotiven der Klasse E	Baujahre 1859–1863

Außer den speziell für den schweren Rampendienst auf der Geislinger (und Beimerstettener) Steige konstruierten Lokomotiven der ALP-Klasse (zeitgenössische Schreibweise) waren es ausschließlich Maschinen mit führenden Drehgestellen der Achsfolge 2'B.[5]
Interessant sind die Namensbezeichnungen der einzelnen Lokomotiven. Besonders die ab 1858 gebauten und in Dienst gestellten Einheiten hatten meist geographische Namen erhalten, die unverkennbar auf die zu erwartenden neuen Strekken hinwiesen (s. Tab. 5).

Tabelle 5: Namen der einzelnen Lokomotiven

78	WAIBLINGEN	1859
79	SCHORNDORF	1859
80	GMUEND	1859
81	AALEN	1859
82	WASSERALFINGEN	1859
83	WEINSBERG	1859
84	OEHRINGEN	1859
85	HALL	1859
86	CRAILSHEIM	1859
87	WALDENBURG	1859
88	TUEBINGEN	1860
89	ROTTENBURG	1860
98	LORCH	1860
99	BRENZ	1860
100	HEIDENHEIM	1860
101	KOENIGSBRONN	1860
102	ELLWANGEN	1860
103	NOERDLINGEN	1860
112	EGER	1862
114	BOPFINGEN	1862
116	KAPFENBURG	1862
118	STUIFEN	1862
119	BRAUNENBERG	1862

Auf der Remsbahnstrecke Stuttgart–Nördlingen bestanden in den ersten Jahren nur wenige Lokomotivremisen mit den dazugehörigen Behandlungsanlagen. Diese befanden sich außer in Stuttgart selbst in Cannstatt, Gmünd, Aalen und im württembergischen Bereich des Gemeinschaftsbahnhofes Nördlingen. Die weiteren Streckenbauten im östlichen Landesteil machten einen zentralen Lokomotivstützpunkt in Aalen erforderlich. Wie bereits erwähnt, wurde dieser Schritt durch die räumliche und personelle Trennung vom bisher zuständigen Depot Esslingen vollzogen. Die gleichzeitige Einrichtung einer Hauptwerkstätte in Aalen bildete den Auftakt zur Aufwertung von Aalen als eisenbahnmäßigem Schwerpunkt und somit als »Eisenbahnerstadt« mit den dazugehörigen Attributen, zu denen vor allem die zahlreichen Eisenbahnerwohnbauten zählten.
Außer den sechs Maschinen der schon erwähnten ALP-Klasse sind fast alle Lokomotivgattungen der

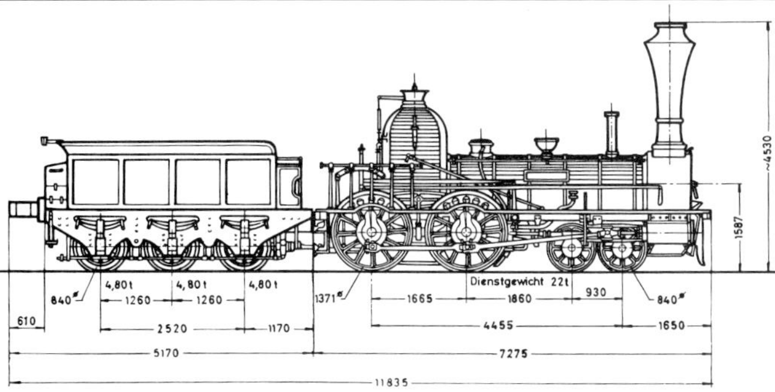

Klasse III

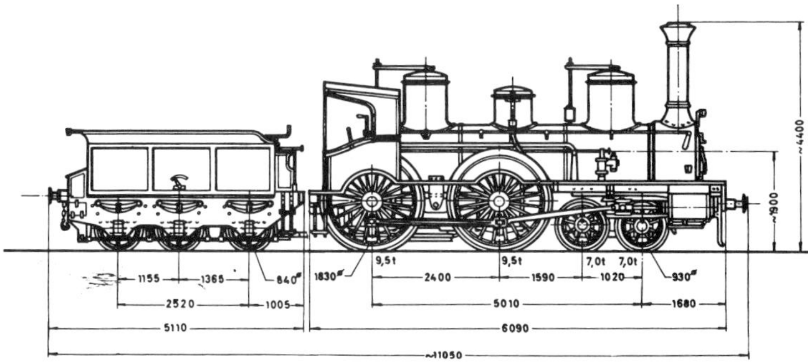

Klasse V

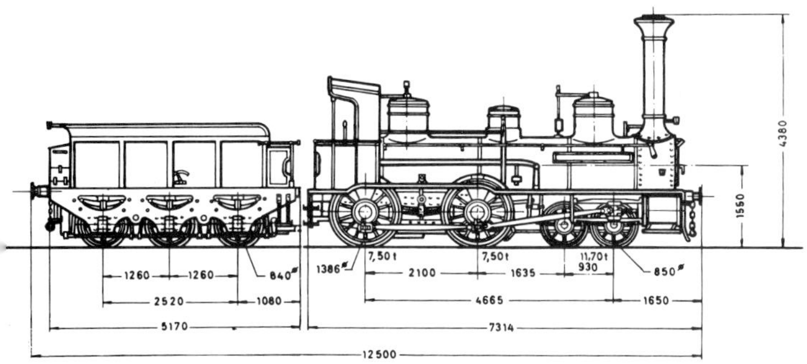

Klasse VII/D

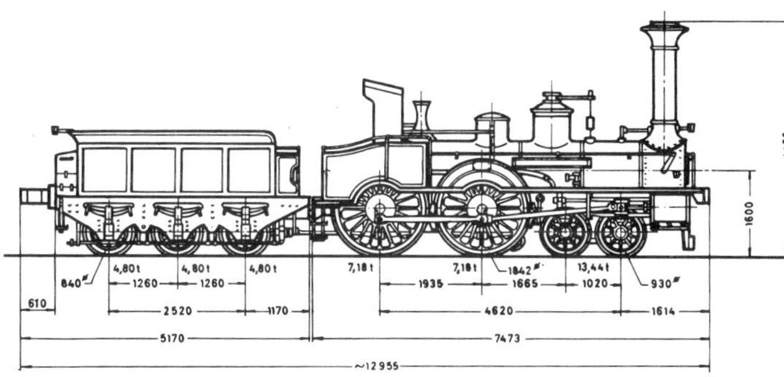

Klasse VI/A

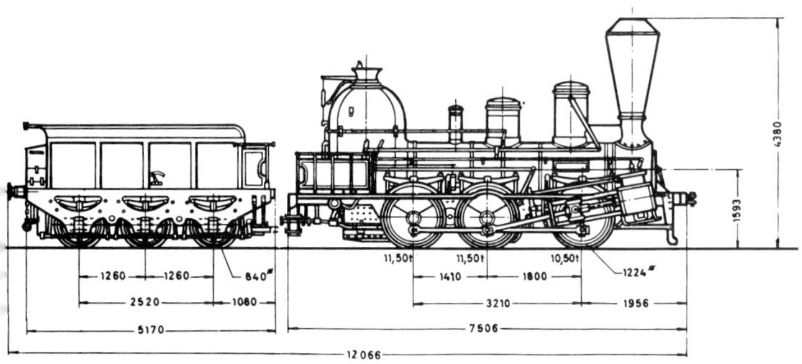

Klasse IV/ALP

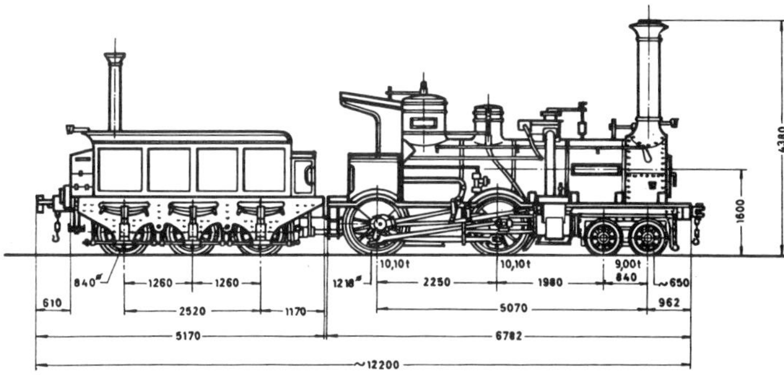

Klasse E

61 Im Juli 1861 bereits vorhandene Lokomotiven bei der Eröffnung der ersten Sektion der Remsbahn

Staatseisenbahnen auf der Remsbahn gefahren. Einzelne Belege hierüber aus der Frühzeit sind spärlich. Der schon zitierte Pressebericht aus Gmünd besagt zuverlässig und einwandfrei, daß der Eröffnungszug am 18. Juli 1861 mit einer Maschine der Klasse D bespannt war. Es handelte sich dabei um die Nr. 103 mit dem Namensschild NOERDLINGEN. Im Schiller-Nationalmuseum in Marbach wird eine Zeichnung des Dichters Eduard Mörike aus der Zeit seines Aufenthaltes in Lorch aufbewahrt, die im Lorcher Hausbuch enthalten und mit dem handschriftlichen Vermerk

»Mein Meister in Lorch, Herbst 1867« signiert ist (s. S. 63).
Diese Federzeichnung zeigt seinen Gastgeber, den Hafnermeister Johann Georg Groß. Er raucht seine Pfeife, und auf dem Tische sind zum bevorstehenden Vesper ein Krug Most und ein ordentlicher Brotlaib bereit sowie die neueste Ausgabe der Rems-Zeitung. Der Blick geht durch die beiden Fenster. Auf der nahen Remsbahn fährt eben ein Zug in Richtung Osten. Seine Wagen sind einwandfrei als die mit Drehgestellen ausgestatteten »Intercommunicationswagen« mit ihren offenen Plattformen zu identifizieren. Während der Zeichner bei den Wagen eine sehr gute Auffassungsgabe verrät, scheint es bei der Lokomotive mit der Achsfolge nicht so ganz zu stimmen. Statt des vorderen Drehgestells präsentiert sich bei der Lokomotive eine Laufachse mit kleinerem Raddurchmesser. Über diesen kleinen Mangel kann man aber hinwegsehen. Immerhin zeigen die sonstigen Konturen der Maschine zuverlässige Formen, insbesondere den hohen Kamin in der Ausführung der frühen Zeit. Schließlich ist die Darstellung der Lokomotive eine relativ gute Skizze aus dem Gedächtnis. Da nachweislich frühestens ab 1867/68 mit den ersten Lokomotivumbauten begonnen wurde, muß es sich hierbei um eine Drehgestell-Maschine gehandelt haben.[6]
Die Hauptwerkstätte Aalen beschränkte sich in den ersten Jahren nach ihrer Gründung zunächst auf die ihr rein routinemäßig zustehenden vorgeschriebenen Wartungsaufgaben, die plan- und außerplanmäßigen Reparaturen am zugewiesenen Maschinenpark. Bald kamen aber auch noch andere Aufgaben hinzu, die in engster Beziehung zu den personellen Veränderungen an der Spitze des maschinentechnischen Dienstes der K.W.St.E. standen. Als »oberster Maschinenmeister« hat Ludwig Klein von 1845 bis 1863 die ihm übertragenen Aufgaben sehr gut ausgeführt. Im Mai dieses Jahres wurde er zum Vorstand der Eisenbahn-Kommission mit dem Titel »Präsident« ernannt. Klein, der mit vollem Recht in die Reihe der Eisenbahnerpersönlichkeiten der ersten Epoche gerechnet werden darf, hatte zusammen mit Emil Kessler den Fahrpark der Eisenbahnen geformt und geprägt. Nach seiner Ernennung folgte auf ihn Friedrich Trute, Maschinenmeister aus Esslingen. Eine jähe Zäsur erfolgte ab 1865, als Heinrich Brockmann, vormals Maschinist bei den Königlich Hannoverschen Eisenbahnen, Trutes Nachfolger wurde. Brockmann brach mit der bewährten, von Klein und Kessler behüteten Tradition und gestaltete den gesamten Lokomotivbestand radikal um, indem er die meisten Drehgestell-Lokomotiven in steifachsige Longboiler-Maschinen umbauen ließ. Neubauten durften grundsätzlich nur steifachsige Fahrzeuge sein. Zweifellos hat Brockmann damit eine Bereinigung der Typenvielfalt erreicht, doch hat er die technischen Möglichkeiten nicht erkannt, die das Drehgestell in seiner konsequenten Weiterentwicklung geboten hätte.
Für die Hauptwerkstätte Aalen spielte Brockmann eine wichtige Rolle, wurde doch ein Großteil der nun einsetzenden Lokomotivumbauten hier ausgeführt. Diese Umbauten waren zum großen Teil Neubauten, bei denen in der Regel oft nur der Rahmen, das Führerhaus und das Namensschild der jeweiligen Lokomotive übrigblieben. Bittere Klage hatte Emil Kessler (der Jüngere) 1880 darüber geführt, weil diese sparsame Umbaupolitik in den bahneigenen Werkstätten ihm auf längere Zeit die so dringend erwünschten Aufträge vorenthielt.[7]
Die in der Hauptwerkstätte Aalen umgebauten Lokomotiven wurden mit laufenden Fabriknummern versehen. Insgesamt hatten 108 Maschinen die Werkstätte durchlaufen. Den Auftakt bildete im Jahre 1870 die Lokomotive Nr. 43 mit dem Namen RHEIN, eine erst 1852 bei Kessler in Esslingen gebaute Maschine der Klasse II, Achsfolge 2'B, die als neue Klasse D mit der Achsfolge 1 B das Werk wieder verließ. Die letzte Aalener Umbaulokomotive bildete schließlich 1904 die Maschine Nr. 328 der Klasse F 2 mit dem Namen ALPIRSBACH.[8]
Die Ära Brockmann war 1883 zu Ende gegangen. Nachfolger wurde Adolf Groß, der zunächst die

Tabelle 6: Lokomotiv-Umbauten der Hauptwerkstätte Aalen 1870–1902

Werkstatt Umbau-Nr.	Jahr	Umbau-Klasse	Betr.-Nr.
1	70	D	43
2	70	D	29
3	70	B 2	59
4	73	E	88
5	72	B	83
6	74	B	80
7	74	E	118
8	74	D	4
9	74	B	125
10	75	B	82
11	75	B	81
12	75	B 3	106
13	75	B 3	1
14	76	B 3	5
15	76	B 3	120
16	76	B 3	65
17	76	B 3	64
18	77	B 3	10
19	77	B 3	102
20	77	B 3	92
21	77	B 3	95
22	77	B 3	45
23	77	B 3	111
24	78	B 3	68
25	78	B 3	41
26	78	B 3	148
27	79	B 3	17
28	79	B 3	104
29	79	B 3	107
30	79	T	113
31	79	B 3	57
32	80	B 3	90
33	80	B 3	122
34	80	B 3	103
35	80	B 3	70
36	80	B 3	100
37	81	B 3	99
38	82	T	117
39	81	B 3	20
40	82	B 2	72
41	80	B 3	49
42	82	B	93
43	83	B	71
44	83	B	91
45	84	B	21
46	84	B	119
47	84	B	116
48	85	T	87
49	85	T	105
50	86	T	115
51	87	T	129
52	87	T	126
53	90	Fa	170
54	90	Fa	171
55	91	Fa	161
56	91	Fa	191
57	91	Fa	127
58	92	Fa	200
59	92	F 2	301
60	93	Ab	209
61	93	F 2	184
62	92	Fa	163
63	93	F 2	130
64	94	F 2	154
65	94	F 2	137
66	94	F 2	162
67	95	Ab	58
68	95	Ab	76
69	95	F 2	256
70	95	F 2	136
71	96	Ab	313
72	96	F 2	193
73	96	Ab	183
74	96	Ab	60
75	96	F 2	296
76	96	F 2	164
77	96	A	336
78	97	F 2	201
79	97	F 2	79
80	97	F 2	305
81	97	F 2	190
82	97	Ab	7
83	97	Ab	182
84	97	F 2	194
85	98	F 2	197
86	98	F 2	86
87	98	Ab	85
88	98	Ab	75
89	98	A	320
90	99	F 2	297
91	99	F 2	298
92	00	Ab	62
93	00	F 2	269
94	00	F 2	199
95	00	F 2	187
96	00	Ab	97
97	01	Ab	114
98	01	F 2	169
99	01	F 2	134
100	00	Ab	96
101	01	F 2	158
102	01	F 2	198
103	02	Ab	232
104	03	F 2	264
105	03	F 2	206
106	03	F 2	186
107	03	F 2	255
108	02	F 2	328

62 *Blick von Cannstatt zu der alten Neckarbrücke und dem königlichen Lustschloß Rosenstein, 1907*

63 *Zug mit einer in Belgien gebauten Lokomotive der Klasse E unterhalb Kloster Lorch, etwa 1913*

von seinem Vorgänger verfolgte Politik beibehielt. Dieser war übrigens in Aalen der Nachfolger von Lorenz, dem ersten Vorstand und der Vorgänger des Maschinenmeisters Nachtigall, der seines Amtes von 1872 bis 1879 waltete. Im Jahre 1885 kam aus der Schweiz Adolf Klose als oberster Maschinenmeister nach Stuttgart. Bisher in derselben Funktion bei den Vereinigten Schweizerbahnen in Rorschach, war er auch noch in gleicher Weise bei der Rorschach-Heiden-Bahn tätig. Er wurde berühmt als der Konstrukteur der modernen Zahnradlokomotiven der St.-Gallen-Gais-Appenzell-Bahn (SGA). Mit seinen feinsinnigen Konstruktionen leitete Adolf Klose eine neue Epoche im württembergischen Lokomotivbau ein. Die kurvengängige Lokomotive und die Lenkachse bei den Personenwagen waren seine Besonderheiten. Ein besonderes Verdienst hatte er sich aber durch die Einführung des Verbundtriebwerks in Württemberg im Jahre 1889 erworben. Die einzigen Innenzylindermaschinen in Württemberg sind ebenfalls sein Werk. Klose war es auch, der in der Formgebung des Rauchfangs wieder eine gefälligere Form nach Württemberg brachte. Der Klose-Kranzkamin verdrängte den unschönen Prüßmann-Schlot aus der Ära Brockmann wieder. Die von Klose angewandte Kaminform war die der Vereinigten Schweizerbahnen. In seiner Amtszeit bis 1895 wurde allerdings in Aalen das bisherige Bauprogramm, das nun einmal festlag, weiterhin durchgezogen. Andererseits bekam nun die Maschinenfabrik Esslingen wieder Aufträge, in der Hauptsache Konstruktionen von Klose selbst. An dieser Stelle sei auch auf eine spezielle Konstruktion hingewiesen, die Klasse E, eine Schnellzuglokomotive der Bauart 1'B1'-n3v, die allerdings nicht bei Kessler, sondern von der belgischen Lokomotivfabrik John Cocquerill in Seraing erbaut wurde.

Gegen Ende März 1894 waren dem Maschinenbezirk in Aalen, der damals noch mit dem Werkstättenbezirk identisch war und einen eisenbahnmäßigen Schwerpunkt darstellte, Lokomotiven folgender Klassen zugeteilt:

Klasse	Anzahl
A	4
Ab	1
Ac	7
B	61
F	30
T	11
T3	2
total	116

Gesamtbestand K. W. St. E. 1894: 433 Stück

Da in der Folgezeit die Maschinenbezirke unter Heilbronn, Stuttgart, Tübingen und Ulm umverteilt wurden, läßt sich die genaue spätere Aufteilung auf Aalen nicht mehr genau rekonstruieren. Immerhin ist bemerkenswert, daß noch vor 1910 sämtliche zehn Maschinen der Klasse E nach Aalen umstationiert wurden. Wenige zeitgenössische Betriebsbilder bestätigen dies, so auch das Unfallbild vom 2. November 1914, das die E 403 ATHEN in desolatem Zustand unter Wagentrümmern am Bahndamm in Endersbach zeigt und die Aufnahme einer E vor einem Personenzug unterhalb des Klosters Lorch. Kurzfristig war Aalen auch das Domizil von »Motorwagen« der Bauart Kittel, der konstruktiven Neuauflage der bisherigen Dampfwagen nach »système Serpollet«. Diese Fahrzeuge waren, wie schon an anderer Stelle erwähnt, zwischen Aalen und Ellwangen bzw. zwischen Goldshöfe und Lauchheim eingesetzt, ein ernsthafter Versuch, verkehrsschwächere Tageszeiten mit kleineren Zugeinheiten zu bedienen. Der Kriegsausbruch im Sommer 1914 bereitete diesem praktischen Ansatz zu einem flexiblen Nahverkehr jedoch ein jähes Ende.

Der Übergang der Staatseisenbahnen an die Deutsche Reichsbahn-Gesellschaft zum 1. April 1920 wirkte sich zunächst auf die Region wenig aus, was den Einsatz an Maschinen betraf. Die alte württembergische Klasse E, die zehn zum Schluß in Aalen beheimateten Schnellzuglokomotiven belgischer Herkunft, verbrachten ihre letzten Tage hier und wurden dann ab 1921 ausgemustert und verschrottet. Der Einsatz der Schnellzuglokomotiven der württembergischen Klasse C, der sich schon vor dem Kriege vor den Schnellzügen in Richtung Nürnberg bewährt hatte, blieb weiterhin bestehen, allerdings waren diese Maschinen in Stuttgart und in Ulm stationiert.

Für die Zeit von 1929 bis zum Auslaufen des Dampfbetriebes in Aalen liegen uns zuverlässige Daten vor (vgl. Tab. 7). Bemerkenswert ist, daß ab 1938 die Zahl der beliebten württembergischen Tenderlokomotiven der Klasse T 5 (Bauartreihe 75^0) auf zehn Stück angewachsen ist, die außer auf den Nebenbahnen und der Brenzbahn vorzugsweise zum Verschub auf den Bahnhöfen Aalen, Heidenheim und Schwäbisch Gmünd eingesetzt waren. Über deren konkreten Plandienst in der Nachkriegszeit gibt uns eine jüngst erschienene Betrachtung mit allen Details wertvolle Auskunft.[9]

Die T 5 hatte in Aalen die ehemals preußische T 9^3 verdrängt, die in den ersten Reichsbahnjahren bis Mitte der dreißiger Jahre in größerer Stückzahl in Aalen ihr Domizil hatte.

Die preußische P 8 hatte in den späten zwanziger Jahren die württembergische ADh abgelöst und konnte sich noch bis zu Beginn der sechziger Jahre halten. Nur bis Schwäbisch Gmünd gelangten indessen die Tenderlokomotiven der Klasse T 14, einer an sich preußischen Maschine, die aber von Württemberg in kleinerer Zahl gegen Kriegsende beschafft wurde und vorzugsweise dem Zugförderungsdienst auf der Nebenbahn Schorndorf–Welzheim diente. Ebenfalls nicht in Aalen stationiert waren die Tendermaschinen der Einheitsbauart der Reihe 86, die in Geislingen beheimatet waren und im Zugförderungsdienst auf den Nebenstrecken Geislingen–Wiesensteig, Süssen–Weißenstein, Göppingen–Boll und Göppingen–Schwäbisch Gmünd die dort lange Zeit eingesetzten Tenderlokomotiven der württembergischen Klasse Tn abgelöst hatten.[10]

Zum teilweisen Ersatz der nach dem Überfall auf die Sowjetunion in den Osten abgestellten Lokomotiven, speziell der P 8, wurden auch nach Aalen Fremdlokomotiven französischer Provenienz beordert, die unter der seltsamen Bezeichnung »Leihlokomotiven« Dienst taten. Es waren dies acht Maschinen der Serie 230 C der Paris–Lyon–Méditerranée (PLM), der späteren SNCF-Serie 5.230 C. Es handelte sich dabei um:

5.230 C 54 ex PLM 230 C 2483
5.230 C 112 ex PLM 230 C 2541
5.230 C 114 ex PLM 230 C 2543
5.230 C 115 ex PLM 230 C 2544
5.230 C 125 ex PLM 230 C 2554
5.230 C 137 ex PLM 230 C 2566
5.230 C 147 ex PLM 230 C 2576
5.230 C 165 ex PLM 230 C 2594.

Außer in Aalen waren von dieser bewährten Serie noch in Crailsheim 8, Tübingen 21 (!), Heilbronn 3, Stuttgart 2 und Kornwestheim 3 Exemplare stationiert. Im Jahre 1945 wurden diese Maschinen nach Wiederherstellung der Schienenwege und der Wiederherstellung der Lauffähigkeit ihrer rechtmäßigen Eigentümerin, der Société nationale des Chemins de fer français (SNCF) zurückgegeben – nach einer Spanne von gut fünf Jahren. Die Frage der Stationierung von Lokomotiven in Aalen und die Zuteilung der zur Ausbesserung im Ausbesserungswerk Aalen zugewiesenen Maschinen ist ein Gebiet, das einer eigenen Studie wert wäre. Immerhin hat sich neben dem Verfasser in jüngster Zeit H. J. Obermayer dieser Frage sehr aufschlußreich gewidmet. Eine weitere Aufhellung in dieses Thema brachte Eduard Schittenhelm, der eingehend dem planmäßigen Einsatz der württembergischen T 5 auf der Spur war und deren Verwendung auf der Basis des Jahres 1951 nachging. Ein relativ kurzes Gastspiel gaben nach dem endgültigen Abzug der T 5^{wü} von Aalen die Einheitstenderlokomotiven der Baureihe 64.

Der Anfang der siebziger Jahre brachte in ursächlichem Zusammenhang mit dem Ausbau der Remsbahn auf elektrische Zugförderung das unvermeidliche Ende der Stationierung von Dampflokomotiven in Aalen. Die letzte Baureihe, die hier seit 1962 ihr Domizil hatte, war die preußische T 18, die Bauartreihe 78^0. Bevor diese Ma-

Tabelle 7: Stationierung von Dampflokomotiven beim Bahnbetriebswerk Aalen

Zeitraum 1929–1971			1. 1. 1929	31.12.1931	1. 1. 1938	1. 1. 1941	1. 4. 1945	1. 1. 1949	1. 1. 1953	1. 1. 1959	1. 1. 1965	1. 1. 1970	Bemerkungen
Klasse	Achsfolge	Reihe											
pr. P 8	2'C-h2	38^{10-40}	12	13	14	14	7	11	12	12	–	–	
(fr.) P.L.M. 230	2'C-h4v	S.N.C.F. 5.230 C	–	–	–	–	1)8	–	–	–	–	–	1) sog. »Leihlokomotiven« der P.L.M. Mitte 1941 – Aug. 1945, an SNCF zur.
Einheits-lokomotive	1'E-h2	50	–	–	–	–	15	15	9	8	–	–	
Einheits-lokomotive	1'E-h2	52	–	–	–	–	2)1	–	–	–	–	–	2) reaktivierte Rückführlokomotive
pr. G 8^1	D-h2	55^{25-56}	–	–	–	–	–	–	3)8	–	–	–	3) nur für Rangierdienst Aalen, Giengen, Heidenheim, Gmünd, Wasseralfingen
wü. Hh	E-h2	57^4	4	4)4	–	–	–	–	–	–	–	–	4) auslaufende Reihe
wü. G 12	1'E-h3	58^5	6	6	8	8	–	–	–	–	–	–	
pr. G 12	1'E-h3	58^{10}	1	1	–	–	–	–	–	–	–	–	
Einheits-lokomotive	1'C1'-h2t	64	–	–	–	–	–	–	–	–	10	–	
wü. T 5	1'C1'h2t	75^0	2	2	8	10	9	8	10	8	–	–	
bad. VIb	1'C1'-n2t	75^1	–	–	–	–	5)2	–	–	–	–	–	5) reaktivierte Rückführlokomotiven der RBD Karlsruhe
pr. T 18	2'C2'-h2t	78	–	–	–	–	–	–	–	–	10	6)9	6) nach Elektrifikation Aalen–Donauwörth 1972 nach Rottweil
pr. T 9^3	1'C-n2t	91^3	11	11	3	2	–	4	–	–	–	–	
wü. Tn	E-h2t	94^1	–	–	–	–	–	–	–	7)3	–	–	7) auslaufende Reihe
pr. T 16^1	E-h2t	94^5	–	–	3	3	1	1	–	–	–	–	
Bestand am Stichtag:			36	37	36	37	43	39	39	31	20	9	

64 Bahnbetriebswerk und einstige Hauptwerkstätte Aalen mit Nordkopf des Bahnhofs, um 1960 ▷

BAUSTAHLGEWEBE

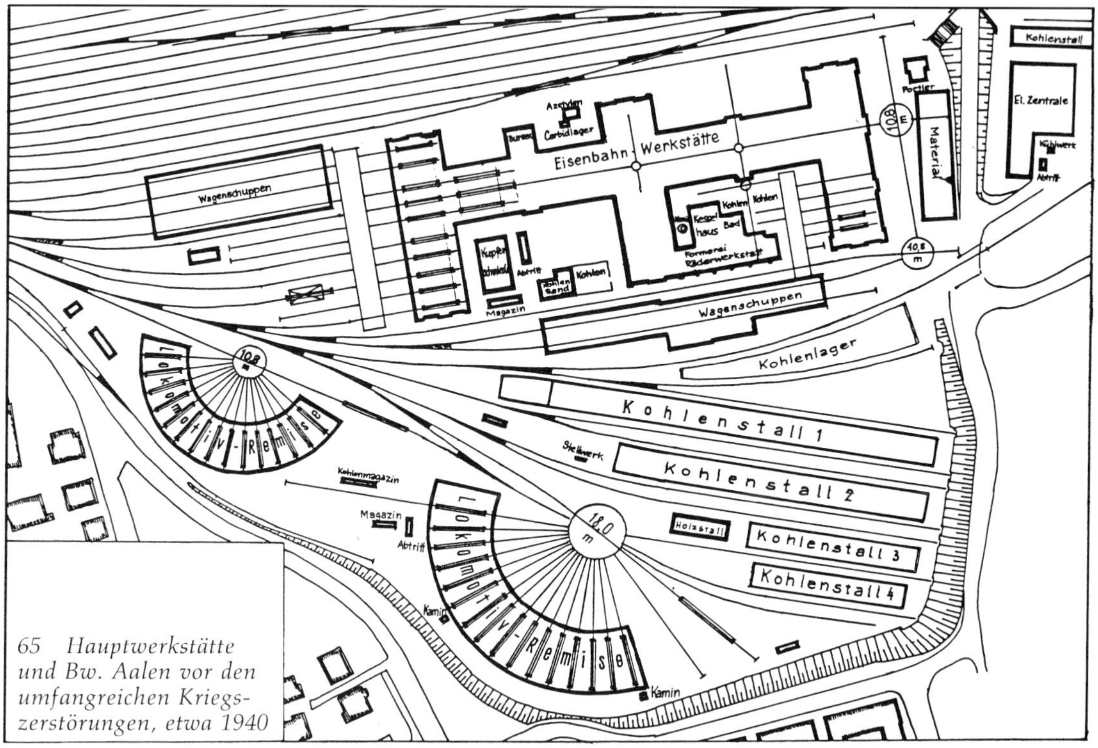

65 Hauptwerkstätte und Bw. Aalen vor den umfangreichen Kriegszerstörungen, etwa 1940

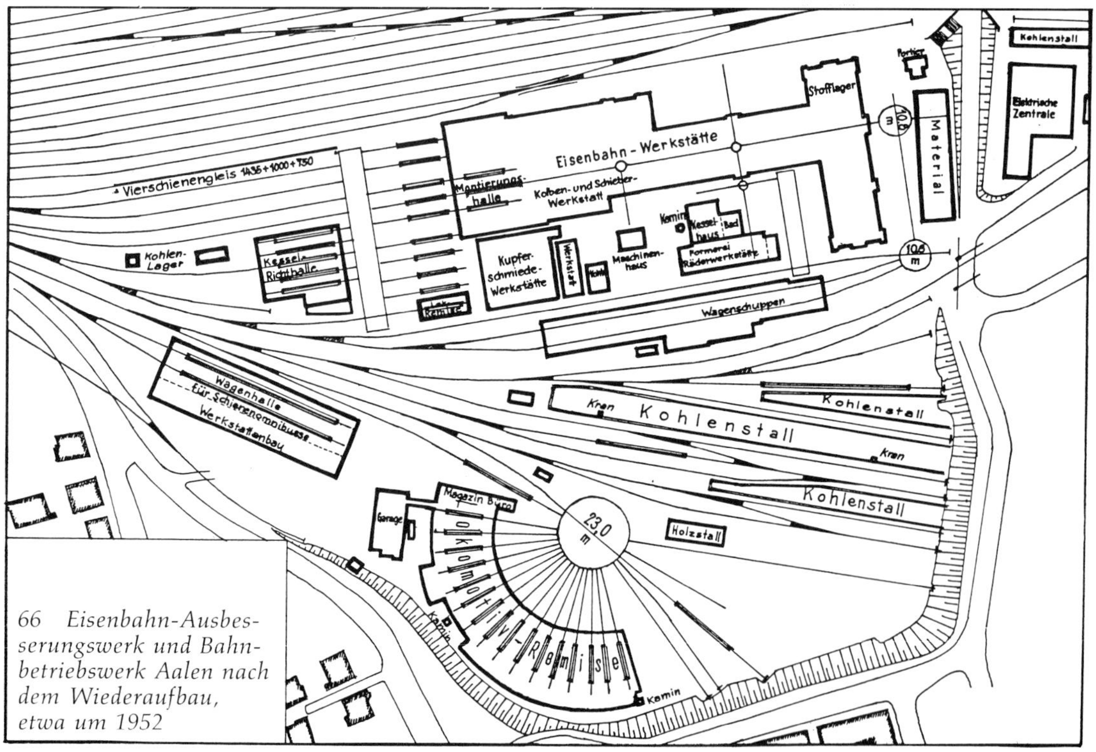

66 Eisenbahn-Ausbesserungswerk und Bahnbetriebswerk Aalen nach dem Wiederaufbau, etwa um 1952

67 Letzte Zeugen des Dampfbetriebes: Baureihe 78, hier: 78 062 vor Zug in Schwäbisch Gmünd, 1967

schinen nach Rottweil, ihrem endgültigen letzten Standort, verlagert wurden, fanden sie außer im Plandienst bis und ab Schorndorf auch vor Arbeitszügen beim Aufbau der elektrischen Fahrleitung Verwendung. In verstärktem Maße wurden dazu aber auch die im benachbarten Bahnbetriebswerk Crailsheim stationierten Einheitslokomotiven der Bauartreihe 23 eingesetzt. Das Jahr 1972 brachte nach Installation des Fahrdrahtes zwischen Aalen und Donauwörth das Ende des Dampfbetriebes in Aalen. Was in diesem Zusammenhang aber noch schmerzlicher war, weil es die personelle Seite betraf, war die Umwandlung des Bahnbetriebswerkes Aalen in eine Außenstelle des Bahnbetriebswerkes Crailsheim. Wie 1954 die Schließung des Ausbesserungswerks war dieser Schritt eine weitere Auswirkung der Rationalisierungsbestrebungen.

Eine große Veranstaltung zum Abschluß der Dampftraktion im Bereich der Remsbahn und ihrer Anliegerstrecken bildete das große Dampflokfest in Schwäbisch Gmünd im Juni 1975, knapp vor dem Termin, zu dem sich bei der DB die Dampflokomotiven das Rauchen abgewöhnten. Über 45000 Menschen waren zu diesem Ereignis zusammengekommen, bei dem aber nicht nur die Tradition gepflegt sondern mit dem Besuch des ET 403 und des aus München angereisten Gläsernen Zuges, des ET 491, auch die Gegenwart der Eisenbahn zu ihrem Recht kam. In dieser Hinsicht waren diese beiden Tage auch ein Bekenntnis zur Schiene.

Nachdem mit dem elektrischen Ausbau der Strecke Goldshöfe–Ansbach die durchgehende Verbindung mit Nürnberg endgültig hergestellt ist, beherrschen die elektrischen Lokomotiven das Alltagsbild der Eisenbahn. Diese Tatsache soll aber für die Anrainerbevölkerung ein unmißverständlicher Appell sein, das Verkehrsmittel Eisenbahn gut zu nutzen und ihm treu zu bleiben.

Das Automobil als Konkurrent
Letzte Blüte der Schienenwege in der Weimarer Republik

Die ersten Jahre nach der Niederlage von 1918 waren dadurch gekennzeichnet, daß das Automobil allmählich eine Position erringen konnte, die es in den Jahren vor 1914 noch nicht besessen hatte. In der Zeit, als die Eisenbahnen im Interesse der Landesverteidigung kleingefahren wurden, erhielt der Kraftwagen eine Schnellentwicklung bis zur Betriebsreife. Vor dem Kriege waren die Motorfahrzeuge noch mitleidig belächelte Vehikel, die oft genug am Straßenrand ihren Geist aufgaben. Die zunehmende Motorisierung der Kriegsführung kam nach der deutschen Niederlage der zivilen Kraftfahrt zugute. Nach der Demobilisierung gingen viele Militärfahrzeuge in privates Eigentum über und erschienen plötzlich als Konkurrenten der Eisenbahnen auf den Straßen. »So gesehen«, heißt es in einer zeitkritischen Betrachtung richtig, »gehörte der Kraftwagen über alle nationalen Grenzen hinweg zu den Gewinnern des Krieges, wogegen die Eisenbahnen sich wohl allgemein auf der Verliererseite befanden«.[1]

Die Deutsche Reichsbahn-Gesellschaft, auf die am 11. Oktober 1924 das Betriebsrecht an den Reichseisenbahnen überging, konnte schon in ihrem ersten Geschäftsbericht, der die Zeit vom 11. November 1924 bis zum Jahresschluß 1925 umfaßt, einen Betriebsüberschuß von 0,820 Mrd. Reichsmark ausweisen. In den Jahren von 1925 bis 1939 belief sich der Überschuß auf insgesamt 6,4 Mrd. Reichsmark, von denen nicht weniger als vier Milliarden als Reparationsleistungen zugunsten des Reiches an die Reichskasse abgeführt wurden. »In denselben Jahren wurden mit einem Milliardenaufwand an Mitteln die Straßen verstärkt, erweitert und neu gebaut, auf denen der Kraftwagen sich endgültig zu einem ernsthaften Wettbewerber der Schiene emporverdienen konnte.« Die verderbliche Konkurrenz des Automobils konnte aus den dargestellten Gründen den Verantwortlichen des Schienenverkehrs nicht verborgen bleiben. Im Jahre 1928 nahm der Reichsverkehrsminister in einer Denkschrift Stellung zum Problem »Kraftverkehr« und forderte in aller Form, dieser müsse für alle Straßenbauten und Straßenunterhaltung sowie die für die Verkehrspolizei aufkommenden Kosten tragen. Diese der Vernunft und dem klaren Menschenverstand entsprechende Maßnahme hätte einen logischen Akt der Gerechtigkeit dargestellt und dem Verursacherprinzip entsprochen. Wohl blieben ausgesprochen schienenparallele Autobuslinien untersagt. Es konnte aber auch nicht ausbleiben, daß Konkurrenzlinien entstehen durften, sei es auch nur auf Umwegen oder über Abkürzungsstrecken. Typische Beispiele dafür waren in Aalen der Omnibusverkehr Aalen (OVA) mit der Strecke Aalen–Wasseralfingen, die Omnibus GmbH Gmünd mit den Abschnitten Gmünd–Straßdorf und Donzdorf–Süßen bei der Omnibuslinie Gmünd–Süßen oder, um ein ganz interessantes Beispiel zu nennen, die von der erwähnten Gesellschaft betriebene Linie Gmünd–Heubach. Letzteres Beispiel war tatsächlich kein Parallelverkehr im Sinne des Gesetzgebers. Hier wurde ein Nachbarschaftsverkehr mit Dörfern wie Bettringen und Bargau bedient, aber Ausgangs- und Endpunkte waren die gleichen wie bei der Eisenbahn. Die Konkurrenzsituation wurde dadurch noch erschwert, daß bis 1945 in Unterböbingen bei der Bahnbenutzung in beiden Richtungen umgestiegen werden mußte. Bei dem hier genannten Beispiel gab es schon einen tödlichen Keim, der momentan nur eine geringe Rolle spielte, sich aber im Laufe weniger Jahrzehnte zu einer aktuellen Gefahr heranbilden konnte. Immerhin waren mit diesen aufgezeigten Tendenzen Wege vorgezeichnet, die, wenn auch nur mit Verzögerung, über längere Zeiträume hinweg zu einem bösen Erwachen führen mußten.

In diesen Zeiten zeigte der Schienenverkehr in und um Gmünd durchaus erfreuliche Tendenzen. Dieser Entwicklung konnten auch die wirtschaftlichen Krisenzeiten, von denen die Stadt besonders hart betroffen war, wenig Abbruch tun.

Im Sommer 1923 wurde der erste Industriegleisanschluß eröffnet. Er führte in den Nordosten der Stadt und wurde bis 1925 durch die »Industriegleis GmbH« unterhalten. In diesem Jahre übernahm die Stadt die Regie. Es handelte sich um das heutige »Industriegleis Ost«, das zunächst die neue »Württembergische Warenzentrale« (Wüwa) (heute Raiffeisen-Lagerhaus) und den weiträumigen Lager- und Kohlenumschlagsplatz der Städtischen Betriebswerke, der späteren Stadtwerke, für das gegenüberliegende Gaswerk zu bedienen hatte. Damit war der umständliche und vor allem zeitraubende Transport der Kohle vom Bahnhof in das Werk weggefallen. Das weiter über die Mutlanger Straße führende Gleis bediente das Sägwerk Waibel und endete vorläufig an der Latrinenverladestelle des städtischen Tiefbauamtes in den Ziegelwiesen.

Dieser Zweig der städtischen »Entsorgung«, wie wir es nach dem heutigen Sprachgebrauch bezeichnen, bestand schon seit dem 19. Jahrhundert. Die durch die regelmäßige Entleerung der Abortgruben anfallenden Fäkalien wurden gesammelt und in »Specialwagen« der Staatseisenbahnen, die im Privatwagenpark eingereiht waren, abgefüllt. Diese Produkte, die als »Ladegut: Abtrittsdünger« und als »Specialwagen Station Gmünd« deklariert waren, kamen regelmäßig an landwirtschaftliche Abnehmer im Rems- und Wieslauftal, wo sie zur Düngung von Reb- und sonstigen landwirtschaftlichen Flächen mit Erfolg verwendet wurden. Die drei von der Stadt beim Privatwagen-Bestand geführten Latrinenwagen Württemberg 61 003, 61 043 und 61 077[2] wurden Anfang der zwanziger Jahre durch drei fabrikneue größere und genietete Kesselwagen mit den Nummern Stuttgart 513 541, 513 542 und 513 546 ersetzt. Des weiteren wurde im Bahnhof Goldshöfe ein betonierter Sammelbunker erstellt, in den der Inhalt der Fahrzeuge über spezielle Füllstutzen neben dem Anschlußgleis gefüllt, eingelagert und für den anfälligen Verkauf gelagert und bereitgehalten werden konnte.

68 Latrinenwagen Württemberg 61003, 61043 und 61077, »Specialwagen Station Gmünd«, 1863–1865

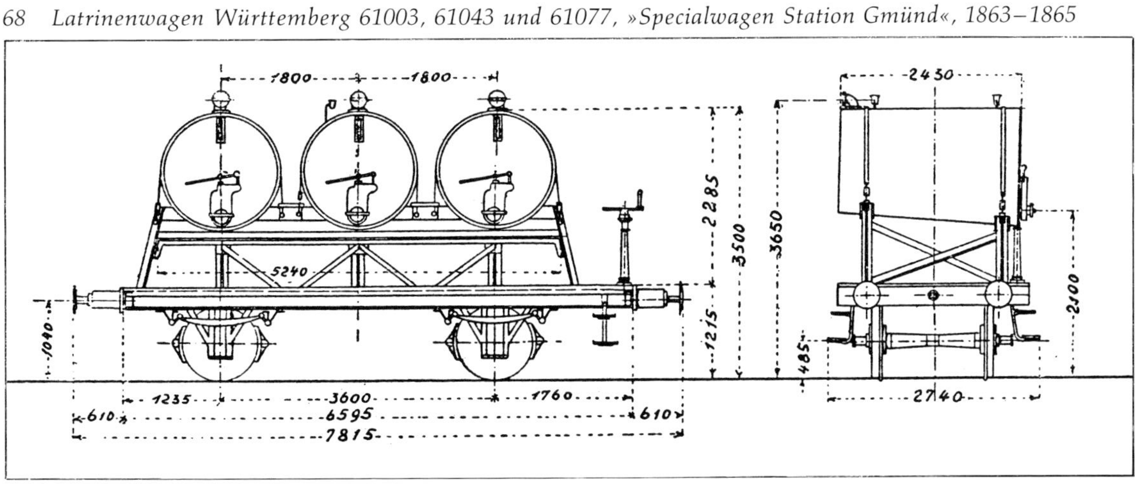

69 Stimmungsbild: »Auf dem Güterbahnhof, Mai 1911«, Radierung von Jakob Wilhelm Fehrle, Gmünd

Eine Eisenbahngeschichte, die auch die Stadt Gmünd einbezieht, wäre unvollständig, wollten wir nicht eines Mannes besonders gedenken, der auf diesem Gebiet sich besonders um Schwäbisch Gmünd und seine Belange verdient gemacht hat. Es war der Fabrikant David Mayer (1860–1937). Über volle drei Jahrzehnte hat sich dieser Industrielle, der aus seiner liberalen Gesinnung nie einen Hehl gemacht und als praktizierender Politiker der demokratischen Partei angehört hat, mit Fahrplanfragen befaßt.

Er war korrespondierendes Mitglied der Landesfahrplankonferenz und einer ihrer aktivsten Sprecher und Mitarbeiter. Angefangen von Anschlußverbesserungen zwischen Gmünd und Pforzheim, stets ein ganz besonderes Anliegen Gmünder Industrieller, bis zur einwandfreien Bedienung der Stadt durch internationale Schnellzüge, spannte sich dieses Band. Eine besondere Freude und Genugtuung war es für ihn, als nach intensiven Bemühungen der Name der Stadt auf den Routentafeln der Französischen Ostbahn, der Chemin de fer de l'Est (EST), ausdrücklich erschien: PARIS EST – BAR LE DUC – NANCY – STRASBOURG – KARLSRUHE – PFORZHEIM – STUTTGART – GMUEND (SCHW.) – CRAILSHEIM – NUERNBERG – MARKTREDWITZ – CHEB – PLZEŇ – PRAHA (WILSON).

Man mag diese Kleinigkeit als eine reine lokalbetonte Spitzfindigkeit mit einem Lächeln abtun. Es war aber mehr, es war ein selbstloses Engagement. Seine umfassenden Fahrplanbetrachtungen und -kritiken zeugten von einer großen Sachkenntnis, weshalb man ihn noch zu Lebzeiten mit Fug und Recht als den »Eisenbahn-Mayer« bezeichnete.

Auch anderen Verkehrswegen war er zugetan. Er gehörte zu den Gründern der »Omnibus GmbH Schwäbisch Gmünd«, die 1926 um eine Konzession einkam und im Jahr darauf den Linienverkehr auf den Strecken Gmünd–Heubach, Gmünd–Süßen und Gmünd–Weißenstein aufnahm.

Der Name Mayer war über die Gmünder Grenzen hinaus im Lande wohl bekannt. Keine Fahrplankonferenz verging, ohne daß von ihm nicht neue Anträge eingebracht und fachgerecht begründet wurden.

Die Nürnberger Gesetze und ihre Folgen trafen den unermüdlichen Verfechter der Gmünder Verkehrsbelange sehr hart. Zurückgezogen lebte er in diesen Jahren, und viele böse Dinge blieben ihm erspart, als er völlig vereinsamt am 17. April 1937 in Esslingen-Kennenburg verstarb.

An dieser Stelle seien ausdrücklich die Zugläufe erwähnt, die mit ein wesentliches Verdienst von David Mayer waren, vor allem auch, was die Berücksichtigung von Gmünd und Aalen betraf. Das Zugpaar D 117/118 war zwischen Remsbahn und Murrbahn geteilt. D 117 Stuttgart–Neuenmarkt-Wirsberg fuhr über Backnang. Der Gegenzug von Berlin nach Stuttgart dagegen berücksichtigte die Remsbahn:

D 118	Neuenmarkt-Wirsberg–Stuttgart
1.2.3.	Berlin Anhalter Bhf–Stuttgart
WL 1.2.	Berlin Anhalter Bhf–Nürnberg
1.2.3.	Breslau–Stuttgart

Der Vollständigkeit halber sei aber auch jener internationale »Luxuszug« erwähnt, der von Stuttgart aus »ohne Halt bis Nürnberg« die Remsbahn sonntags, mittwochs und freitags befuhr und die Bäder der ČSR zum Ziele hatte:

L 65	Stuttgart–Cheb
WL 1.	Paris–Praha
WL. 1.	Paris–Karlovy Vary
WL. 1.	Calais–Karlovy Vary
WL. 1.	Oostende–Karlovy Vary
WR	Stuttgart–Praha

Die Gegenrichtung mit L 64 führte über die Murrbahn. Aufschlußreich und interessant zugleich ist die Aufstellung der Wagenreihung des internationalen Schnellzugpaares D 147/148, das zwischen Paris Gare de l'Est und Praha Wilsonovo nadraží (Wilson-Bahnhof, heute: hlavni nadraží = Hauptbahnhof) verkehrte und der Stolz der Remsbahn war:

D 147	Kehl–Cheb
1. 2. 3.	Paris–Praha
WL 1. 2.	Paris–Praha
1. 2. 3.	Genève–Praha
2. 3.	Strasbourg–Praha
2. 3.	Stuttgart–Bayreuth (nur während der Festspiele)
WR	Stuttgart–Cheb
1. 2. 3.	Stuttgart–Dresden
3.	Karlsruhe–Cheb

D 148	Cheb–Kehl
1. 2. 3.	Praha–Paris
WL 1. 2.	Praha–Paris
1. 2. 3.	Praha–Genève
2. 3.	Praha–Strasbourg
3.	Cheb–Stuttgart
WR	Cheb–Stuttgart
1. 2. 3.	Dresden–Stuttgart
2. 3.	Nürnberg–Stuttgart

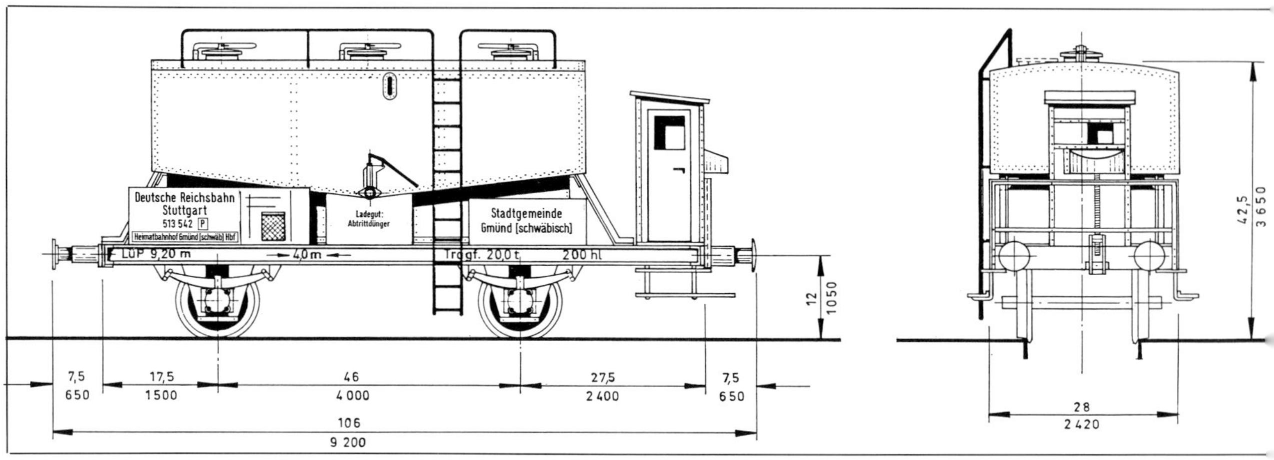

70 Neubaufahrzeuge »Ladegut: Abtrittsdünger«, 513 541, 513 542 und 513 546, ca. um 1925

Das Zugpaar D 147/148 war schon für damalige Zeiten ein respektabler Zug. So wenigstens war es der Eindruck der Streckenanrainer. Es gehörte zu den interessantesten Erlebnissen meiner Kinderzeit, wenn ich mich zu den mir bekannten Zeiten auf den Bahnhof hinwegstehlen konnte. Mit einer abgesparten Bahnsteigkarte leistete ich mir den Weg zum »Perron«, wie man bei der älteren Generation noch in der württembergischen Tradition den Bahnsteig zu nennen pflegte. Es war schon ein besonderes Ereignis, wenn dieser legendäre Zug in den Bahnhof einfuhr, in der Regel an der Spitze als Zuglokomotive die berühmte württembergische C. Die Zuglaufschilder der verschiedenen Wagen mit den für damalige enggefaßtere Begriffe so fern liegenden Zielen wie Paris, Prag, Genf oder Dresden konnten eine ganz gehörige Portion an Fernweh wecken, besonders zu Zeiten, als Stuttgart oder Ulm für uns Kinder schon eine »Reise« bedeuteten. Die Vielfalt der Eigentumsmerkmale der Waggons erregte schon ehrfürchtiges Staunen. Aufschriften wie EST, ČSD, SBB und ISG ließen etwas von der Vielfalt der europäischen Eisenbahnen und deren fruchtbarem Zusammenwirken ahnen.

Interessant und aufregend zugleich war schon die Abfahrt des Zuges in Richtung Nürnberg. Es war ein beachtlicher Zug, wie schon aus der Reihung der Kurswagen zu ersehen ist. Bei der Ausfahrt aus Gmünd benötigte der Zug trotz der starken Lokomotive eine wirksame Unterstützung, denn nach dem Ausfahrtsignal war eine Steigung von 1 : 147 auf ungefähr 900 m zu bewältigen. Dies geschah durch eine Schublokomotive in Gestalt der württembergischen Tenderlokomotive der Klasse T 5 (Baureihe 75^0). Diese Maschine setzte sich behutsam an den Schluß des Zuges. Nach dem Achtungspfiff der Zuglokomotive antwortete am Schluß die T 5. Ein weiterer Antwortpfiff von der Spitze des Zuges und mit harten Auspuffschlägen fuhr die C an. Am Schluß tönte das Staccato der Schubmaschine, und der Zug kam in Fahrt. Nach der Schlachthofkurve beim Gefällsbruch gab die nachdrückende Maschine einen Pfiff und löste sich vom Zuge. Anschließend kehrte sie in »Falschfahrt« in den Bahnhof zurück und konnte sich ihren weiteren örtlichen Aufgaben widmen.

Das Reichsbahn-Ausbesserungswerk Aalen, die vormalige »Hauptwerkstätte«, schickte regelmäßig anläßlich der Abnahme revidierter Lokomotiven diese nach Gmünd »hinunter«. Diese Maschinen waren leicht zu erkennen schon durch ihre Eigentumsangaben wie der Heimatdirektion und dem zugehörigen Bahnbetriebswerk. In der Regel kamen sie als Leerfahrten. Für die Rückfahrt nach Aalen wurden sie stets ab Gmünd als Vorspannmaschinen verwendet, wobei sie beweisen konnten, daß sie wieder voll verwendungsfähig waren. Für Verschubzwecke waren in jenen Jahren in Gmünd Maschinen der Klasse T 5 eingesetzt, die vom Bahnbetriebswerk Aalen stammten, bei Bedarf noch unterstützt durch zufällig pausierende Maschinen der württembergischen Klasse Tn (Baureihe 94^1) vom Bahnbetriebswerk Geislingen, die auf der Göppinger Nebenbahn ihren Dienst versahen.

Auffallend waren auch die vielen Sonderzüge, die meist von Vereinen gechartert, von Gmünd ausgingen und auch solche, die die Stadt als Ziel auserkoren hatten. Musikfeste, Sängerfeste und sonstige Veranstaltungen, die den regionalen Rahmen sprengten, brachten zu einem Anlaß oft bis zu vier Züge aus verschiedenen Richtungen.

Natürlich fehlten auch nicht die vielen militärischen Züge. Die Gmünder Garnison, die auch beim Hunderttausend-Mann-Heer der Reichswehr weiterbestand, benutzte regelmäßig, um nicht aus der Übung zu kommen, die Eisenbahn, und wenn es nur Fahrten zum und vom Truppenübungsplatz Münsingen waren. Auch Besteller mit politischem Hintergrund bedienten sich bei größeren Anlässen der Sonderzüge der Eisenbahn. Im Wahlkampffieber des Monats Juli 1932 kamen zwei Sonderzüge zu einer Versammlung des damaligen Reichskanzlers Dr. Heinrich Brüning. Ebenfalls in dieser Zeit wurden mehrere Sonderzüge nach Gmünd zu dem letzten Sängerfest der württembergischen Arbeiter-Gesangvereine vor 1933 eingelegt. Im Gegensatz dazu bevorzugten die auswärtigen Besucher einer »Großkundgebung« mit Gregor Strasser am 30. Juli 1932 Straßenfahrzeuge, vor allem Omnibusse und Lastkraftwagen, weil man damit nach der dort herrschenden Ansicht spektakulärer in der Öffentlichkeit auftreten konnte. Schwäbisch Gmünd, das in den frühen dreißiger Jahren in seiner tiefsten wirtschaftlichen Krise steckte, spürte im Eisenbahnverkehr noch keinen merklichen Schwund, auch nicht im Jahre 1932, dem letzten der Weimarer Republik.

71 *Stilreiner württembergischer Nebenbahnzug mit Cid-Wagen bei Metlangen-Hohenrechberg, um 1934*

Die Jahre 1933–1945 und die Folgen der eisenbahnfeindlichen Politik

Mit der Machtübernahme der NSDAP vom 30. Januar 1933 begannen für die Eisenbahnen böse Zeiten. Dieser Entwicklungsprozeß bahnte sich allerdings sehr behutsam an. Den neuen Machthabern kam zugute, daß mit Beginn des Jahres 1933 Vorhaben der Eisenbahnen herangereift waren, die Politiker wie Dr. Reinhold Maier und Dr. Eugen Bolz in die Wege geleitet hatten, die nunmehr kaltgestellt und politisch ausgeschaltet waren. Das galt in erster Linie für das Vertragswerk mit der Deutschen Reichsbahn über die Elektrifizierungsvorhaben vom 28. Juli 1930. Dieses Dokument war der Start für Neuerungen in der Zugförderung, die für die erste Zeit allerdings das Remstal und Ostwürttemberg nicht betrafen. Die damit verbundenen Aufträge waren ein wesentlicher Beitrag sinnvoller Arbeitsbeschaffung. Weitere Aufträge zur Elektrifizierung folgten und schufen dem Arbeitsmarkt Entlastung. Das war dem neuen Regime sympathisch und willkommen.

Sonst geschah in diesen Tagen auf dem Gebiet des Eisenbahnwesens nicht allzuviel. Der »Staatsanzeiger für Württemberg« brachte im Mai 1933 den neuen Umlaufplan für die Gefangenenwagen. Es war immerhin wichtig, die vielen politischen Gefangenen, sofern sie nicht im ersten württembergischen Konzentrationslager auf dem Heuberg oder im Fort Oberer Kuhberg in Ulm gefangengesetzt waren, auch rundumher in den Strafanstalten des Landes unterzubringen und die Kapazitäten zu nutzen. Dazu gehörte auch das Frauengefängnis Gotteszell bei Schwäbisch Gmünd, das im Sommer 1933 zur Auffangstelle für weibliche politische Gefangene wurde, die bisher in Stuttgarter Gefängnissen festgesetzt waren.

Die Bemühungen der Nationalsozialisten zielten vorläufig darauf, unter der Bezeichnung »Reichsautobahnen« besondere Autostraßen zu bauen. Sie waren allerdings keineswegs Hitlers eigene Ideen, sondern als systematischer und wesentlicher Bestandteil der Aufrüstung gedacht.

Auf diese Weise konnte sinnvoll demonstriert werden, wie ein Arbeitsbeschaffungsprogramm, das bestimmte Ziele verfolgte, die Massen besonders beeindrucken konnte. Das »Gesetz über die Errichtung eines Unternehmens Reichsautobahnen« vom 27. Juni 1933 stellte der Reichsbahn die Aufgabe, den Bau und Betrieb von Kraftfahrbahnen mit Hilfe des zu gründenden Zweigunternehmens durchzuführen. Hitler lag die absolute »Motorisierung des deutschen Volkes« am Herzen. Diesem Ziel waren in einem Programm alle anderen Vorhaben kompromißlos untergeordnet.

» . . . Schon die Tatsache eines großzügigen Programms für den Bau idealer Straßenverbindungen, die mit pompösem Aufwand begonnene Verwirklichung dieses Vorhabens, verbunden mit echten Begünstigungen der Kraftfahrzeugindustrie und beim Kauf neuer Kraftfahrzeuge, stärkten die Bereitschaft der bemittelten Bevölkerungsschichten zum Erwerb von Kraftfahrzeugen. So wird es verständlich, daß dem Autobahnbau, dessen verkehrsökonomische Dringlichkeit in den dreißiger Jahren bezweifelt werden muß, der Vorrang vor dem allgemeinen Straßenbau gegeben wurde. Der mehrfache propagandistische Effekt, der sich in handfeste politische Faktoren für den Faschismus und in greifbare materielle Bedingungen für die Kriegsführung umsetzte, mußte ökonomische Einwände gegen den Autobahnbau als untergeordnet erscheinen lassen.« So schildert eine kritische Studie über den Autobahnbau von

1933 bis 1945 die wahren Motive, die auch heute noch Geltung haben.[1]

In Württemberg hatte man die wahren Hintergründe und den eigentlichen Charakter der »Straßen des Führers« in keiner Weise erkannt. Diensteifrig war man bestrebt, für diese gigantischen Pläne bedenkenlos Mittel zuzuschieben. Der dergestalt völlig verblendete württembergische Finanzminister Dr. Alfred Dehlinger hätte sonst nicht diesen Satz schreiben können: »Das Land Württemberg war in Gefahr, bei dem Bau der Reichsautobahnen ins Hintertreffen zu kommen, und nahm bei dem Bau . . . besondere Leistungen auf sich, um für den sofortigen unsere Heimat erschließenden Bau solche in Württemberg sicherzustellen und zu beschleunigen.«[2]

Am 29. Dezember 1933 wurde tatsächlich ein Vertrag ratifiziert, in dem sich Württemberg verpflichtete, ein niederverzinsliches Darlehen von sieben Millionen Reichsmark auf ein Jahr als Kapitalvorschuß zu geben. Zum Erwerb von Grund und Boden wurden außerdem zwei Millionen Reichsmark in Aussicht gestellt, von denen ein Anteil von 0,9 Mio. Reichsmark von interessierten Kommunen und Industriellen beigesteuert wurde, wobei auf den Staat der nicht aufgebrachte Rest entfallen mußte. So wurden in Württemberg schon sehr früh Gelder für diese Zwecke verwendet, die dann bei Unterstützung eisenbahnmäßiger Bauvorhaben fehlen mußten.

»Das schlug sich vor allem im Autobahnbau zu Lasten der Deutschen Reichsbahn, in der generellen Vernachlässigung der Eisenbahninvestitionen und der Investitionen im öffentlichen Personen-Nahverkehr, in der Errichtung des Volkswagenwerkes sowie in der steuerlichen Begünstigung des Kraftverkehrs nieder«, wie der Verkehrswissenschaftler Carl Oettle bemerkt.[3] Deshalb soll auch eine Stelle aus dem Jahrbuch des Eisenbahnwesens ganz besonders hervorgehoben werden, wo im Jahre 1954 bemerkt wurde: »Aus dieser Zeit datiert in Wirklichkeit das Desaster, in dem sich die Eisenbahnen heute noch befinden und das sich nach dem Zweiten Weltkrieg von Jahr zu Jahr gesteigert hat.« Schließlich war, wie in derselben Quelle festgestellt wird, »der Kraftverkehr . . . Hitlers Lieblingskind«.

Daß bei der Planung der »Reichsautobahnen« Fachleute der Eisenbahn betriebsfremd für Zwecke der Bauausführung eingesetzt wurden, war der größte Skandal.

Der Sommer 1933 brachte auch auf der Remsbahn und den Nachbarbahnen Proben dafür, wie das Instrument Eisenbahn zweckentsprechend für die Aufgaben der neuen Machthaber eingesetzt werden konnte. Das Deutsche Turnfest in Stuttgart im Sommer 1933 und wenige Wochen später der Reichsparteitag der NSDAP in Nürnberg waren solche Experimente, die immer häufiger wurden. Theodor Pfizer meint zu diesen Arten von Transporten: »Schließlich waren die Massentransporte in geschlossenen Zügen für nationalsozialistische Formationen zu den Nürnberger Parteitagen, zum Erntefest auf dem Bückeberg und anderen Aufmärschen für die Reichsbahn eine Art von Mobilmachungsübungen. Dabei zeigte sich, wohl zum Erstaunen Hitlers, daß gewaltige Transporte ohne größere Reibungen nur im Schienenverkehr bewältigt werden konnten, in der Exaktheit des Militärfahrplanes, in dem alle Einzelheiten für das Zusammenfügen und Abstellen der Leerzüge, für die Bespannung mit Lokomotiven, für Überholungen und Kreuzungen mit schnellfahrenden Zügen festgelegt waren.«[4]

Um dem Bau der Reichsautobahnen das nötige Echo für die Innenpolitik des Reiches zu verschaffen, mußte die »Inangriffnahme« größerer Bauvorhaben durch eine spektakuläre Aktion eingeleitet werden. Die »Arbeitsschlacht« sollte mit dem Bau weiterer Reichsautobahnen »eröffnet« werden. Dafür war der 21. März 1934 ausersehen. Das Spektakel mit dem legendären Spatenstich wurde übertragen. Dazu mußten alle Belegschaften zum »Gemeinschaftsempfang« antreten und sich diese Sache anhören. Der Gmünder Oberbürgermeister Karl Lüllig leistete dem Aufruf keine Folge und legte seinen Untergebenen ans Herz, zur Feierabendstunde die Wiederholung dieser

Veranstaltung im Rundfunk anzuhören. Das war für die neuen Gemeinderäte schon ein starkes Stück! Der Chef der Stadtverwaltung, der seinerzeit bei der großen Wachablösung im Frühling 1933 Glück hatte, noch einmal davongekommen zu sein, stolperte durch dieses große Vergehen und wurde von der Gestapo aus der soeben begonnenen Gemeinderatssitzung am 27. März 1934 »abgeholt«, der Stadt verwiesen und »aus gesundheitlichen Gründen« in den Ruhestand versetzt. Das »Gesetz zur Wiederherstellung des Berufsbeamtentums« bot dazu die passende Handhabe.[5]

Im Sommer 1934 hatte das Württembergische Statistische Landesamt in Stuttgart angefragt, wie eigentlich der richtige Name der Stadt laute. In Zeiten der Reichsstadt hieß es offiziell »Schwäbisch Gmünd«. Als 1802/03 die Stadt von Württemberg okkupiert wurde, fiel der Zusatz Schwäbisch kurzerhand weg, aus administrativen Gründen zunächst, aber wohl auch als historisches Relikt aus früheren Reichsstadttagen. In einer Gemeinderatssitzung wurde daher offiziell der Name der Stadt als »Schwäb. Gmünd« in der solchermaßen abgekürzten Schreibweise »festgestellt«. Bis diese neue Regelung auf den Schildern des Bahnhofes Eingang fand, blieb es immer noch beim eingeklammerten (schwäb.).

Das Jahr 1934 brachte Bestrebungen zur Wirtschaftsankurbelung und zur Arbeitsbeschaffung. Federführend war hierbei der Chef des Arbeitsamtes, Dr. Adalbert Seifriz. Hinter der ganzen Aktion stand der württembergische Ministerpräsident und Kultminister (!) »Professor« Christian Mergenthaler. Das Protokoll jener entscheidenden Sitzung zeigt die Fragen auf. Eine wirksame Industrieansiedlung an dem Gmünder Standort mit seiner ausgesprochenen Monostruktur konnte eigentlich nur über die bevorstehende Aufrüstung geschehen. Somit hing die Wiedererstarkung und Festigung der Schwäbisch Gmünder Wirtschaftskraft in erster Linie mit diesem Phänomen zusammen.

Entsprechende Bemühungen konnten bei der damaligen Herrschaftsform wesentlich besser in die Wege geleitet werden, wobei verständlicherweise der nötige politische Druck dahinterstand. Auf ein gewisses Potential an Fachkräften, die sich leicht umschulen ließen, konnte im Gmünder Raum ohne große Mühe zurückgegriffen werden.

Die Stadt Schwäbisch Gmünd hatte in der Zwischenzeit nach den nötigen Flächen für weitere Ansiedlung industrieller Niederlassungen Ausschau gehalten. Größere Flächen im Norden der Stadt, im Westen und im Tal hinter dem Frauengefängnis Gotteszell, dem Schießtal, boten sich an. Als sich im Westen ein »Flachswerk« der Württembergischen landwirtschaftlichen Warenzentrale (Wüwa) niedergelassen hatte, gab dies den Anstoß zum Bau eines Stammgleises in diesen Bereich, das »Industriegleis West«. Diese Anlage wurde im Sommer 1936 hergestellt. Die Anlagen der Flachsverwertung wurden in der Neujahrsnacht 1937 Opfer eines verheerenden Brandes, dessen Ursache nie ganz aufgeklärt werden konnte. Dieser Fall bildete schließlich den Grund zur Verlagerung dieses Unternehmens nach Nagelsberg bei Künzelsau. Die Brandfläche ging in der Folgezeit in andere Hände über. Das Aluminiumwerk W. und W. Schenk in Maulbronn errichtete hier in kurzer Zeit eine moderne Aluminiumgießerei, der der schon vorhandene Gleisanschluß sehr zustatten kam. Mittlerweile waren andere Ansiedlungsbestrebungen ebenfalls erfolgreich. Die Zahnradfabrik Friedrichshafen AG war auf der Suche nach einem weiteren günstigen Standort zur Expansion ihrer Produktion. Schwäbisch Gmünd erhielt mit der nötigen staatlichen Stütze und dem entsprechenden Druck von oben den Zuschlag. Das Gelände am Ziegelberg im Norden der Stadt bot für die erste Niederlassung dieses Unternehmens am Gmünder Standort die besten Voraussetzungen. Die Fläche war schienenmäßig bereits bestens erschlossen, und es bedurfte in dieser Hinsicht nur einer Verlängerung des seit 1923 bestehenden Industriegleises Ost. Ab 1937 wurde hier gebaut und der erste Baukomplex für diesen wichtigen Rüstungsbetrieb auf Gmünder Fläche geschaffen.

Das Gaswerk, das auf seinem bisherigen Grundstück bei ständiger Ausweitung seiner Produktion mit räumlichen Problemen zu kämpfen hatte, suchte nach einem Ausweichgelände. Eine Verlegung in den äußersten Westen der Stadt war schon ins Auge gefaßt. Dazu boten sich günstige Flächen im Eigentum der Stadt im Gewand Krähe an, die zudem noch die Vorzüge eisenbahnmäßiger Nähe besaßen.

Als diese Planungen mit Nachdruck betrieben wurden, kam es schließlich nach der noch glimpflich verlaufenen »Sudetenkrise« zum Ausbruch des Zweiten Weltkrieges. Die kommenden Monate brachten einen starken Einsatz der Eisenbahn. Da noch kurz vor dem Kriege die Garnison durch einen weiteren Kasernenbau auf dem Hardt bei Oberbettringen eine weitere Stärkung erfahren hatte, brachte dieser Zuwachs, schwere motorisierte Artillerie, mit ihren gewichtigen Fahrzeugen Probleme für die Straßen in und um die Stadt.

Die merkliche Vergrößerung der Gmünder Garnison brachte zwangsläufig auch eine Zunahme der Be- und Entladungen auf dem Gmünder Bahnhof mit sich. Trotzdem genügten die Rampen für militärische Zwecke. Das zeigte, daß die umfassende Bahnhofserweiterung der Jahre 1907 bis 1910 sehr großzügig gewesen war und auch das militärische Kalkül für die Entwicklung in der Zukunft mit einbezogen hatte. Kurz vor Kriegsausbruch wurde übrigens der Name des Bahnhofes von seinem Klammerzusatz befreit und aus dem bisherigen »Gmünd (schwäb.) Hbf« wurde ganz einfach und schlicht »Schwäb Gmünd«, wohlgemerkt ohne Punkt. Diese schon länger fällige Änderung wurde nunmehr auf politischen Druck hin notwendig, vor allem um Verwechslungen und unnötigen Fehlleitungen vorzubeugen. Nach der Annexion von Österreich war ein zusätzlicher Bahnhof mit dem Namen Gmünd hinzugekommen, der Grenzbahnhof Gmünd in Niederösterreich. Kaum ein halbes Jahr später folgte dort ein weiterer wichtiger Bahnhof, der zwei Jahrzehnte lang als ČSR-Grenzbahnhof mit Česke Velenice bezeichnet wurde und nunmehr wieder seinen Namen Gmünd erhielt. Letzterer hieß jetzt (auf absehbare Zeit) Gmünd (Waldviertel) Hbf und der bisherige Gmünder Bahnhof Gmünd (Waldviertel) Stadt. Diese Lösung hielt übrigens knappe sieben Jahre, bis dann der vorherige Zustand aus ebensolchen politischen Gründen wiederhergestellt wurde.

In den ersten Kriegsjahren wurden die jungen Industrieansiedlungen verstärkt ausgebaut und vergrößert. Für eine Ausweitung industrieller Niederlassungen war das Gebiet nördlich der Rems und südlich der Remsbahn zwischen Freymühle und Göppinger Nebenbahn vorgesehen. Diese Flächen sollten durch eine Industriebahn angeschlossen werden, die auf Höhe der Kunstmühle von dem schon bestehenden Industriegleis West abgezweigt, nördlich der Rems weitergeführt worden wäre und unter der Göppinger Bahn hindurch auf die zu erschließende freie Fläche bei der Freymühle geführt hätte. Nach Verlassen dieses Bereiches hätte sich dann das Gleis in Richtung des neu zu bauenden Gaswerkes fortgesetzt. Dieser generelle Plan war von Reichsbahnrat Ruckwied in Stuttgart im Auftrag der Stadtverwaltung entworfen worden. Auch die Zahnradfabrik Friedrichshafen war ursprünglich an dem Gelände im äußeren Westen der Stadt interessiert. Plötzlich aber interessierte sich dieses Rüstungsunternehmen für das Schießtal, wo dann ab 1940 die ZF-Tochter Schwäbische Zahnradwerke aufgebaut wurde, Grundstock übrigens zum heutigen Werk Schießtal der ZF. Auch hier war ein Gleisanschluß vorgesehen, der aber nicht zustandekam, möglicherweise durch die Weigerung der Justizverwaltung, die eine Durchquerung ihres Areals in Gotteszell durch einen Schienenstrang nicht haben wollte.

Vor dem Kriegsausbruch schon geplant, wurde in den ersten Kriegsjahren die neue Führung der Reichsstraße 29 zwischen der Lorcher Straße in Höhe der Kunstmühle und der neuen Eisenbahnüberquerung bei der Freymühle hergestellt, eine Entscheidung, deren weitere Konsequenzen sich erst bei der Straßenbauplanung unserer Tage sehr unangenehm bemerkbar machen sollte.

318g Nördlingen - Aalen - Schwäb Gmünd - Stuttgart

km	RBD Stuttgart – Zug Nr							1704 S	1868 S	1870 W	1706 W	1878 W	1708 W	1712			D 338	5286	1740			D 146		
	Klasse							2. 3.	2. 3.	2. 3.	2. 3.	2. 3.	3.	2. 3.			2. 3.	2. 3.	2. 3.			1. 2. 3.		
	München Hbf 410 ab	...	...	...	...	...	...	...	...	...	...	...	...	...	...	...	...	...	7.05	...	...	...	...	...
	Augsburg Hbf 411 ab	...	...	...	...	...	...	...	...	...	...	...	...	...	...	...	...	...	7.59	...	...	...	...	...
	Donauwörth 412 a ab	...	...	...	...	...	...	...	...	...	...	...	...	...	...	...	...	...	8.40	...	...	...	...	...
	Nürnberg Hbf 413. 421 ab	...	...	...	...	...	...	...	...	...	...	...	...	...	...	...	e 6.10	e 6.30	[illegible]		...	e 9.22	...	...
	Dinkelsbühl 411 d ab	...	...	...	...	...	...	...	...	...	...	...	...	S 5.22	...	...		...	8.17	...	...		...	...
0,0	Nördlingen 411 e ab	...	...	...	...	...	...	4.35	...	...	5.04	...	5.43	6.24	...	...	↓ 1. 2. Kl Berlin-Friedrichshafen		9.44	...	...	Nürnberg-Stuttgart ↓	...	...
5,0	Pflaumloch	...	...	...	...	...	...	4.41	...	...	5.10	...	5.52	6.30	...	...			9.51	...	...		...	...
7,9	Trochtelfingen (b Bopfingen)	...	...	...	...	...	...	4.46	...	...	5.15	...	5.59	6.35	...	...			9.56	...	...		...	...
12,4	Bopfingen	...	...	...	...	...	...	4.54	...	...	5.24	...	6.07	6.43	...	...			10.05	...	...		...	...
15,6	Aufhausen (Württ)	...	...	...	...	...	...	5.00	...	...	5.31	...	an	6.49	...	...			10.11	...	...		...	...
19,6	Röttingen (Württ)	...	...	...	...	...	...	5.07	...	...	5.39	...	...	6.56	...	...			10.18	...	...		...	...
23,4	Lauchheim	...	...	...	...	...	...	5.12	...	...	5.44	...	...	7.02	...	...			10.24	...	...		...	...
27,6	Westhausen	...	...	...	...	...	...	5.18	...	...	5.51	...	...	7.07	...	...			10.30	...	...		...	...
30,0	Frankenreute	...	...	...	...	...	...	5.22	S	W	5.55	W	...	7.11	...	...			10.34	...	...		...	...
	Crailsheim 318 f ab	...	...	...	...	...	...	...	4.44	5.00	...	6.08	...	...	...	...	7.43	9.10	...	...	...	10.40	...	...
32,7	Goldshöfe (weitere Züge siehe Nr 318 f)	...	...	...	...	...	...	5.26	5.31	5.52	5.59	6.59	...	7.16	...	...		10.04	10.43	...	...		...	...
35,6	Hofen b Aalen	...	...	...	...	...	...		5.36	5.56		7.03	...	7.21	...	...			10.48	...	...		...	...
37,4	Wasseralfingen	...	...	...	...	...	...	5.33	5.39	6.00	6.06	7.07	...	7.24	...	...		10.11	10.52	...	...		...	...
39,5	Aalen 318 f. 328 n an	...	...	...	...	...	...	5.36	5.42	6.03	6.10	7.10	...	7.28	...	...	8.19	10.18	10.55	...	...	11.13	...	↓

km	RBD Stuttgart – Zug Nr	1652 W	1658 W	1656 S	1662 W		1672 W				1684 W	1690	E 220	1690	1694 W	1696 W	1718 ●	1722 W	1724 S	1724 W			1732	1740
	Klasse	2. 3.	2. 3.	2. 3.	2. 3.		2. 3.				2. 3.	2. 3.	2. 3.	2. 3.	3. bG	2. 3.	2. 3.	2. 3.	2. 3.	2. 3.			2. 3.	2. 3.
39,5	Aalen ab	bG	...	...	...	...	...	...	...	...	bG	5.48	6.18	...	7.04	...	8.24	bG	...	bG	...	11.15	...	11.31
45,3	Essingen (b Aalen)	...	...	...	...	...	...	...	...	...	...	5.56		...	7.11	...	8.32	...	...	...	...		...	11.39
51,0	Mögglingen (b Gmünd)	...	...	...	...	...	...	...	...	...	...	6.03		...	7.18	...	8.39	...	...	...	...		...	11.46
54,5	Unterböbingen 318 d	...	...	...	...	...	...	...	...	...	...	6.08		...	7.24	...	8.44	...	...	...	...		...	11.52
59,2	Hussenhofen	...	...	S	W	...	...	...	...	...	...	6.14		...	7.30	W		...	...	...	...		...	11.58
64,3	Schwäb Gmünd 317 c	...	...	4.40	4.49	...	...	...	...	...	...	6.22	6.43	...	7.36	7.38	8.56	...	...	...	...	11.37	...	12.06
67,9	Deinbach	...	...			...	...	...	...	...	...	6.28		Fortsetzung	an	7.43		...	...	...	...		...	12.12
71,9	Lorch (Württ)	...	...	4.48	4.57	...	...	...	...	...	...	6.33				7.49	9.04	...	...	...	...		...	12.18
76,4	Waldhausen (b Schorndorf)	...	...	4.53	5.03	...	...	...	...	...	...	6.40			1698	7.54	9.10	...	...	...	...		W	12.24
79,9	Plüderhausen	...	...	4.58	5.08	...	...	...	...	...	...	6.45			2. 3.	8.00	9.15	...	...	...	...		außer	12.29
81,8	Urbach (b Schorndorf)	W	W	5.02	5.12	...	W	...	...	...	...	6.50			W bG	8.04	9.19	...	S	W	...		Sa	12.33
85,4	Schorndorf 318 e	4.44	4.59	5.08	5.23	...	5.39	...	...	...	...	6.55 ►	7.03	7.08	8.12	8.09	9.26	...	11.17	11.17	...	11.55	12.08	12.41
87,4	Weiler (Rems)	4.47	5.02			...	5.43	...	...	...	...	an →		7.13	8.15	↖ an		...	11.21	11.21	...		12.12	12.45
88,9	Winterbach (b Schorndorf)	4.51	5.06	5.13	5.28	...	5.46	...	...	...	...	...		7.18	8.19	...	9.31	...	11.24	1.24	...		12.16	12.49
92,1	Geradstetten	4.56	5.11			...	5.51	...	...	...	W	...		7.24	8.24	...		...	11.29	11.29	...		12.21	12.54
93,7	Grunbach	4.59	5.14	5.19	5.36	...	5.55	...	...	...	6.46	...		7.28	8.27	...	9.38	...	11.32	11.32	...		12.25	12.58
96,2	Beutelsbach	5.04	5.18			...	6.00	...	—	...	6.50	...		7.33	8.32	—		...	11.36	11.36	1984		an	13.02
97,5	Endersbach	5.08	5.23	5.25	5.43	1666	6.04	1676	1680	...	6.54	1970		7.38	8.35	1698	9.44	...	11.40	11.40	W		—	13.06
98,9	Stetten (Remstal)	5.11	5.27			W	6.09	S	W	...	6.58	2. 3.		7.44	8.39	2. 3.		...	11.44	11.44	2. 3.		1738	13.10
101,4	Rommelshausen	5.16	5.32			2. 3.	6.15	2. 3.	2. 3.	...	7.03			7.50	8.44	bG		W	11.49	11.49	bG		2. 3. bG	13.15
103,3	Waiblingen 320		5.37	5.33	5.52	5.59	6.21	6.41	6.53	...	7.08 ►	7.10	7.21	7.55	8.47 ►	8.48	9.52	10.51	11.55	11.52	w 11.55		12.59	13.21
105,7	Fellbach (weitere Züge s Nr 320)		5.42	5.38	5.58	6.05	6.26	6.46	6.57	...	an	7.16		8.00	...	8.53	9.57	10.55	11.59	an	11.59		13.03	13.26
111,9	Stg-Bad Cannstatt	5.29	5.50	5.46	6.06	6.14	6.35	6.54	7.05	...	...	7.24	7.31	8.09	...	9.01	10.05	11.03	12.07	...	12.07	12.19	13.11	13.34
115,3	Stuttgart Hbf an	5.35	5.57	5.53	6.13	6.21	6.42	7.00	7.11	...	...	7.31	7.33	8.16	...	9.07	10.12	11.09	12.13	...	w 12.13	12.26	13.16	13.41

● Durchlaufender Wagen 2. 3. Klasse Ulm-Aalen-Stuttgart ● über Crailsheim, Strecke 318 f|421

(Fortsetzung) 318g Nördlingen - Aalen - Schwäb Gmünd - Stuttgart

RBD Stuttgart – Zug Nr	1904	1906 Sa	1912	1760	1914 bG		1916 bG	2156	1780	E 222		D 318		8546 W			E 418				1820	2162	1826 S	D 148	
Klasse	2. 3.	2. 3.	2. 3.	2. 3.	2. 3.		2. 3.	2. 3.	2. 3.	2. 3.		1. 2. 3.		3.			2. 3.				2. 3.	2. 3.	2. 3.	1. 2. 3.	
München Hbf 410 ab	...	...	...	9.08	...	...	...	...	13.00	...	...	...	...	14.32	...	...	...	...	...	...	17.09	...	18.00	...	...
Augsburg Hbf 411 ab	...	...	...	10.19	...	...	...	...	13.49	...	...	...	...	15.30	...	...	...	...	...	...	17.56	...	19.30	...	...
Donauwörth 412 a ab	...	...	...	11.30	...	...	...	...	14.23	...	...	...	...	16.08	...	...	...	...	...	...	18.32	...	20.05	...	...
Nürnberg Hbf 413. 421 ab	...	...	...	...	...	...	e 11.22	e 13.47	d 11.20	e 14.39	...	e 15.51	...	14.44	...	...	e 16.20	...	...	...	14.44	...	...	e 19.10	...
Dinkelsbühl 411 d ab	...	...	...	11.10	...	...	...	...	14.07	›	...	...	...	n 16.04	...	...	...	...	...	...	18.21	...	...	...	...
Nördlingen 411 e ab	...	...	...	12.17	...	...	...	...	15.54	Crailsheim-Stuttgart ↓	...	↓	...	17.20	...	...	Crailshm-Friedrichshafen ↓	...	...	...	19.30	...	20.40	1. 2. Klasse Prag-Paris (Prag-)Eger-Nürnberg-Stuttgart-Karlsruhe(-Basel) und Paris ↓	...
Pflaumloch	...	...	...	12.25	...	...	...	...	16.01		...		...	17.33	...	...		...	...	...	19.38	...			...
Trochtelfingen (b Bopfingen)	...	...	...	12.30	...	...	...	...	16.07		...		...	17.47	...	...		...	...	...	19.44	...	Donauwörth-Aalen		...
Bopfingen	...	...	...	12.39	...	...	...	...	16.16		...		...	18.05	...	...		...	...	...	19.54	...	20.54		...
Aufhausen (Württ)	...	...	...	12.46	...	...	...	...	16.23		...		...	an	...	...		...	...	...	20.00	...			...
Röttingen (Württ)	...	...	...		...	...	...	...	16.30		...		...	...	...	...		...	...	...	20.08	...			...
Lauchheim	...	...	...	12.57	...	...	...	...	16.36		...		...	...	...	...		...	...	...	20.14	...			...
Westhausen	...	...	...	13.03	...	...	...	...	16.42		...		...	...	...	...		...	...	...	20.21	...	21.11		...
Frankenreute	...	...	...		...	...	...	...			...		...	...	...	...		...	...	...	20.25	...			...
Crailsheim 318 f ab	W	...	12.06	...	W	...	13.59	15.57	...	16.29	...	17.05	...	...	...	...	17.50	...	...	...	...	19.46		20.56	...
Goldshöfe (weitere Züge siehe Nr 318 f)	außer	...	13.03	13.10	außer	...	14.49	16.41	16.49		...		...	...	...	...		...	...	...	20.30	20.38			...
Hofen (b Aalen)	Sa	Sa	13.07		Sa	...	14.53	16.45			...		...	...	...	...		...	...	...		20.42			...
Wasseralfingen	12.05	12.32	13.11	13.16	13.40	...	14.56	16.49	16.55		...		...	...	...	...		...	...	...	20.36	20.46	21.22		...
Aalen 318 f. 328 n an	12.08	12.35	13.14	13.20	13.43	...	14.59	16.53	16.59	17.06	...	17.37	...	...	...	...	18.24	...	...	...	20.40	20.50	21.26	21.39	...

RBD Stuttgart – Zug Nr	1728		1752	1760	↙	1756	1774 bG	1776		↘	1780		1780 S	1780 W	1784 S		1800	5278 S	1810 S	1812 S	1820	↙			1820
Klasse	3.		2. 3.	2. 3.		2. 3.	2. 3.	2. 3.			2. 3.		2. 3.	2. 3.	2. 3.		2. 3.	3.	2. 3.	2. 3.	2. 3.				2. 3.
Aalen ab	bG	...	...	14.07	...	...	16.02	...	...	17.08	1 18	17.38	...	...	...	...	18.28	19.45	20.05	...	21.15	...	...	21.43	...
Essingen (b Aalen)	...	...	...	14.15	...	...	16.09	...	...		17.27	(Breslau-)	...	...	...	...	18.36	19.53		...	21.24	...	...		...
Mögglingen (b Gmünd)	...	...	...	14.22	...	...	16.16	...	...		17.3[illegible]		...	...	...	...	18.43	20.00		...	21.31	...	...		...
Unterböbingen 318 d	...	...	...	14.28	...	...	16.21	...	...		17.40		...	...	...	...	18.49	20.06	20.22	...	21.37	...	...		...
Hussenhofen	...	...	...	14.34	...	...	16.27	...	...		17.46		S	W	...	...	18.55			...	21.43	...	...		...
Schwäb Gmünd 317 c	...	...	...	14.42	...	...	16.37	...	...	17.32	17.52	18.00	18.05	18.05	...	...	19.06	20.18	20.34	...	21.51	...	...	22.08	...
Deinbach	W	...	...		...	...		...	...		an ↳	Hof-Nürnberg-Stuttgart / Hof-Stuttgart	18.10	18.10	...	...				...		...	...		...
Lorch (Württ)	außer	...	...	14.51	...	...	16.45	...	...	17.41	...		18.16	18.16	...	...	19.15	20.28	20.44	...	22.00	...	...		Fortsetzung
Waldhausen (b Schorndorf)	Sa	...	...	14.57	...	...	16.51	...	...		...		18.22	18.21	...	1794	19.21	20.35		...	22.06	...	...		
Plüderhausen	12.45	...	...	15.03	...	...	16.56		...		...		18.28	18.27	...	S	19.27	20.41		...	22.12	...	...		
Urbach (b Schorndorf)	12.49	...	...	15.07	...	...	17.00		...		...		18.32	18.31	S	2. 3.	19.31	20.46		S	22.16	...	...		
Schorndorf 318 e	12.54	...	14.01	15.14	...	16.17	17.05 ►	17.24	...	17.56	...		k 18.39	18.37	18.50	19.24	19.38	20.51	20.59	21.05	22.21	...	...	22.29	22.35
Weiler (Rems)	1748	...	14.05		...	16.21	an	17.27	...		...			18.41	18.54	von Welzheim		an		21.09	an →			↑	↑
Winterbach (b Schorndorf)	2. 3.	...	14.08	15.19	—	16.24	...	17.31	...		...			18.44	18.58		19.43	...		21.12	...	...	...		22.40
Geradstetten	W	...	14.13		1754	16.29	...	17.36	...		...			18.49	19.03		19.48	...		21.17	...	...	...	Paris	22.45
Grunbach	außer	...	14.17	15.26	bG	16.33	...	17.39	...		...			18.53	19.07		19.53	...		21.21	—	...	...	Stuttgart X Eger-	22.49
Beutelsbach	Sa	—	14.21		2. 3.	16.37	—	17.44	...		...			18.57	19.11		19.57	...		21.26	1812	...	...		22.53
Endersbach	13.41	1992	14.25	15.32	W	16.41	2000 W	17.48	...		...		18.52	19.01	19.16	19.37	20.02	...	21.12	21.30	bG	...	...		22.57
Stetten (Remstal)	13.44		14.28		außer	16.45	1756 S	17.51	...		...			19.05	19.20		20.05	...		21.34	Sa	...	...		
Rommelshausen	13.49	2. 3.	14.34		Sa	16.50	2. 3.	17.56	...		...			19.10	19.25		20.11	...		21.39	2. 3.	...	...		
Waiblingen 320	13.53 ►	13.55	14.39	15.41	16.34	16.54 →	16.57	18.01	...	18.13	...		19.01	19.15	19.30	19.46	20.16	...	21.22	21.44	21.44	...	...		23.06
Fellbach (weitere Züge s Nr 320)	an	14.00	14.4	15.47	16.38	an	17.02	18.06	...		...		19.07	19.20	19.35	19.51	20.21	...	21.27	21.49	21.49	...	...		23.11
Stg-Bad Cannstatt	...	14.07	14.51	15.55	16.46	...	17.10	18.16	...	18.25	...		19.15	19.29	19.44	19.59	20.30	...	21.36	21.57	21.57	...	...	22.58	23.19
Stuttgart Hbf an	...	14.13	14.58	16.02	16.52	...	17.16	18.22	...	18.32	...	18.42	19.22	19.35	19.51	20.06	20.37	...	21.43	22.04	22.04	...	...	23.07	23.26

d Mo bis Sa. auch 28. V. (nicht 29. V.) 12.05 e über Crailsheim, Strecke 318 f|421 f an 16.33, an W außer Sa ist umzusteigen k Schorndorf an 18.37 a bis 1. X.

72 Sommerabschnitt, Jahresfahrplan 1939/40, der letzte Friedensfahrplan vor dem Zweiten Weltkrieg

Im Frühsommer 1939 waren erstmals Bestrebungen zu verspüren, die eine baldige »Elektrisierung« (sic!) der Remsbahn im Auge hatten. Es ist das große Verdienst des damaligen Aalener Oberbürgermeisters Dr. Karl Schübel, daß er mit Weitblick diese große Chance für den Raum erkannt hatte. Oberreichsbahnrat Weihing aus Heilbronn verfaßte eine ausführliche Denkschrift über die volkswirtschaftliche Notwendigkeit dieser verkehrspolitischen Maßnahme. Dadurch wurde aber nicht nur die nächste Umgebung von Aalen mobilisiert, sondern auch der Schorndorfer, Schwäbisch Gmünder, Ellwangener und Crailsheimer Raum. Immerhin wurde mit der »Denkschrift über die Elektrifizierung der Remsbahn von Stuttgart bis Crailsheim sowie den zweigleisigen Ausbau der Reststrecke Goldshöfe–Crailsheim« erstmals dieser Gedanke aufgegriffen. Die »Arbeitsgemeinschaft der Gemeinden des Rems-, Kocher- und oberen Jagsttales für die Elektrifizierung der Remsbahn von Stuttgart bis Crailsheim sowie den zweigleisigen Ausbau der Reststrecke Goldshöfe–Crailsheim« war sehr rege und informierte die breite Öffentlichkeit über dieses so wichtige Anliegen. Die erwähnte Denkschrift der Arbeitsgemeinschaft, deren grundlegender Tenor »die Schaffung einer leistungsfähigen Verbindung von Stuttgart nach Nürnberg als Anschluß an die demnächst voll elektrisierte Strecke Stuttgart–Berlin für das Land Württemberg eine unbedingte Notwendigkeit zur Erhaltung seiner Wettbewerbsfähigkeit im Nord-Süd-Verkehr« lautete und mit der Bemerkung schloß, daß »zu diesem Zweck die Strecke Stuttgart–Nürnberg ebenfalls elektrisiert und auf die ganze Länge zweigleisig ausgebaut werden muß«, fand großen Widerhall.[6] Leider ließ wenige Monate später der Zweite Weltkrieg wie so viele hoffnungsvolle Dinge auch diese so erfreuliche Initiative für den ostwürttembergischen Raum wieder verkümmern, und das lange Jahre hinaus, wenn die Nachfragen auch nicht mehr ganz verstummten.

Die ersten Kriegsjahre brachten der Gmünder Industrie einen enormen Verkehrszuwachs auf der Schiene. Da die wichtige württembergische Magistrale Bruchsal–Kornwestheim–Ulm im Güterverkehr bis an den Rand ihrer Kapazität ausgelastet war, machten sich verschiedene Stellen im Reichsverkehrsministerium Gedanken über Verbesserungen in der Streckenführung. Aus der Zeit um 1942 datiert eine Studie der damaligen Reichsbahndirektion Augsburg. Dieser nur im Längsprofil erhaltene Entwurf sah eine Abzweigung von der Strecke Augsburg–Ulm nördlich von Burgau in Richtung Sontheim/Brenz vor, die in diesem Bereich an die bestehende Brenzbahn angeschlossen worden wäre. Nördlich von Unterkochen hätte dann eine Neubaustrecke begonnen, die unter Vermeidung der Spitzkehre Aalen durch das Massiv des Langert mit Hilfe eines Tunnels gestoßen wäre und vor dem Bahnhof Mögglingen die Remsbahn erreicht hätte. Hinter Endersbach im unteren Remstal wäre dann nach diesem Entwurf die Strecke direkt in den Verschiebebahnhof Kornwestheim eingeführt worden, eine Einsparung von 14 km. Diese grundlegenden Überlegungen wurden zunächst nicht weiter verfolgt, konnten aber kurz darauf als Grundlagen zu weiteren Erwägungen überregionaler Eisenbahnplanungen herangezogen werden.

Der Überfall auf die Sowjetunion am 22. Juni 1941 brachte auch eine merkliche Verlagerung der Verkehrsströme. Dies zeigte sich zunächst einmal in der Gestaltung des Personenverkehrs. Schnellzüge für Fronturlauber, eine Zugart, die sich zunächst auf die Okkupationsgebiete im Westen, Frankreich, Belgien und die Niederlande, beschränkt hatte, verlagerte sich nun zusehends in Richtung Osten. Im Vergleich zu den bisherigen »Leistungen« bedeutete dies zusätzliche Belastungen für das Rollmaterial, da diese Züge ausgesprochene Langläufer waren, was sich aus den Fahrplänen ablesen läßt. Außerdem wuchs bei diesen Leistungen das Risiko durch Sabotage vor allem in den östlichen Streckenabschnitten. Was die Ausgangs- und Endpunkte in den östlichen Okkupationsgebieten betraf, so waren diese Züge sehr flexibel und paßten sich der Frontlage »elastisch« an.

73 *Truppenabschied zur »Westfront« im Sommer 1940, noch mit klingendem Spiel*

So waren die Fahrplanbehelfe, die nicht im amtlichen Kursbuch verzeichnet waren, Gegenstand einer stets wechselnden Drucksache, dem »Verzeichnis der SF-Züge (einschl. der öffentlichen Züge mit Wehrmachtzugteil)«, vom Kursbuchbüro der Generalbetriebsleitung Ost in Berlin »nur auf dem Dienstwege« ausgegeben, die bei jeder Ausgabe den vielsagenden Vermerk »gültig bis auf weiteres« trug. Für den Streckenbereich Nürnberg–Stuttgart–Karlsruhe (ausschließlich Remsbahn) handelte es sich nach den Unterlagen vom Stand des 2. November 1942 um folgende Zugpaare:

Schnellzug für Fronturlauber
SF 94 Proskurov–Karlsruhe
Schnellzug für Fronturlauber
SF 194 Karlsruhe–Proskurov
Schnellzug für Fronturlauber
SF 98 Brody–Stuttgart
Schnellzug für Fronturlauber
SF 198 Stuttgart–Brody
Schnellzug für Fronturlauber
SF 89 Kowel–Karlsruhe
Schnellzug für Fronturlauber
SF 109 Karlsruhe–Kowel

Während über die Urlauberzüge keineswegs der Schleier des Dienstgeheimnisses gehalten wurde, gab es andere Züge, die streng geheim »abgewikkelt« wurden, die vielen Transporte von gewissen Sammelstellen in die Vernichtungslager des Ostens. Es waren die Judentransporte. Auch Stuttgart hatte einen solchen Sammelpunkt. Verschiedene frühere Ausstellungshallen auf dem Killesberg waren die Stellen, wo die Todestransporte zusammengestellt und dann, zahlenmäßig nach den »Kapazitäten« der Transportzüge eingeteilt, auf die Reise in den Tod geschickt wurden. Auch die Gmünder jüdischen Mitbürger wurden in der Mehrzahl über diese Sammellager abgeschoben. Diese Transporte wurden, im Gegensatz zu verschiedenen ähnlichen aus anderen Gebieten, streng geheim gehalten. Jedenfalls liegen für solche Massenverschiebungen in die Schreckenslager aus dem württembergischen Raum kaum Unterlagen vor, und man darf vermuten, daß die dafür Verantwortlichen die Hinweise hierfür zur rechten Zeit vernichtet hatten. Es ist anzunehmen, daß viele solcher Transporte auch unsere Bahnhöfe auf dem Weg nach Osten bei Nacht und Nebel passiert hatten. Der Verantwortliche hierfür ist jener berüchtigte Dr. Albert Ganzenmüller, der sich heute noch in Freiheit befindet und von den ganzen Dingen angeblich nichts mehr weiß. In der entscheidenden Zeit hatte er sich nämlich der Verantwortung durch die Flucht entzogen und somit auch der Gerichtsbarkeit.

Berauscht von den anfänglichen Siegen reifte in Hitler der ehrgeizige Plan, gigantische Schienenwege zu bauen, die vornehmlich dazu geeignet waren, die Vorräte und Schätze der großen Anbauflächen und des Bodens abzufahren und förmlich auszubeuten. Dazu bedurfte es in seinen Augen großer Transportkapazitäten. Obwohl ihm die großen Schwierigkeiten nicht verborgen blieben, mit denen die Eisenbahner beim Vorrücken in die besetzten russischen Gebiete zu kämpfen hatten, ließ ihn dieses Hirngespinst, die neue »Breitspurbahn«, nicht mehr los. War schon die Frage mit der russischen Breitspur von 1524 mm ein Problem, das sich aber durch Umbauten regeln ließ, so war dieser Plan mit der »Großbahn« zweifellos eine Frage, die sich keinesfalls neben dem Kriegführen lösen ließ. Trotzdem wurden wertvolle Hilfskräfte, die anderweitig notwendig gebraucht worden wären, zur Durchplanung solcher Phantastereien bedenkenlos eingesetzt. Ein Netz solcher Bahnen sollte sich vom Ural an über ganz Europa erstrecken. Daß damit auch unser engeres Heimatgebiet bedient werden sollte, ist bis heute noch sehr wenig bekannt, denn diese Fragen wurden sehr vertraulich und streng geheim behandelt.

Durch einen glücklichen Umstand hatte sich ein Ordner mit diesen Dingen, der sich in den Händen des Autors befindet, über die Zeiten gerettet. Auf diese Weise, anhand einer Übersichtskarte im Maßstab 1:200 000 und genauer Höhenprofile, ist es möglich, sehr genau die Pläne zu rekonstruieren, die für die hiesige Gegend vorgesehen waren. Anläßlich der Jubiläumsfeierlichkeiten im Jahre 1985 in Nürnberg wurden in Literatur und Ausstellung diese Dinge der Öffentlichkeit kundgetan. Im vorliegenden Falle handelt es sich ganz speziell um die »Zweigleisige Breitspurstrecke München–Paris, Teilstrecke RBD Bezirk Stuttgart«.

Wenige Wochen nach der Niederlage von Stalingrad, am 23. Februar 1943, richtete die »Deutsche Reichsbahn, Eisenbahnabteilungen des Reichsverkehrsministeriums« als Einschreiben »streng vertraulich« an die Reichsbahndirektionen Augsburg, Stuttgart, Karlsruhe, Mainz und Saarbrükken ein Schreiben mit der Niederschrift über eine Besprechung beim Reichsverkehrsministerium vom 10. Februar 1943, *Betreff Linienführung der Großbahnstrecke München–Paris.* Unterzeichnet war das Schriftstück von dem Ministerialdirektor im Reichsverkehrsministerium Leibbrand. In dem Anschreiben heißt es ausdrücklich: »Die verlangten Untersuchungen sind mit anderweitig nicht einsatzfähigen Kräften, soweit verfügbar, unter Wahrung strengster Vertraulichkeit durchzuführen. Die RBD'en berichten zu gegebener Zeit über den Stand der Arbeiten.« Teilnehmer an dem vertraulichen Gespräch waren:

vom Reichsverkehrsministerium: Ministerialdirektor Leibbrand, Ministerialrat Richard, Reichsbahnrat Schieb,
von der RBD Augsburg: Reichsbahnrat Braun,
von der RBD Stuttgart: Reichsbahndirektor Zeller,
von der RBD Karlsruhe: Oberreichsbahnrat Leiner.

Als Unterlagen waren laut Schreiben für den Stuttgarter RBD-Bezirk 21 Kartenblätter 1 : 25 000 und für Karlsruhe 18 Karten desselben Maßstabes mit eingezeichneten Skizzen des Ministeriums vorhanden. Im Verlauf der Sitzung wurde ein Vergleich der Linien über Donauwörth –Nördlingen und Sontheim–Heidenheim angeregt. Für den Stuttgarter Bereich wurde festgestellt, daß die Linienführung durch das Kocher- und Murrtal zu weit nördlich an Stuttgart vorbeiführe, dessen Hauptbahnhof sowie der Verschiebebahnhof Kornwestheim unbedingt günstige Anschlüsse erhalten müßten. Nach den im Reichsverkehrsministerium gemachten Untersuchungen schien »eine Linie durch das Brenz- und Remstal die kürzeste und günstigste zu sein, vorausgesetzt, daß die geologischen Verhältnisse im Remstal bei Gmünd und Lorch den Bau nicht allzusehr erschweren. Die RBD wird die auf Meßtischblättern 1 : 25 000 skizzierte Linie näher untersuchen und mit ihren eigenen Vorschlägen vergleichen, wobei auch die Linie Nördlingen–Remstal zu berücksichtigen ist«.

Diese Varianten wurden nun Gegenstand der weiteren Untersuchungen. Die »rote Linie« war die »Kocher-Linie«, die von Abtsgmünd aus über das Kochertal bis südlich Gaildorf und dann über Fichtenberg und Murrhardt über Erbstetten nach Tamm führte. Die »grüne Linie«, die »Brenz-Linie«, führte aus der Gegend von Offingen über Sontheim, Heidenheim, Unterkochen und das Welland in die Umgebung von Abtsgmünd und von hier zur Kocher-Linie. Die »Rems-Linie«, die »blaue Linie«, führte von Hüttlingen an Abtsgmünd vorbei durch das Leintal nach Heuchlingen und von dort durch einen Tunnel zum oberen Remstal, das südlich von Iggingen erreicht wurde. Am Nordhang dieses Tales erreichte die Trasse südlich an Hussenhofen vorbei das Gewand »Buchwiesen«. Die Hardthöhe, die im Gebiet der Stadt Schwäbisch Gmünd wie ein Sporn die Tallandschaft teilt, wurde nach dem Plan durch einen Tunnel unterfahren. Das darauffolgende Bettringer Tal sollte von eine Brücke überquert und das anschließende Plateau der Straßdorfer Höhe durch einen längeren Tunnel unterquert werden, der beim Schirenhof endete. Die anschließende Route folgte stets am Fuße des nördlichen Talhanges bis südlich von Urbach. Kurios ist die Tatsache, daß die Führung von Schwäbisch Gmünd bis kurz vor Urbach im wesentlichen der heutigen neutrassierten Bundesstraße 29 entspricht. Durch das Schornbacher Tal und die Berglen führte die blaue Linie nach Winnenden und anschließend nach Tamm. Eifrig wurde an den Plänen gearbeitet, und am 15. März 1944 beklagte der Augsburger Reichsbahnrat Braun, wie aus den Akten ersichtlich, »infolge des Terrorangriffes vom 25./26. Februar 1944 sind unsere Akten und Pläne über die Breitspur München–Paris zu Grunde gegangen«.

Die zeitlichen Ereignisse haben die Planungen in der Zwischenzeit überrundet, und es war gut so. Trotzdem klang immer wieder aus der Korrespondenz um dieses Thema das geradezu sture Festhalten an dieser Idee durch, obwohl für die damalige Führung doch ganz andere Sorgen gegeben waren, etwa so: »Gelegentlich eines Vortrages hat der Führer vor kurzem die Weisung gegeben, daß die Planungsarbeiten für die Breitspurbahnen auch jetzt, während des Krieges unbedingt so weiter geführt werden sollen, daß die Breitspurbahn unmittelbar nach dem Kriege gebaut werden kann.«

Mit dem Sommer 1944 wurde die Ohnmacht des Dritten Reiches offenbar. Im letzten Kriegssommer überzog der systematische Luftkrieg auch das bisher noch relativ verschont gebliebene Württemberg. Das nahe Stuttgart erlebte in den Nächten des 25., 26. und 29. Juli 1944 und am schlimmsten in der Nacht vom 12. auf den 13. September,

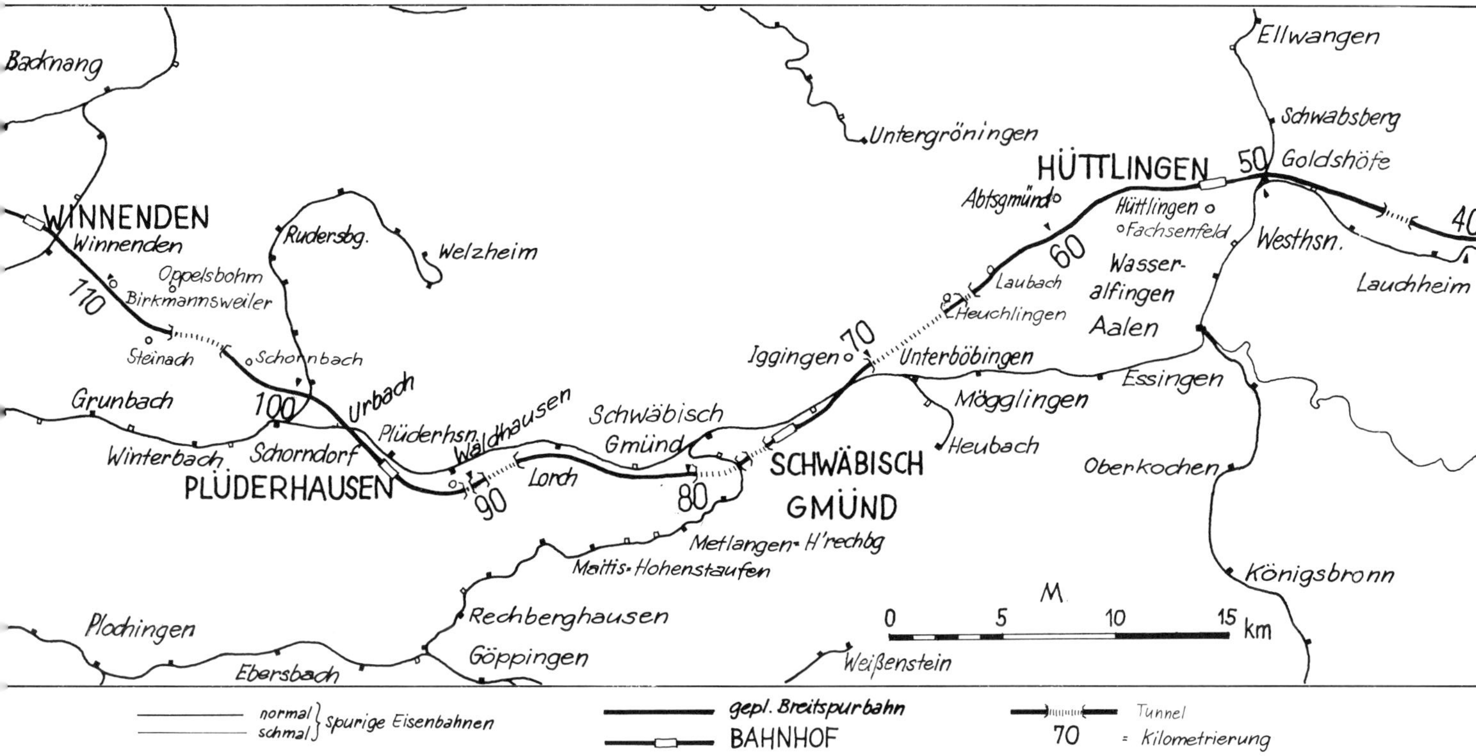

74 Zweigleisige Breitspurstrecke München–Paris: Geplanter Verlauf der Rems-Linie ...

75 ... zwischen Lauchheim und Winnenden: wahnwitzige Hirngespinste im totalen Krieg, 1943

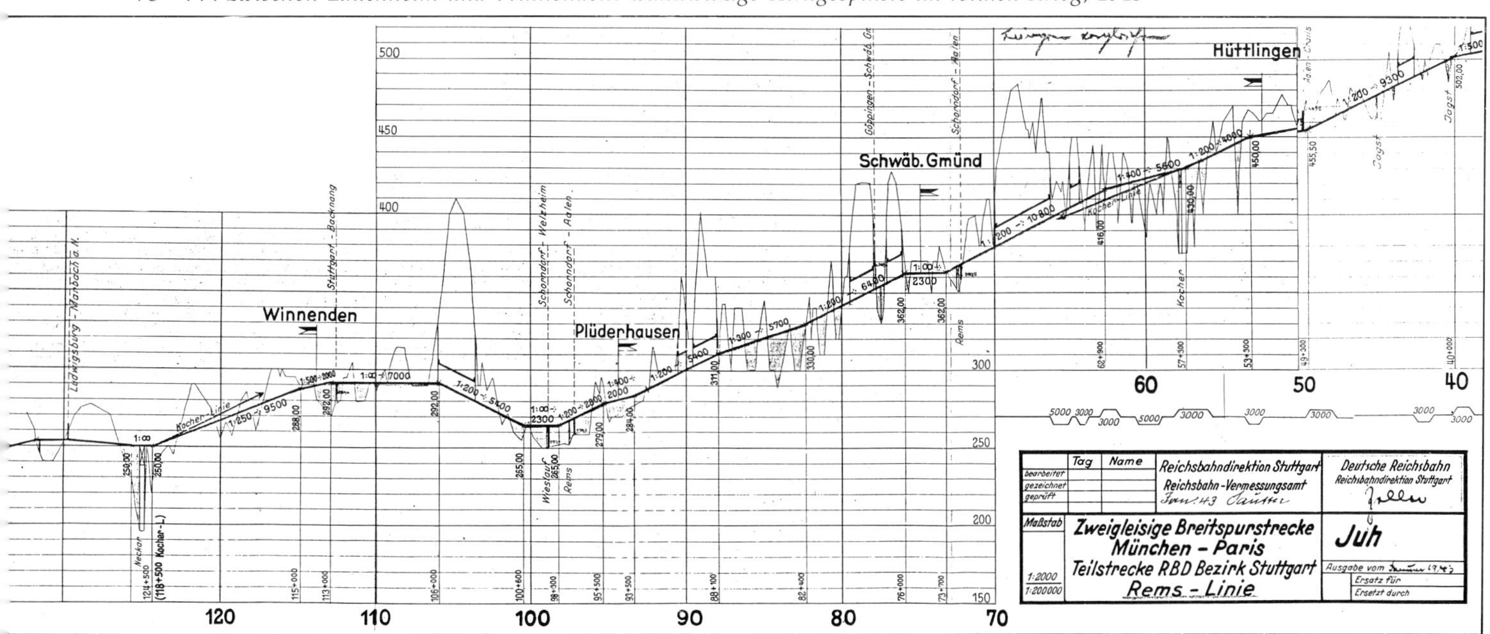

was das hieß. Allmählich waren auch die Eisenbahnen im Visier der alliierten Bomber- und Jägerverbände, besonders bei Tage, da die deutsche Luftabwehr untauglich geworden war.

Am Sonntag, dem 10. September 1944, gegen 12.30 Uhr, griffen mehrere Jagdbomber den in Richtung Aalen fahrenden Zug P 1721 in Höhe des Einfahrt-Vorsignals in km 49,2 bei Gotteszell an. Dabei wurden sieben Personen getötet, die Maschine außer Gefecht gesetzt und 25 Reisende teilweise schwer verletzt. Der liegengebliebene Zug wurde nach Bergung der Opfer in den Gmünder Bahnhof zurückgeschleppt. Trotz aller dieser ständigen Gefahren rollten immer noch die Räder, zwar nicht mehr »für den Sieg«, aber das offen zu sagen, war noch sehr gefährlich. So schickte z. B. die ZF jeden Tag noch einen Vierachsgepäckwagen voll mit Rüstungsgut nach »St. Valentin Nibelungenwerk«, eine Fertigungsstätte in Oberösterreich, wo Häftlinge des nahen Konzentrationslagers Mauthausen Schwerarbeit für die Rüstung verrichten mußten.[7] Im Winter 1944/45 war das Fahren mit der Eisenbahn zum Risiko geworden. Reisen wurden »verboten«, doch nicht für alle Personen. So erhielt z. B. die Stadtverwaltung eine blaue »Bescheinigung zur Benutzung der Eisenbahn«. Auf diesem bis zum 31. März 1946 limitierten Papier hieß es ausdrücklich: »Inhaber (in) dieser Bescheinigung ist Gefolgschaftsmitglied des Oberbürgermeisters der Stadt Schwäbisch Gmünd und reist in dessen Auftrage. Die Reise dient kriegswichtigen Zwecken. Diese Bescheinigung berechtigt zum Lösen von Fahrausweisen nur für kriegswichtige Reisen im Auftrage der genannten Behörde, Parteistelle oder Firma und ist auf Verlangen jederzeit vorzuzeigen. Sie gilt nicht als Fahrausweis. Die Benutzung zu anderen Zwecken wird strafrechtlich verfolgt.« Ausgefertigt wurde dieses Dokument von der nach Marbach am Neckar verschlagenen Ministerial-Abteilung für die Bezirks- und Körperschaftsverwaltung.

Die Verhältnisse zwangen zum Schluß die Reichsbahn zum Nachtbetrieb, mindestens auf den Dampfstrecken. Die elektrifizierten Strecken waren den Tieffliegerangriffen, was man vorher nicht ahnte, weniger ausgesetzt, weil die für die Luftwaffe weithin sichtbaren Rauchfahnen der Dampflokomotiven fehlten, an denen man Zugbewegungen selbst aus großer Höhe erkennen konnte.

Wenn auch Schwäbisch Gmünd bisher von Angriffen verschont geblieben ist, so war das mehr klimatischen Verhältnissen zuzuschreiben. Die vielen Talnebel hatten in dieser Hinsicht eben auch eine gute Seite, vor allem bei Nacht, weil durch einen solchen Schleier die Sicht erschwert wurde.

Am Ostersonntag, dem 1. April 1945, wurde Zug 9 in Richtung Göppingen auf freier Strecke in unmittelbarer Nähe der Haltestelle Reitprechts von einem Jagdbomber ausgemacht, angeflogen und mit Bordwaffen bestrichen. Außer dem auf seinem Führerstand tödlich getroffenen Geislinger Lokomotivführer wurde noch eine Gmünderin getötet, während ihr Ehemann schwerverletzt geborgen werden konnte. Das war ein alltäglicher Fall, auch am 1. Osterfeiertag keine Ausnahme.

In diesen Tagen, in denen das Reisen mit der Bahn, aber auch mit sonstigen Verkehrsmitteln, kein besonderes Vergnügen mehr war, wurde die Tageszeitung, immer mehr nur auf den Abdruck der Meldungen vom Kriegsschauplatz und mit den vielen Todesnachrichten eingestellt, zu einer spärlichen Informationsquelle degradiert. Am 31. März, am Tage vor Ostern 1945, wurde wieder einmal auf das Reisen hingewiesen. Unter der Überschrift: »Zuerst die Reisegenehmigung!« hieß es:

»Das Reisen ist heute keine Privatsache mehr. Die Einführung der Reisegenehmigung, um die nun jedermann ausreichend Bescheid wissen sollte, entsprang einer Kriegsnotwendigkeit; unnötige Reisen sind unter allen Umständen zu unterlassen. Wer aber reisen muß, gehe zur Entlastung und zur Vermeidung unnötiger Störungen bei der Bahn überlegt zu Werke. Zunächst kümmere man sich um die Reisegenehmigung und nicht um die

76 RAW Aalen 1942: Bottwarbahn-Lokomotive in die Okkupationsgebiete der Ukraine »verschoben«!

Reise selbst! Denn nur nach Vorzeigen der Genehmigung kann man am Fahrkartenschalter eine reibungslose Abfertigung erwarten. Gerade hier ist eine Verzögerung bei den heutigen Verkehrsverhältnissen unerträglich. Und wie oft sind doch langatmige und zeitraubende Auseinandersetzungen zwischen Fahrgästen und Dienstpersonal zu beobachten! Die vielen kleinen und großen Wünsche können einmal bei den diensttuenden Beamten kein Gehör finden. Ausschlaggebend für eine Reise ist und bleibt die Reisegenehmigung.«

Wer um jene Zeit noch eine Reise antreten wollte, auch mit Genehmigung, der mußte sich zumindest auf zwei Risiken einstellen. Erstens waren es die ständigen Gefahren von Angriffen aus der Luft, wie in dem vorgenannten Beispiel, zum anderen die ständige Bespitzelung und Überwachung von Zügen durch die Organe der Gestapo und der Heeresstreife, die es sich seit Herbst 1944 zur Gewohnheit machten, alle Strecken systematisch zu durchkämmen und Ausschau nach mißliebigen Fahrgästen zu halten. Völlig uninteressant für den weiteren Kriegsverlauf war es schließlich, wenn in der gleichen Ausgabe der Zeitung die Einführung der Sommerzeit angekündigt wurde:

»Ab Montag, den 2. April, wird in Deutschland die Sommerzeit wieder eingeführt. In der Nacht vom 1. auf 2. April, also vom Ostersonntag auf den Ostermontag, werden die Uhren um eine Stunde – von 2 auf 3 Uhr – vorgerückt. Es wird empfohlen, die Vorrückung schon vor dem Schlafengehen am Sonntag abend zu tätigen. Wer in dringlicher Angelegenheit verreisen muß, tut gut daran, sich auf dem Hauptbahnhof nach dem bereits veränderten Fahrplan zu erkundigen.«

Der Ostersonntag, der abgesehen von dem routinemäßigen Angriffsflug auf die Göppinger Nebenbahn, ruhig begonnen hatte, brachte am Nachmittag eine böse Überraschung, mit der trotz der bisher üblich gewordenen Störflüge eigentlich niemand gerechnet hätte.

Da die alliierten Luftstreitkräfte ohnehin absolute Luftüberlegenheit besaßen und Aufklärungsflugzeuge ständig unterwegs waren, konnten ihnen verdächtige Veränderungen an Eisenbahnstrecken und Bahnhöfen nicht entgehen.

Ein solches Beispiel bot der Bahnhof Schwäbisch Gmünd. Die Gleisanlagen waren übermäßig bestückt mit verschiedenen Zügen, einzelnen Wagen und Wagengruppen der verschiedensten Gattungen. In der Nacht vom 31. März auf den 1. April wurde unter dem Schutze der Dunkelheit eine Abteilung schwerer Artillerie von der Hardt-Kaserne in der üblichen Weise verladen. Die übrigen Fahrzeuge verteilten sich auf sämtliche Gleisanlagen. Die bahnamtliche Verlautbarung berichtete darüber: »Am Sonntag, 1. 4. 45, standen etwa 300 Personen- und Güterwagen auf dem Bahnhof, weil die Abbeförderung in Richtung Aalen ins Stocken geraten war.«[8]

Albert Deibele, der Gmünder Stadtarchivar, hinterließ uns einen Augenzeugenbericht, der den genauen Ablauf des nachmittäglichen Angriffs schildert. Es ist dies ein seltener dokumentarischer Nachweis über das Geschehen, da solche Dinge gemäß einer Verfügung des Gaupresseamtes Württemberg-Hohenzollern vom 25. Oktober 1944 nicht Gegenstand einer Presseberichterstattung sein durften. Gauleiter Wilhelm Murr hatte ausdrücklich verfügt: »Die gesamte württembergische Presse darf nach feindlichen Fliegerangriffen über den Bericht des Oberkommandos der Wehrmacht hinaus weder Orts- noch Zeitangaben veröffentlichen. Es ist besonders darauf zu achten, daß weder im feuilletonistischen Teil noch in Lokalspitzen oder Kurzreportagen Hinweise gemacht werden, die Angaben über getroffene Objekte, sonstige Schadensfälle oder Personenverluste enthalten. Auf keinen Fall dürfen Schwere und Ausmaß der Schäden aus dem lokalen Teil erkennbar sein, ebensowenig wie Wiederherstellungsarbeiten, Inbetriebnahme von Einrichtungen aller Art und Verlagerungen angesprochen werden dürfen. Auch Adressen und Hinweise von Dienststellen müssen unterbleiben. Wenn Angaben in dieser Art erforderlich sind, dann dürfen sie nur allgemein in der Weise erfolgen, daß man den betreffenden Interessentenkreis darauf aufmerksam macht und im übrigen dann auf die Ortsgruppen der NSDAP verweist.« Um so mehr gewinnt ein solcher Erlebnisbericht an Aktualität, wenn er durch bahnamtliche Schriftstücke ausdrücklich bestätigt wird.

Deibele konnte den Angriff vom Ostersonntag von seinem Grundstück aus genau verfolgen: »Diesen Angriff habe ich von meiner Wohnung, Silcherstraße 3, aus genau beobachtet. Gegen 16 Uhr tauchten plötzlich acht Jabos (= Jagdbomber, d. Verf.) über dem Lindenfirst auf. Einer gab durch eine lange Rauchfahne das Zeichen zum Angriff. Sogleich hörte man das Krachen einer einschlagenden Bombe. Darauf überflogen die Jabos die Stadt in Richtung Straßdorf, wendeten und eröffneten über meinem Garten ein mörderisches Feuer auf das Bahngelände, über welchem bald dicke Rauchschwaden aufstiegen. Fünfmal stießen die Jabos wie Raubvögel auf ihre Beute. Es prasselte und ratterte über meinem Kopf hart und stoßweise. Dazwischen dröhnte es dumpf vom

Einschlag der Bomben. Eine Viertelstunde mag es so weitergegangen sein, da zogen die Jabos wieder ab . . .
Links vom Bahngebäude qualmten dichte Rauchschwaden. Auf einmal fuhr eine giftig-gelbe Stichflamme empor: ein fürchterlicher Knall erfolgte! – Wieder Ruhe! – Nun schlugen die Flammen über die Häuser empor. Man hörte, wie die Löschmannschaften aus der Stadt anrückten. Über eine Weile erhob sich ein Geknatter wie starkes Maschinengewehrfeuer; dann wieder dumpfe Schläge. Eine halbe Stunde dauerte dieses Knattern an; dann erstarb es. Noch lange zog dichter Qualm talwärts.
Ich rannte zum Bahnhof. Ein Güterzug brannte lichterloh. Zwischen den Schienen waren zwei tiefe Trichter herausgerissen worden, so tief, daß man in jeden ein kleines Wohnhaus hätte hineinstellen können. Überall waren die Gleise verschoben und schauten zum Teil in die Höhe. Die Häuser der Umgebung hatten keine ganzen Fensterscheiben mehr. Die Straßen und Plätze waren dicht mit zerbrochenen Dachziegeln, Glasscherben und Schotter aus den Gleisen bedeckt. Auf der Lorcher Straße lag eine Bahnschwelle, die mitten abgeknickt war, und an der noch Teile von Eisenbahnschienen hingen.
Eine schwere Bombe war auf die Bahngleise beim Kübele (= am Ostkopf des Bahnhofes, d. Verf.) gefallen und hatte alle drei Gleisstränge unterbrochen. An ihrer Stelle klaffte ein mehrere Meter tiefes Loch.«[9]

Neben diesem Bericht gibt es noch einen anderen nicht minder eindrucksvollen. Die französische Staatsbürgerin Yvonne Pagniez, die in jenen Tagen noch als politische Gefangene in der Gmünder Frauenstrafanstalt Gotteszell eingekerkert war, schildert in ihrem Buche »Ils ressusciteront d'entre les morts« ihre Eindrücke von jenem Ostersonntag ebenfalls genau.

Zur sachlichen Ergänzung sei die bahnamtliche Schilderung hier eingefügt. Es war die Rede von ungefähr 300 Fahrzeugen, die im Gmünder Bahnhof festgefahren waren. Weiter hieß es: »Hinter diesen Wagen befand sich ein getarnter Werkstättenzug mit etwa 70 Wagen. Außerdem stand ein Wehrmachtszug mit Artillerie auf dem Bahnhof, der . . . in der Nacht vom 1. zum 2. April abbefördert werden sollte. Der Wehrmachtszug und die aufgestellten Wagen wurden in 5maligem Anfliegen angegriffen und viele Wagen und Ladungen zerstört, die andern beschädigt; von dem Wehrmachtszug brannten 12 Wagen, von den Werkstättenwagen 8 Wagen ganz aus. Nach den Angriffen dieses Nachmittags war kein Hauptgleis mehr befahrbar. Am Stellwerksgebäude II wurden durch zwei in dessen Nähe niederfallende Bomben die Fenster zertrümmert, das Dach, die Außenwände und Inneneinrichtung nachhaltig beschädigt.
Die beiden Holz- und Kohlenschuppen des Gmünder Kohlengeschäfts und der Kohlenhandlung Philipp Bauer neben Gleis 16 brannten vollständig aus.«[10] Bei den Angriffen am Ostersonntag kamen vier Militärpersonen ums Leben.

Von nun an kamen bis zum 20. April 1945 täglich mit etwa zweistündigen Intervallen die Jagdbomber und störten bei Tage permanent jeden betrieblichen Ablauf und die Beseitigung der Schäden.

Am 2. April, dem Ostermontag, wurden durch Bombenwürfe zwischen den Gleisen 2 und 4 mehrere Hauptgleise in westlicher Richtung unterbrochen. Eine weitere Bombe hatte die Weiche 62 beim Stellwerk III (im Osten) zerstört und die beiden Hauptgleise Richtung Aalen unterbrochen. Bei einem weiteren, von Bordwaffenbeschuß begleiteten Bombenwurf wurden in Nähe des schon stark mitgenommenen Stellwerks II sämtliche Hauptgleise nach Göppingen, 21 und 22, das Überholungsgleis 23 und die beiden Gleise 1 und 2 unterbrochen und zerstört.

Am Dienstag, dem 3. April, wurden auf dem Bahnhofsplatz zwei Bomben abgeworfen, die offensichtlich ihr eigentliches Ziel, die Gleisanlagen, verfehlt hatten. Die der Stadt zugekehrte Fassade des Empfangsgebäudes wurde stark beschädigt und dabei sämtliche Fenster zerstört. Bei diesem Angriff wurden auch zwei Zivilpersonen getötet.

77 Bestandsaufnahme: Offiziere der US-Army bei einem Augenschein im Bahnhof Aalen, Ende April 1945

Interessant ist nebenbei, daß manche Angriffe auf Gmünder Bahnanlagen auch in Aalen Auswirkungen hatten und umgekehrt, so am 1. und 15. April. Der große Angriff auf Aalen am 17. April hatte Schwäbisch Gmünd nicht betroffen.
Am 12. April wurde bei einem Anflug eine beim Stellwerk I rangierende Güterzuglokomotive beschossen und außer Gefecht gesetzt. Von diesem Termin an konnten Fahrten auf der Schiene nur noch bei Nacht ausgeführt werden. Das war auch völlig unerheblich, weil um jene Zeit im benachbarten Aalen durch Zerstörungen im Bahnhofsgebiet jegliche Bewegung von Fahrzeugen unmöglich geworden war.
Trotz der starken Beschädigungen im Bahngelände bauten Pioniere des Heeres, die es mit den Sprengbefehlen noch ernst nahmen, am 17. April bei Bahnkilometer 47,65 in Höhe der Gärtnerei Fehrle bei der Fußgängerunterführung Fliegerbomben ein, die im entscheidenden Augenblick des Rückzuges zur Detonation gebracht werden sollten.
Während die Stadt Schwäbisch Gmünd bis zu diesem Zeitpunkt noch keine Schäden zu verzeichnen hatte, wäre es nach früheren Maßstäben der Berichterstattung Anlaß genug gewesen, über die Dinge rund um den Bahnhof zu berichten. Der Maulkorb, den die Führung der Presse verpaßt hatte, war so stark, daß erst fast zwei Wochen nach dem 1. April in Nr. 86 der Schwäbischen Rundschau vom 14. April 1945 unter der Überschrift »Wille und Mut« eine Betrachtung erschien, die sehr geschickt und ohne besonders konkret zu werden, um die Sache herumredete. U. a. heißt es

wörtlich: »Seit den Ostertagen sind nun schon wieder zwei Wochen vergangen, ohne daß das Ereignis eingetreten wäre, das viele glaubten, von Stunde zu Stunde erwarten zu müssen. Gerade von der Stelle der Front, die unserer Stadt am nächsten liegt, von Crailsheim, konnte der Heeresbericht am Freitag melden, daß der Feind in schwungvollen Gegenangriffen nach Norden und Nordwesten weit zurückgeworfen wurde. Die Lage hat sich also seitdem nicht verschärft, sondern man könnte doch eher das Gegenteil feststellen, obwohl wir keinen Augenblick vergessen dürfen, daß der Feind bis in das Herz unseres Vaterlandes vorgedrungen ist und Tausende unserer Volksgenossen unter seiner Macht und Willkür gefangen hält.«

Die Tatsache, daß die US-Truppen schon im Raume von Crailsheim waren, brachte allmählich zunehmende Nervosität. Noch aber geisterte jener wahnsinnige »Führerbefehl« vom 19. März 1945 in manchen Köpfen. »Verbrannte Erde« hieß das Zauberwort, genau formuliert »Zerstörungsmaßnahmen im Reichsgebiet«.

»Der Kampf um die Existenz unseres Volkes zwingt auch innerhalb des Reichsgebietes zur Ausnutzung aller Mittel, die die Kampfkraft unseres Feindes schwächen und sein weiteres Vordringen behindern. Alle Möglichkeiten, der Schlagkraft des Feindes unmittelbar oder mittelbar den nachhaltigsten Schaden zuzufügen, müssen ausgenützt werden. Es ist ein Irrtum zu glauben, nicht zerstörte oder nur kurzfristig gelähmte Verkehrs-, Nachrichten-, Industrie- und Versorgungsanlagen bei der Rückgewinnung verlorener Gebiete für eigene Zwecke wieder in Betrieb nehmen zu können. Der Feind wird bei seinem Rückzug uns nur eine verbrannte Erde zurücklassen und jede Rücksichtnahme auf eine Bevölkerung fallen lassen.

Ich befehle daher:

1. Alle militärischen, Verkehrs-, Nachrichten-, Industrie- und Versorgungsanlagen sowie Sachwerte innerhalb des Reichsgebietes, die sich der Feind für die Fortsetzung seines Kampfes irgendwie sofort oder in absehbarer Zeit nutzbar machen kann, sind zu zerstören.

78 Spuren der systematischen Lahmlegung der Verkehrswege im Nordkopf des Bahnhofs Aalen, 1945

2. Verantwortlich für die Durchführung dieser Zerstörungen sind: die militärischen Kommandobehörden für alle militärischen Objekte einschließlich der Verkehrs- und Nachrichtenanlagen, die Gauleiter und Reichsverteidigungskommissare für alle Industrie- und Versorgungsanlagen sowie sonstige Sachwerte. Den Gauleitern und Reichsverteidigungskommissaren ist bei der Durchführung ihrer Aufgabe durch die Truppe die notwendige Hilfe zu leisten.

3. Dieser Befehl ist schnellstens allen Truppenführern bekanntzugeben. Entgegenstehende Weisungen sind ungültig. gez. Adolf Hitler«

Die im Bahngelände gelegten Fliegerbomben gehörten zu diesem Programm, das auch unter dem Stichwort »Nero-Befehl« in die Geschichte eingegangen ist. Die allgemeine Nervosität anläßlich des überstürzten Rückzuges hatte die Zündung dieser gefährlichen Brocken zum Glück übersehen. Sie durften dann später geborgen und unter Lebensgefahr entschärft werden.

Noch am 19. April 1945, um 7.00 Uhr, dem letzten Tag der Nazi-Herrschaft, zerstörten vier Jagdbomber durch gezielten Bombenwurf die Eisenbahnbrücke in der Vogelhofstraße. Dadurch waren die beiden Gleise in Richtung Schorndorf unterbrochen, erhalten blieb das Gleis der Göppinger Bahn. In knappen zwölf Stunden konnte der Schaden so behoben werden, daß vom Gleis der Göppinger Bahn eine Weichenverbindung zum Gleis

Tabelle 8: Direkte Kriegseinwirkungen auf Bahnanlagen in und um Aalen und Schwäbisch Gmünd

Aalen	Datum	Schwäbisch Gmünd
	10. IX. 44	12.30 Angriff auf Zug P 1721 bei km 49,1 Höhe Gotteszell, 7 Tote, 20 Schwerverletzte, mehrere Leichtverletzte, Lokomotive Volltreffer
Angriff auf einen Zug beim Sophienhof beim Bahnhof Essingen, 2 Tote (Eisenbahner)	27. XI. 44	
14.00–14.30 Tieffliegerangriff Bw. Aalen, mehrere Lokomotiven zerstört und 2 Kesselwagen ausgebrannt, 1 Toter (Eisenbahner)	20. II. 45	
16.30 Tieffliegerangriff auf Gaswerk und Güterabfertigung, mehrere Waggons in Brand geraten, Gaskessel lahmgelegt	1. IV. 45	Ca. 9.00 Jagdbomberangriff auf Zug 9 nach Göppingen in Höhe Hst. Reitprechts 2 Tote (Eisenbahner und Zivilperson), mehrere Schwerverletzte 16.10 Bomberangriff Bhf. Schwäbisch Gmünd, Stau von ca. 300 Waggons verschiedenster Gattungen. Abfertigung Richtung Aalen gestört. Abfahrbereiter Transportzug mit schwerer Artillerie, Transportzug Richtung Heilbronn, 2 Werkstättenzüge mit zus. 70 Waggons. Fünfmaliger Anflug mit Beschuß und Sprengbombenwurf. Von den Zügen 12 Waggons ausgebrannt, von den Werkstättenzügen 8 Waggons. 4 Tote, Stellwerk 2 stark beschädigt, zwei Kohlenschuppen bei Gleis 16 abgebrannt. Bombenwurf am Ostkopf des Bahnhofs, Ausfahrt Richtung Aalen blockiert
8.30 Bomberangriff auf Reichsbahn-Ausbesserungswerk und Bhf. Aalen 16.00 zwischen Aalen und Wasseralfingen blockierter Zug angegriffen und Lokomotive getroffen. Beschießung eines Transportzuges mit KZ-Häftlingen zwischen Unterkochen und Oberkochen mit Bordwaffen, 3 Tote (2 KZ-Häftlinge, 1 Lokpersonal), mehrere Schwerverletzte	2. IV. 45	Bombenabwurf, Unterbrechung der Hauptgleise

Schorndorf–Gmünd hergestellt werden konnte. Diese Korrektur der Bahnmeisterei war wenige Stunden vor der Übergabe der Stadt an die amerikanischen Truppen fertiggeworden, unter den gegebenen Umständen ein gelungener Notbehelf.

Der Kreisleiter Hermann Oppenländer und der »Kampfkommandant«, der Gmünder SA-Standartenführer Max Hoessle, haben mit den Spitzen der örtlichen NSDAP über Nacht den Schauplatz ihrer jahrelangen Tätigkeit verlassen, Fahnenflucht als Vorbild. Immerhin haben sie noch zwei Gmünder Bürger auf dem Gewissen, die in der Nacht unter Berufung auf das »Urteil« eines sog. Standgerichtes ermordet wurden und das zu einer Zeit, als die US-Truppen bereits im benachbarten Mutlangen standen und sich zur Einnahme von Schwäbisch Gmünd bereitmachten.

In den Morgenstunden des 20. April 1945 wurde Schwäbisch Gmünd von Polizeirat Piron unter der Vermittlung von Capitain Lémal der US-Army kampflos übergeben. Gegen 11.00 Uhr wurden die Gebäude des Bahnhofes besetzt und »von unten bis oben gründlich durchsucht. Die weiblichen Personen konnten sich dabei in den Kellerräumen aufhalten, die männlichen mußten sich auf dem Bahnhofsvorplatz unter amerikanischer Bewachung aufstellen. Mit diesem Zeitpunkt hörte der Dienstbetrieb auf dem Bahnhof vollständig auf«. Die Diensträume durften nicht mehr betreten werden. Alle Räume des Empfangsgebäudes und des Nebengebäudes wurden beschlagnahmt und mit Truppen belegt. So endeten die vergangenen zwölf Jahre beim Bahnhof Schwäbisch Gmünd und der Dienstbetrieb bis auf Abruf.

Aalen	Datum	Schwäbisch Gmünd
	3. IV. 45	Bombenabwurf auf Bahnhofplatz. Starke Schäden am Empfangsgebäude, 2 Tote, weitere Bombenwürfe auf Bahngelände, Zerstörung und nachhaltige Unterbrechung der Hauptgleise
Völlige Lahmlegung des Verkehrs	5. IV. 45	Völlige Lahmlegung des Verkehrs
16.30–16.45 Bomberangriff auf Bhf. Aalen, Bomben auf kleine Lokomotivremise, 4 Gleise und 1 Weiche zerstört, 3 Tote (Lokpersonal)	8. IV. 45	
8.45 Angriff auf Bhf. Aalen	9. IV. 45	
10.30 Bordwaffenangriff auf Bhf. Aalen	10. IV. 45	
7.30–8.15 Reichsbahn-Ausbesserungswerk in Brand geschossen	11. IV. 45	
	12. IV. 45	Volltreffer auf Lokomotive beim Stellwerk 1
8.30 Munitionszug angegriffen	15. IV. 45	Zwei Waggons in Brand geschossen
Abermaliger Angriff auf das Reichsbahn-Ausbesserungswerk	16. IV. 45	
RAW Flügel 4 und 5 total zerstört. Empfangsgebäude zu einem Drittel, desgleichen Güterabfertigung, Schienenverkehr unmöglich. Sprengung der Brücke in Wasseralfingen durch flüchtende SS. Zerstörung der Remsbahnbrücke in km 71,0 durch Bombenwurf	17. IV. 45	
	19. IV. 45	7.00 Bombenvolltreffer auf Eisenbahnbrücke beim Vogelhof am Westkopf des Bhf. Schwäbisch Gmünd

Neuanfang – Phasen des Wiederaufbaus

Kurz vor der Übergabe der Stadt Schwäbisch Gmünd hatten sich zwölf Bedienstete des Bahnhofes in Richtung Waldstetten abgesetzt. Sie waren aber nur bis in den dortigen Teilort Tannweiler gelangt. Dort erfuhren sie von der Besitznahme der Stadt durch die amerikanischen Truppen. Diese Nachricht bewog einen Teil der Eisenbahner, noch am selben Tage zurückzukehren, denn das Bewußtsein, endlich von der Front »überrollt« worden zu sein, hatte trotz aller damit verbundenen Probleme auch etwas Beruhigendes, das Gefühl, von einer schweren Last endlich befreit zu sein. Der Rest übernachtete und machte sich am nächsten Morgen auf den Heimweg. An allen Wänden waren inzwischen Extrablätter angeheftet. Sie machten in Englisch und Deutsch auf die neue Situation aufmerksam. Es war vor allem die bekannte »Proklamation Nr. 1« des Oberbefehlshabers der US-Streitkräfte, des Generals Eisenhower, des »Supreme Commander, Allied Expeditionary Force« und hatte in ihrem 1. Abschnitt folgenden Wortlaut: »Die Alliierten Streitkräfte, die unter meinem Oberbefehl stehen, haben jetzt deutschen Boden betreten. Wir kommen als ein siegreiches Heer, jedoch nicht als Unterdrücker. In dem deutschen Gebiet, das von den Streitkräften unter meinem Oberbefehl besetzt ist, werden wir den Nationalsozialismus und den deutschen Militarismus vernichten, die Herrschaft der Nationalsozialistischen Deutschen Arbeiterpartei beseitigen, die NSDAP auflösen, sowie die grausamen, harten und ungerechten Rechtssätze und Einrichtungen, die von der NSDAP geschaffen worden sind, aufheben. Den deutschen Militarismus, der so oft den Frieden der Welt gestört hat, werden wir endgültig beseitigen. Führer der Wehrmacht und der NSDAP, Mitglieder der Geheimen Staatspolizei und andere Personen, die verdächtig sind, Verbrechen und Grausamkeiten begangen zu haben, werden gerichtlich angeklagt und, falls für schuldig befunden, ihrer gerechten Bestrafung zugeführt.« Zwar war der Kriegszustand noch nicht beendet, aber immerhin waren Schwäbisch Gmünd und seine Umgebung in der Hand einer Siegermacht.

Erschwerend wirkte in diesen ersten Tagen, daß die Bevölkerung keine Verbindung mehr mit der Außenwelt hatte und die abendlich verfügte »Sperrstunde« jegliche Kommunikation und sonstige Möglichkeiten eines Gedankenaustausches ausschloß. Für die Gmünder Eisenbahner bedeutete die Tatsache, daß das Empfangsgebäude des Bahnhofes beschlagnahmt war und sämtliche Türen mit den unmißverständlichen Schildern »Off Limits« versehen waren, daß die eigentliche Kommandozentrale plötzlich fehlte. Güterabfertigung und Nebengebäude bildeten behelfsmäßige Ausweichräume, aber das Herz des Dienstbetriebes war blockiert. Trotzdem wartete das Personal ab, welche Weisungen ergehen würden.

Wenn auch die US-Truppen ihr Schwergewicht auf die Vollmotorisierung ihrer Verbände konzentriert hatten, waren sie dennoch auf das einwandfreie Funktionieren ihrer Nachschubwege auf der Schiene angewiesen. Während in den Gebieten, die schon längere Zeit besetzt waren, Schritt für Schritt die Nachschubwege in Ordnung gebracht wurden, mußte das in den neueroberten Gebieten erst langsam vollzogen werden. Wie das in jenen Tagen im ganzen Lande geschehen ist, schildert ein Mann vom Fach, Theodor Pfizer, der spätere Ulmer Oberbürgermeister, der in jener

Zeit als Reichsbahnrat bei der Reichsbahndirektion Stuttgart tätig war, folgendermaßen: »Unmittelbar nach Beendigung der Kampfhandlungen übernahmen Sonderformationen der alliierten Truppen das Eisenbahnnetz: im Süden von Württemberg und Baden die französische Erste Armee, im Norden die amerikanische Siebente Armee. Diese hatten sich wegen ihrer Bedeutung als wichtige Nachschubstrecke von vornherein die Linie Mannheim–Kornwestheim–Ulm gesichert und deren Wiederaufbau beschleunigt mit Spezialeinheiten betrieben. Durch behelfsmäßige Brückenbauten über den Neckar bei Münster und die Donau bei Ulm wurde schon am 6. Mai, also noch vor der Kapitulation von Mannheim über Eppingen –Heilbronn bis Kornwestheim und am 10. Mai bis Ulm ein durchgehender Militärbetrieb eingerichtet. In diesen Tagen erließ die mit Zustimmung der französischen Militärregierung tätig werdende vorläufige Leitung der Reichsbahndirektion Stuttgart die ersten Anordnungen an die Dienststellen des Direktionsbezirks zur Wiederaufnahme des Betriebs, der dann ab 10. Juni wieder mit eigenem Personal, aber nach wie vor unter militärischer Kontrolle zunächst auf den noch wenigen betriebsfähigen Strecken in Gang kam. Organisatorisch lief dabei vieles wild durcheinander.«[1]
Bei den nachhaltigen Zerstörungen war die Wiederherstellung wichtiger Streckenteile in so kurzer Zeit immerhin eine Meisterleistung. Daß auf das Gros der Eisenbahner dabei zurückgegriffen werden konnte, war ein großer Vorzug.
Die Störung durch kriegerische Handlungen war endlich ausgeschaltet. So konnte man sich auch ein Bild darüber machen, wie die Anlagen der Eisenbahn im näheren und weiteren heimatlichen Raum beschaffen waren. Es war zwar keine erfreuliche Bilanz, aber immerhin war das gesamte Gebiet, wenn auch sehr bescheiden, an das große Schienennetz angeschlossen.
Mit dem Abschluß der bedingungslosen Kapitulation von Hitler-Deutschland am 8. Mai 1945 änderte sich der Schwebezustand.
Klare und unmißverständliche Weisungen kamen aus dem Hauptquartier der US-Streitkräfte. Am 9. Mai 1945 erschien ein Offizier der Besatzungsmacht und gab die Order, daß der Bahnhof Schwäbisch Gmünd und die Bahnhöfe und Strecken der Umgebung durch die einheimischen Eisenbahner unverzüglich in Ordnung gebracht werden müßten. Dieser Auftrag umfaßte das Freifahren sämtlicher nicht zerstörter Streckenabschnitte, das Räumen der einzelnen Bahnhöfe und die Beseitigung von Schadfahrzeugen aller Art. Da das benachbarte Bahnbetriebswerk Aalen total zerstört war und außerdem auf absehbare Zeit auf der Schiene von der Remsbahn aus überhaupt nicht angefahren werden konnte, mußte auf etwa vorhandene Lokomotiven zurückgegriffen werden. Von den im Gmünder Bahnhofsgelände befindlichen Lokomotiven waren bis auf eine alle anderen durch Beschuß und Bombenwurf nicht mehr einsatzfähig. Die einzige noch gebrauchsfähige Maschine war eine der Bauartreihe 50, die die verschiedenen Angriffe auf den Bahnhof Schwäbisch Gmünd in der Lokomotivremise überlebt hatte. Auf sie konnte zurückgegriffen werden. Ihr fiel für das kommende Vierteljahr die gewaltige Aufgabe zu, ein reiches und schweres Programm zu meistern. Zum Glück war eine weitere Lokomotive des Bw Stuttgart-Rosenstein noch für die Nebenbahn Schorndorf–Welzheim verblieben. Das von Schwäbisch Gmünd zu betreuende Streckennetz umfaßte folgende Abschnitte:

1. *Endersbach*–Schorndorf–Schwäbisch Gmünd –Unterböbingen–*Essingen*–km 71,0 (südlich von Aalen) Teilstrecke der Remsbahn, Hauptbahn zweigleisig:	56,65 km
2. *Unterböbingen–Heubach,* Nebenbahn	4,40 km
3. *Göppingen–Schwäbisch Gmünd,* Nebenbahn	27,23 km
4. *Schorndorf–Welzheim,* Nebenbahn	22,83 km
Gesamtstreckennetz:	111,11 km

Oberrangiermeister Bernhard Betz erhielt den Auftrag, bei allen Fahrten die Rolle des örtlichen

Rangierleiters und eines Zugführers zu übernehmen. Die Lokomotivmannschaft konnte ebenfalls von Einheimischen gestellt werden, die zum Bahnbetriebswerk Aalen zählten, Lokomotivführer Georg Frey (geb. 1893) aus Herlikofen und Lokomotivheizer Fridolin Egner aus Schwäbisch Gmünd.

Das Gmünder Eisenbahnnetz hing nur noch mit dem Strang der Göppinger Nebenbahn mit dem großen Netz zusammen. Die beidseitigen Steilstrecken dieser Verbindung mit maximal 25‰ (1:40), Birenbach–Wäschenbeuren und Schwäbisch Gmünd–Metlangen-Hohenrechberg, machten bei größeren Lasten Zugtrennungen in zwei bis drei Teile erforderlich. Aus diesem Grunde war es gut, daß für die Strecke Schorndorf–Welzheim eine separate Lokomotive zur Verfügung stand, die den Dienst versehen konnte, vor allem auf der Steilstrecke zwischen Rudersberg und Welzheim. Der Schienenstrang der Remsbahn war im Westen und Osten total unterbrochen. Der Haldenbach-Viadukt westlich vom Bahnhof Endersbach war von flüchtendem deutschem Militär auf dem Rückzug in sinnloser Weise gesprengt worden. Im Osten, kurz vor Aalen, war es ein gezielter Bombenangriff Mitte April 1945, der ab km 71,0 die Strecke auf einen größeren Abschnitt für längere Zeit unpassierbar machte, weil auch noch eine Kocherbrücke davon betroffen war. Alle verbliebenen Strecken konnten nach vorheriger Räumung befahren werden. Überall standen zunächst Wagen aller Art herum und z. T. liegengebliebene und ausgeplünderte Güterzüge, in manchen Bahnhöfen sogar rückgeführte Schadlokomotiven aus den im Herbst 1944 aufgegebenen Gebieten im Elsaß und in Lothringen.

Bernhard Betz weiß zu berichten, daß seine Mannschaft stets voll beschäftigt war. Neben der befohlenen Abfuhr von Schnittholz für die Besatzungsmacht über die Göppinger Bahn waren es auch die Kohlentransporte, die nicht immer regelmäßig anrollten und den Empfängern auf dem verzweigten Netz zugestellt werden mußten.[2]

Da das Leben weiterging, und das trotz der braunen »Götterdämmerung«, mußten für die betroffene Bevölkerung wieder einigermaßen vertretbare Zustände geschaffen werden, vor allem für das »Leben«. Dr. Reinhold Maier, der Wirtschaftsminister des Kabinetts Bolz bis zum 15. März 1933, trat nunmehr wieder an die Öffentlichkeit. Er hatte sich bis 1933 um Fortschritte im württembergischen Eisenbahnwesen bemüht und konnte die Früchte seiner Arbeit nicht mehr ernten, weil das nach der Machtergreifung die anderen taten. Ständig den Nachstellungen der Gestapo ausgesetzt und mit Berufsverbot belastet, Frau und Kinder seit 1939 im Exil in England, hielt er sich seit Ende 1944 im ostwürttembergischen Raume auf. Als die Gegend seines Exils zwischen Ellwangen und Aalen von der siegreichen vorrükkenden US-Army glücklich vereinnahmt worden war, traf ein Bote aus Schwäbisch Gmünd ein, der ihm die Nachricht überbrachte, der neubestellte Gmünder Landrat Konrad Burkhardt ließe ihm ausrichten, »ich solle so bald wie möglich kommen, er brauche mich dringend. Damit war ich kurzfristig«, wie er in seinen Memoiren aus den Jahren 1945 bis 1947 schreibt, »vor die Entscheidung für eine meiner Möglichkeiten in der Zukunft gestellt«. Er fuhr nach Schwäbisch Gmünd und schildert weiter: »Als wir in Gmünd eintrafen, war die Sperrstunde schon eingetreten, die Straßen bis auf patrouillierende Soldaten völlig leer. . . . Anderntags lernte ich Landrat Burkhardt kennen, der in seiner frisch zugreifenden, natürlichen Art und mit seinem gesunden Menschenverstand mir gefiel. In einem gemeinschaftlichen Gespräch mit ihm . . . wurde in Aussicht genommen, daß ich mich im Landratsamt vorzugsweise mit Finanzproblemen und juristischen Fragen befassen solle. Die Amerikaner nannten diese Position . . . ›assistant of the Landrat‹.«[3]

Über die ersten Fühlungnahmen mit der Besatzungsmacht wurden auf der Basis des Kreises die Grundlagen zu einem neuen Staatswesen geschaffen. Dieser Umstand wurde dadurch begünstigt, daß sich die richtigen Gesprächspartner gefunden hatten. Besonderes Entgegenkommen und Ver-

Fahrplan der Dienstpersonenzüge

list of trains

Zugnummer 4101	4129	4143	4127		4126	4142	4130	Zugnummer 4144
—	6.45	—	17.45	**Cannstatt**	7.13	—	18.58	—
—	—	—	—	Waiblingen	—	—	—	—
—	8.10	—	—	Waldhausen	5.49	—	17.34	—
—	8.17	—	—	Lorch	5.42	—	17.27	—
5.20	8.30	17.40	19.30	Gmünd	5.30	7.05	17.10	19.25
5.37	8.52	17.57	—	Unterböbingen	—	6.51	16.56	19.11
5.45	9.00	18.05	—	Mögglingen	—	6.46	16.51	19.06
6.03	9.18	18.23	—	Aalen	—	6.25	16.30	18.45

Zur Beachtung: Nach einem Befehl der 7. U.S. Army vom 10. 8. 45 werden künftig Dienstpersonenzüge nur noch zur Beförderung von Arbeitern durchgeführt. Fahrkarten dürfen nur noch an Arbeiter verkauft werden. Weiter ist innerhalb der amerikanischen Besatzungszone nach einer neuen Bekanntmachung der amerikanischen Militärregierung grundsätzlich kein Passierschein mehr nötig. Ebenso werden besondere Genehmigungen für die Benützung der Eisenbahn nicht mehr erteilt. Für Reisen von der amerikanischen in die französische Besatzungszone und umgekehrt ist noch ein Passierschein nötig, der aber keinen Anspruch auf die Beförderung mit der Eisenbahn gibt.

Ein öffentlicher Reiseverkehr mit der Eisenbahn ist nach diesen Bestimmungen vorläufig nicht erlaubt.

79 Bescheidene Anfänge, einen rationierten Zugverkehr wieder in Gang zu bringen

ständnis auf seiten der US-Militärregierung zeigte der Oberst William Dawson. Über die Landrätekonferenz in der Sonne-Post in Murrhardt am 20. Juni 1945, wo alle Fragen diskutiert wurden und alle Partner guten Willen bekundeten, war der Weg zum Wiederaufbau der Demokratie gebahnt, »the first sprouting of democracy«, wie Dawson das treffend formulierte.

Bereits im Juli zeichnete sich eine territoriale Gliederung ab. Die Isolation der einzelnen Landkreise begann sich allmählich zu lösen. Die weitere Entwicklung zum Lande Württemberg-Baden kann hier nur kurz gestreift werden. Zur Bildung einer zentralen Landesverwaltung kam es am 13. Juni. Der schon erwähnten Murrhardter Landrätekonferenz folgten weitere solcher Zusammenkünfte in Schwäbisch Gmünd am 11. Juli, in Bad Boll am 10. Oktober und in Schnait am 23. November 1945. Dr. Reinhold Maier und Konrad Burkhardt hatten ein »Notstandsprogramm« erarbeitet. Dieses befaßte sich sehr intensiv mit der Frage der Arbeitsbeschaffung. Die Verkehrsfrage und ihre optimale Lösung waren eine der wichtigsten Sorgen. Da die Bevölkerung im allgemeinen keinen »Hausbrand« im Vorrat habe, müsse man mit einem harten und entbehrungsreichen Winter rechnen. Die Herbeischaffung der unentbehrlichen Kohle konnte nur mit einem gutfunktionierenden Verkehrssystem geschehen. Daher wurde dem Verkehr ein absoluter Vorrang eingeräumt.

Am 8. Juli 1945 hatte die US-Militärregierung ihren Sitz von Schwäbisch Gmünd nach Stuttgart verlegt. Mit diesem Stellungswechsel wurde eine Entwicklung eingeleitet, die darauf abzielte, die

Spitzen der Institutionen wieder in der Landeshauptstadt zu konzentrieren, ungeachtet der räumlichen Schwierigkeiten.
Der Wiederaufbau der Eisenbahnen ging schrittweise voran. Einen bemerkenswerten Fortschritt bildete in dieser Hinsicht die mit besonderem Nachdruck und Unterstützung amerikanischer Pioniere betriebene Konstruktion einer Behelfsbrücke bei Endersbach. Mit dieser Lösung konnte die lästige Unterbrechung der Remsbahn endlich beseitigt werden. Eine großartige Leistung war schließlich der erste »Dienstzug«, der dank dieser Baumaßnahme am 20. August 1945 von Stuttgart-Bad Cannstatt nach Schwäbisch Gmünd verkehren konnte. Zwar blieb die Verbindung mit Stuttgart Hbf vorläufig weiterhin unterbrochen. An der provisorischen Herstellung der total zerstörten Rosensteinbrücke wurde intensiv gearbeitet. Immerhin bestand ein Umsteigeverkehr, der schon im ersten Nachkriegsfahrplan durch folgenden kleingedruckten Hinweis umschrieben war: »Strecke Stg-Bad Cannstatt–Stuttgart Hbf ist noch nicht in Betrieb, dafür Pendelverkehr von der Einstiegstelle Rosensteintunnel (2,2 km) nach Stuttgart Hbf in den Hauptverkehrszeiten.« Für den Fernverkehr diente grundsätzlich die Umgehungsbahn von Untertürkheim nach Kornwestheim. Auch an anderen Stellen der Remsbahn ging trotz aller Hindernisse die Wiederherstellung zerstörter Streckenteile systematisch weiter. Die Unterbrechung südlich Aalen ab km 71,0 konnte noch im Laufe des Sommers 1945 beseitigt werden. Damit wurde wieder ein durchgehender Verkehr möglich, wenngleich der Wiederaufbau der stark mitgenommenen Bahnanlagen in Aalen selbst noch einige Zeit in Anspruch nahm. Trotz allem hatte das dortige Bahnbetriebswerk seine Arbeit wieder aufgenommen. Die Instandsetzungen an zerstörten oder beschädigten Lokomotiven wurden zügig ausgeführt. Darunter fiel natürlich auch die Aufarbeitung jener Lokomotiven, die im Laufe des Krieges widerrechtlich requiriert worden waren und unter der irreführenden Bezeichnung »Leihlokomotive« auf unseren heimischen

Sonntags ein Zug nach Stuttgart

Der Frühzug nach Stuttgart—Bad Cannstatt verkehrt ab 2. Dezember 1945 auch sonntags. Der Zug fährt seit letzten Montag bereits ab Aalen (ab 4.45), an Gmünd 5.15, ab 5.23.

Der Rückzug Stuttgart—Bad Cannstatt ab 17.55, an Gmünd 19.40, ab 19.45 verkehrt ebenfalls sonntags. Es wird nochmal darauf hingewiesen, die Fahrkarten für die Frühzüge tunlichst schon am Vortag zu lösen.

Gmünd—Heubach

Zug 1413	Gmünd	ab	7.20
Zug 1437	Gmünd	ab	15.55
Zug 1414	Gmünd	an	8.33
Zug 1438	Gmünd	an	17.20

Die beiden Züge verkehren nur werktags.

80 Ende 1945: endlich auch Sonntagsverkehr nach Stuttgart

Strecken ihren Dienst versehen mußten. Es waren dies vor allem die seit Ende 1941 in Aalen und Crailsheim stationierten Maschinen der Serie 230 C der »Chemin de fer Paris – Lyon – Méditerranée« (= PLM). Sie mußten wieder fahrtüchtig gemacht und der SNCF als der Eigentümerin und Rechtsnachfolgerin der PLM zurückgegeben werden.
Auch bei der Brenzbahn konnte jetzt wieder ein durchgehender Betrieb bis Ulm angeboten werden.[4] So präsentierte sich gegen Jahresende 1945 allenthalben ein wohl bescheidener Verkehr, der aber immerhin die einzelnen Gebiete untereinander verband. Die Benützung der Züge war immer noch rationiert und von einer speziellen Bewilligung abhängig. Über die schrittweisen Verbesserungen und Erweiterungen im Fahrplan gaben die einzelnen lokalen und von der Militärregierung lizenzierten Mitteilungsblätter in Deutsch und Englisch hinreichend Auskunft. Die Fahrpläne zeigten noch viele Lücken und Schönheitsfehler. Im Gegensatz zur Murrbahn, wo der zerstörte Neckar-Viadukt bei Benningen und der ebenfalls funktionsuntüchtige Rems-Viadukt bei Neustadt sowie die stark in Mitleidenschaft gezogenen Tun-

324 Stuttgart—Schwäb Gmünd—Aalen—Nördlingen

km	RBD Stuttgart	Zug Nr Klasse	1411 3.	1443 3.	1419 3.	1421 3.	1425 3.	D 247 3.	1431 3.	1437 3.	1435 3.	1441 3.	1447 3.	1449 3.
0,0	**Stuttgart** Hbf ⊡	ab	...	...	...	...	...	...	...	...	...	...	...	...
3,4	**Stg-Bad Cannstatt** ⊡		...	...	w6.45	...	♦10.20	**11.00**	Sa13.50	...			a17.30	17.55
9,6	Fellbach		...	...	6.58	...	10.33		14.03	...			17.43	18.08
12,0	Waiblingen 323	an	...	...	7.02	...	10.37	⊗	14.07	...			17.47	18.12
		ab	...	...	7.05	...	10.40		14.10	...			17.49	18.15
13,9	Rommelshausen		...	...	7.10	...	10.45		14.15	...			17.54	18.20
16,4	Stetten (Remstal)		...	...	7.16	...	10.51	Stuttgart-	14.21	...			18.00	18.26
17,8	Endersbach		...	...	7.20	...	10.55		14.25	...			18.04	18.30
19,1	Beutelsbach		...	...	7.24	...	10.59		14.29	...			18.08	18.34
21,6	Grunbach		...	...	7 29	...	11.04		14.34	...			18.13	18.39
23,2	Geradstetten		...	...	7.34	...	11.09		14.39	...			18.18	18.44
26,4	Winterbach (b Schorndorf)		...	...	7.40	...	11.15		14.45	...			18.24	18.50
27,9	Weiler (Rems)		...	...	7.44	...	11.19		14.49	...			18.28	18.54
29,9	**Schorndorf** 324 f	an	...	...	7.49	...	11.24	**11.34**	Sa14.54	...			a18.33	18.59
		ab	...	...	7.52	...	11.27	**11.38**	♦14.57	...			...	19.02
33,5	Urbach (b Schorndorf)		...	...	7.58	...	11.33		15.03	...			...	19.08
35,4	Plüderhausen		...	...	8.03	...	11.38	(an 20.48) Hof	15.08	...			...	19.13
38,9	Waldhausen (b Schorndorf)		...	...	8.10	...	11.45		15.15	...			...	19.20
43,4	Lorch (Württ)		...	...	8.17	...	11.52		15.22	...			...	19.27
47,4	Deinbach		...	...	8.24	...	11.59		15.29	...			...	19.34
51,0	**Schwäb Gmünd** 325e (siehe auch 324 g)	an	...	...	w8.30	...	12.05	**12.02**	15.35	...			...	19.40
		ab	w5.20	w7.20	w8.35	...	12.10	**12.06**	15.40	w15.55		w17.40	...	19.45
56,1	Hussenhofen		5.28	7.27	8.43	...	12.18		15.48	16 02		17.48	...	19.53
60,8	Unterböbingen 324 g		5.37	w7.33	8.52	...	12.27		15.57	w16.08		17.57	...	20.02
64,3	Mögglingen (b Gmünd)		5.45	...	9.00	...	12.35		16 05	...		18.05	...	20.10
70,0	Essingen (b Aalen)		5.56	...	9 11	...	12.46		16.16	...		18 15	...	20.21
75,8	**Aalen** 324 a. 324 k	an	w6.03	...	w9.18	...	♦12.53	**12.42**	♦16.23	...		w18.23	...	20.28
75,8	**Aalen** 324 a. 324 k (weitere Züge siehe Nr 324 a)	ab	...	...	W10.00	♦ 9.30	...	**12.47**	...	...	w17.10	...	...	...
77,9	Wasseralfingen		...	...	10.04	9.34	...		...	...	17.14	...	...	...
79,7	Hofen (b Aalen)		...	...	10.09		...		...	...		...	...	...
82,6	Goldshöfe	an	...	...	W10.18	9.42	...	⊗	...	...	17.22	...	...	...
	Crailsheim 324 a	an	...	...	W11.1	...	...	***13.28***	...	...		...	...	...
	Nürnberg *Hbf* 420	an	...	...	*20.55*	...	...	***16 30***	...	...		...	...	...
82,6	Goldshöfe	ab	...	...	...	9.43	...	...	...	...	17 23	...	...	...
85,3	Frankenreute		...	...	...	9.48	...	...	...	...	17.28	...	...	...
87,7	Westhausen		...	...	...	9.54	...	...	...	...	17.34	...	...	...
91,9	Lauchheim		...	...	...	10.02	...	...	...	...	17.42	...	...	...
95,7	Röttingen (Württ)		...	...	...	10.10	...	...	...	...	17.50	...	...	...
99,7	Aufhausen (Württ)		...	...	...	10.17	...	...	...	...	17 57	...	...	...
102,9	Bopfingen		...	...	...	10.24	...	...	...	...	18.04	...	...	...
107,4	Trochtelfingen (b Bopfingen)		...	...	...	10.30	...	...	...	...	18.13	...	...	...
110,3	Pflaumloch		...	...	...	10.36	...	...	...	...	18 16	...	...	...
115,3	**Nördlingen** 411 e	an	...	...	...	♦10.42	...	...	...	...	w18.22	...	...	...

a W außer Sa

⊡ Strecke Stuttgart Hbf-Stg-Bad Cannstatt ist noch nicht in Betrieb, dafür Pendelverkehr bis Aussteigestelle Rosensteintunnel (2,2 km) in den Hauptverkehrszeiten

324 Nördlingen—Aalen—Schwäb Gmünd—Stuttgart

km	RBD Stuttgart	Zug Nr Klasse	1406 3.	1408 3.	1412 3.	1416 3.	1414 3.	1426 3.	1430 3.	D 248 3.	1436 3.	1440 3.	1438 3.	1450 3.
0,0	**Nördlingen** 411 e	ab	...	...	...	w5.38	...	...	...	...	♦14.48	...	...	...
5,0	Pflaumloch		...	...	...	5.45	...	...	...	...	14.55	...	...	...
7,9	Trochtelfingen (b Bopfingen)		...	...	...	5.51	...	...	...	...	15.01	...	...	...
12,4	Bopfingen		...	...	...	6.00	...	...	...	...	15.10	...	...	...
15,6	Aufhausen (Württ)		...	...	...	6.07	...	...	...	...	15.17	...	...	...
19,6	Röttingen (Württ)		...	...	...	6.15	...	...	...	...	15.25	...	...	...
23,4	Lauchheim		...	...	...	6.22	...	...	...	...	15.32	...	...	...
27,6	Westhausen		...	...	...	6.29	...	...	...	...	15.39	...	...	...
30,0	Frankenreute		...	...	...	6.34	...	...	...	...	15.44	...	...	...
32,7	Goldshöfe	an	...	...	...	w6.38	...	...	...	...	15.48	...	...	...
	Nürnberg *Hbf* 420	ab	...	...	...	...	...	...	...	**11.48**	...	*6.00*	...	...
	Crailsheim 324 a	ab	...	...	...	...	...	...	...	**14.57**	...	w*14.55*	...	...
32,7	Goldshöfe (weitere Züge siehe Nr 324 a)		...	...	...	w6.39	...	...	...	⊗	15.49	W15.56	...	...
35,6	Hofen b Aalen		...	...	...		...	...	...			16.02	...	...
37,4	Wasseralfingen		...	...	...	6.46	...	...	...		15.56	16.06	...	...
39,5	**Aalen** 324 a. 324 k	an	...	...	...	w6.50	...	...	...	**15.40**	♦16.00	w16.10	...	...
39,5	**Aalen**	ab	...	4.35	w6.25	...	...	♦8 40	♦13.50	**15.45**	...	w16.30	...	w18.45
45,3	Essingen (b Aalen)		...	4.48	6.38	...	...	8.53	14.03		...	16.43	...	18.58
51,0	Mögglingen (b Gmünd)		...	4.55	6.45	...	...	9.02	14.11	(ab 8.00) Hof-	...	16.51	...	19.06
54,5	Unterböbingen 324 g		...	5.01	6.51	...	♦8.19	9.07	14.16		...	16.56	w17.06	19.11
59,2	Hussenhofen		...	5.08	6.58	...	8.26	9.14	14.23		...	17.03	17.13	19.13
64,3	**Schwäb Gmünd** 325e (siehe auch 324 g)	an	...	5.15	w7.05	...	♦8.33	9.20	14.30	**16.11**	...	17.10	w17.20	W19.25
		ab	...	5.23	...	...	...	9.25	14.34	**16.15**	...	17.15	...	...
67,9	Deinbach		...	5.29	...	...	...	9.31	14.40		...	17.21	...	...
71,9	Lorch (Württ)		...	5.35	...	...	...	9.37	14.46	Nürnberg-	...	17.27	...	...
76,4	Waldhausen (b Schorndorf)		...	5.42	...	...	...	9.44	14.53		...	17.34	...	...
79,9	Plüderhausen		...	5.48	...	...	...	9.50	14.59		...	17.40	...	...
81,8	Urbach (b Schorndorf)			5.52	...	...	...	9.54	15.03		...	17.44	...	...
85,4	**Schorndorf** 324 f	an		5.58	...	...	...	10.00	15.09	**16.35**	...	17.50	...	...
		ab	w5.48	6.00	...	...	...	10.03	15.11	**16.38**	...	17.53	...	...
87,4	Weiler (Rems)		5.53	6.05	...	...	...	10.08	15.16		...	17.58	...	...
88,9	Winterbach (b Schorndorf)		5.58	6.10	...	...	...	10.13	15.21		...	18.03	...	...
92,1	Geradstetten		6.04	6.16	...	...	...	10.19	15.27		...	18.09	...	...
93,7	Grunbach		6.08	6.20	...	...	...	10.23	15.31	Stuttgart	...	18.13	...	...
96,2	Beutelsbach		6.14	6.26	...	...	...	10.29	15.37		...	18.19	...	...
97,5	Endersbach		6.19	6.31	...	...	...	10.34	15.42		...	18.24	...	...
98,9	Stetten (Remstal)		6.23	6.35	...	...	...	10.39	15.47		...	18.29	...	...
101,4	Rommelshausen		6.29	6.41	...	...	...	10.46	15.54		...	18.36	...	...
103,3	Waiblingen 323	an	6.34	6.46	...	...	...	10.51	15.59	⊗	...	18.41	...	...
		ab	6.36	6.48	...	...	...	10.54	16.01		...	18.44	...	...
105,7	Fellbach		6.42	6.54	...	...	...	11.00	16.07		...	18.50	...	...
111,9	**Stg-Bad Cannstatt** ⊡		w6.51	7.03	...	...	...	♦11.08	♦16.15	**17.18**	...	w18.58	...	...
115,3	**Stuttgart** Hbf ⊡	an	...	...	...	...	...	...	...	...	...	...	...	...

⊡ Strecke Stg-Bad Cannstatt-Stuttgart Hbf ist noch nicht in Betrieb, dafür Pendelverkehr von der Einsteigestelle Rosensteintunnel (2,2 km) nach Stuttgart Hbf in den Hauptverkehrszeiten

81 Sommer 1946: Grundgerüst an Zügen auf der Strecke Stuttgart–Nördlingen

nelbauten bei Fichtenberg und Gaildorf noch keinen Schienenverkehr für die Öffentlichkeit erlaubten, konnten die Anrainer der Remsbahn mit ihrer Situation durchaus zufrieden sein, wie auch der zeitgenössische Fahrplan ausweist. Das Reisen war in jenem Zeitraum kein Luxus, half aber, Distanzen zu überwinden. Trotz aller Reglementierungen gab es überfüllte Züge. Deshalb wurde von seiten der Eisenbahnen immer wieder warnend darauf hingewiesen: »Vorsicht bei überfüllten Zügen! Wer auf Trittbrettern, Puffern oder Wagendächern reist, spielt mit seinem Leben und macht sich überdies strafbar: Die Reichsbahn haftet nicht für Unfälle, die solchen Reisenden durch eigene Schuld zustoßen!«

Wenn auch die US-Army vollmotorisiert war, konnte sie bei internen Truppenbewegungen nicht auf die Schiene verzichten. In der unmittelbaren Nachkriegszeit wurden die meisten Bewegungen der bewaffneten Macht zwischen den Vereinigten Staaten und dem europäischen Kontinent noch auf dem Seewege ausgeführt. Die französischen Atlantikhäfen wurden nicht mehr so stark in Anspruch genommen. Das Schwergewicht verlagerte sich immer mehr auf Bremerhaven.

Die Gmünder US-Garnison brachte zusätzliche Leistungen für die Eisenbahn. Über das Westgleis rollten umfangreiche Transporte in das beschlagnahmte Schenk-Areal, das nunmehr einem armee-eigenen Reparaturwerk, einem »Ordonance Rebuild Shop« als umfangreiche Betriebsfläche diente. Die der zivilen Nutzung entzogenen Werksanlagen dienten Zwecken der Reparatur, Instandsetzung und laufenden Wartung der vielfältigen Militärfahrzeuge.

Das politische Leben im Lande Württemberg-Baden präsentierte eine Landesregierung, die am 14. September ihre Geschäfte aufnahm, und unter dem Ministerpräsidenten Dr. Reinhold Maier am 5. Oktober 1945 zum ersten Male an die Öffentlichkeit trat. Ohne die beispielhafte Arbeit der Eisenbahner in dieser schweren Zeit, in der die Wunden der Gewaltherrschaft Stück für Stück beseitigt wurden, wäre der Wiederaufbau nicht möglich gewesen. Die erwähnten Beispiele haben bewiesen, wie häufig auf sich selbst angewiesenes Personal die mitunter komplizierten Situationen mit Verantwortungsgefühl und Pflichtbewußtsein gemeistert haben.

Das Ende der Zwischenlösung der ersten Nachkriegsjahre und die Bildung des Unternehmens Deutsche Bundesbahn im Jahre 1949 signalisierte eine neue und nunmehr wieder eigenständige Lösung.

Freie Fahrt dem freien Bürger? Die Verkehrspolitik bis in die Gegenwart

Das Grundgesetz der Bundesrepublik, das am 23. Mai 1949 in Kraft trat, sah grundsätzlich Bundeseisenbahnen vor, über die sich der Bund in Artikel 73 desselben die ausschließliche Gesetzgebung vorbehalten hatte. Durch einen Erlaß des Bundesverkehrsministers wurde die »Deutsche Bundesbahn« dem Wesen nach als Einheit konstituiert. Es bestanden gute Chancen für die Eisenbahnen, aber bereits in diesen Jahren wurde eine konsequente Politik zugunsten der Schiene versäumt und den Interessenten der konkurrierenden Verkehrsmittel, die am Wiederaufbau eines guten Verkehrsnetzes so gut wie kaum einen Anteil hatten, zuviel Nachsicht geschenkt. Albert Kuntzemüller, der Altmeister der badischen Eisenbahngeschichte hatte diese Ausgangssituation des Schienenverkehrs nach dem Kriege folgendermaßen klar skizziert: »Der im Zweiten Weltkrieg notgedrungen stattgehabte Raubbau an den deutschen Eisenbahnen, am Personal, wie am Material, hatte schon lange vor 1939 eingesetzt, da im Dritten Reiche die Schienenbahn wenig galt, während die Motorisierung des Straßenverkehrs bewußt vorangetrieben wurde und in dem forcierten Bau von Reichsautobahnen ihre Krönung fand. Das Rollmaterial entbehrte längst der notwendigen Erneuerung, die Strecke konnte nur notdürftig unterhalten werden und das Personal mußte sich, vor allem nach Kriegsbeginn, eine beispiellose Ausnützung gefallen lassen, die unter der Flagge des Kriegseinsatzes beliebig weit getrieben werden konnte. Unter diesen Einschränkungen und Entbehrungen litten die . . . Eisenbahnen wie schon im Ersten Weltkriege mit am unmittelbarsten.«[1]

Es ist seltsam, daß von seiten der Bundesrepublik der Eisenbahn die im Dritten Reich erbrachte Leistung beim Bau der Autobahnen nicht ersetzt wurde. Der Bund hatte dieses Relikt der vergangenen zwölf Jahre wohl akzeptiert, aber dafür der Bahn keinerlei Wiedergutmachung geleistet.

Sicherlich fehlte es nicht am guten Willen in diesen Jahren. Der Grad der Motorisierung war noch nicht so weit fortgeschritten, und bei der Bevölkerung herrschte noch der verständliche Drang der Bedürfnisbefriedigung im Wege eines Nachholbedarfes. Die neukonstituierte Deutsche Bundesbahn machte sich ernste Gedanken über die Verbesserung des Verkehrs. Wollte der Schienenverkehr in der bitteren Konkurrenz mit dem nunmehr stark expandierenden Automobilverkehr, vor allem zunächst mit dem Omnibus wettbewerbsfähig bleiben, so mußten entsprechende Fahrzeuge geplant und eingesetzt werden. Diese sollten nur geringe Aufwendungen bei der Beschaffung verursachen, genauso wie im Unterhalt und Betrieb wenig Kosten. Im Gegensatz zu langen Zügen sollten sie wendig genug sein, um in den Hauptreisezeiten höhere Reisegeschwindigkeiten zuzulassen. Die Verantwortlichen waren sich darüber klar, durch diese Überlegungen und die in die Praxis umgesetzten Pläne nicht nur der ständig zunehmenden Abwanderung von der Schiene zur Straße Einhalt zu gebieten, sondern andererseits auch den bereits auf die Straße abgewanderten Verkehr soweit wie möglich wieder zur Schiene zurückzuholen. Proben dieses ernsten Ringens konnten auch im heimischen Raum an verschiedenen Beispielen festgestellt werden.

Zunächst war es das Bemühen, neben neuen Konstruktionen alte und bewährte Fahrzeuge für solche Zwecke anzupassen. Bereits 1950 wurden auf

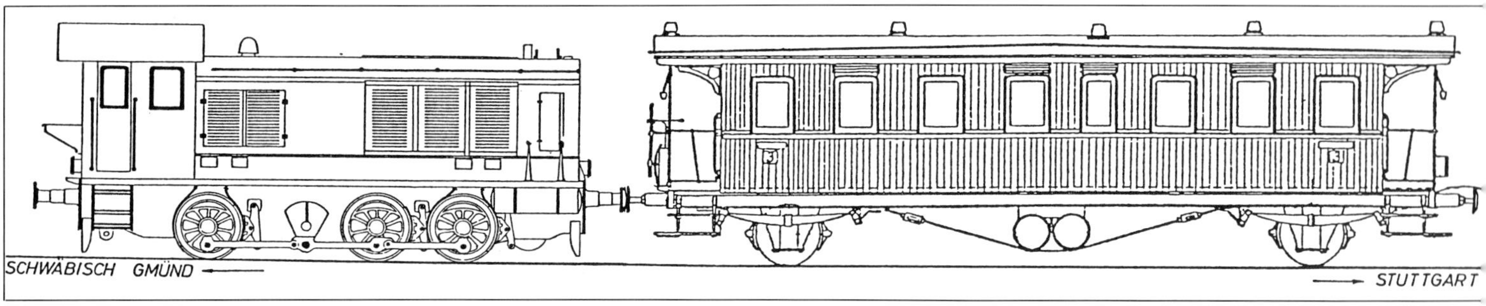

82 Neue Wege im Nahverkehr mit kleinen Zugeinheiten: V 36 + Cid im Pendelzug-System!

der Rems- und Murrbahn neue Möglichkeiten aufgezeigt. Der Sommerabschnitt des Jahresfahrplanes 1950/51 brachte in den Relationen zwischen Stuttgart und Schwäbisch Gmünd, Plüderhausen, Schorndorf, Rudersberg, Waiblingen, Backnang, Marbach und Ludwigsburg einen derartigen Lösungsversuch, der sich einige Jahre halten konnte, bis dann bessere Lösungen diese Art von Zügen verdrängen konnten. Als Zuglokomotive wurde eine Brennkraftmaschine der Baureihe V 36 verwendet, die im Bahnbetriebswerk Stuttgart-Rosenstein stationiert war. Als Fahrzeug zur Personenbeförderung diente ein ehemals württembergischer Zweiachs-Personenwagen der Gattung Cid, der von der V 36 gezogen und geschoben werden konnte. Durch Einbau eines Führerstandes in diesen Personenwagen wurde das Umspannen der Komposition an den jeweiligen Endstationen hinfällig und machte lediglich einen Wechsel der Führerstände erforderlich. Was hier entstanden war, konnte als eine einfache und problemlose Lösung eines Wende- oder Pendelzuges bezeichnet werden. Dieser für damalige Zeiten moderne Zug hatte rasch den Namen »REMSTAL-EXPRESS« erhalten und im Laufe des Jahres 1950 in Anlehnung an die damals aktuelle Korea-Krise die Bezeichnung KOREA-EXPRESS. Das Ganze bekam auch noch einen ansprechenden neuen Anstrich. Der Wagen wurde in dem üblichen Rot der Trieb- und Beiwagen gestrichen.

Der Umlauf im Rahmen des erweiterten Stuttgarter Nahverkehrs war für damalige Zeiten sehr fortschrittlich und verdient deshalb hier, für die Zeiten »werktags außer samstags« (WaSa) und »samstags« (Sa) aufgeführt zu werden:

Tabelle 9: Umlauf V 36 + Cid Wü Sommer 1951 (montags – freitags)

Bahnhof	an	ab	Zugnummer	km
Stuttgart Hbf		5.11	P 2721 *	
Winnenden	5.56	6.18	P 2730	21,9
Fellbach	6.39	6.52	P 1425 oG	12,3
Schorndorf	7.36	8.10	P 1431 oG	20,3
Schwäb. Gmünd	8.43	10.35	P 3136	21,1
Waiblingen	11.51	12.07	P 1443 oG	39,0
Plüderhausen	12.55	13.07	P 1460 oG	23,4
Waiblingen	13.57	14.07	P 2767 oG	23,4
Backnang	14.44	15.18	P 2770 oG	18,6
Waiblingen	15.50	16.00	P 1465 oG	18,6
Rudersberg	17.02	17.08	P 1472	27,9
Waiblingen	18.23	18.58	P 1483 oG	27,9
Schorndorf	19.37	19.45	P 1480 oG	17,9
Waiblingen	20.19	20.38	P 2795 oG	17,9
Backnang	21.12	21.26	P 1760	18,6
Ludwigsburg	22.10	22.20	P 1759	24,5
Marbach	22.38	22.58	P 1760	10,8
Stuttgart Hbf	23.36			24,7
				368,8
samstags				
Stuttgart Hbf		5.11	P 2721 *	
Winnenden	5.56	6.18	P 2730	21,9
Fellbach	6.39	6.52	P 1425 oG	12,3
Schorndorf	7.36	8.10	P 1431 oG	20,3
Schwäb. Gmünd	8.43	10.35	P 3136	21,1
Waiblingen	11.51	12.12	P 2751	39,0
Backnang	12.47	13.00	P 2754	18,6
Stuttgart Hbf	13.56			30,6
				163,8

* am Zugschluß des P 2721 Richtung Schwäbisch Hall[2]

Die in jener Zeit noch in Offenbach am Main ansässige Hauptverwaltung der DB trug sich mit weiteren Gedanken, in dem schon geschilderten Sinne den Verkehr elastischer zu gestalten, jedoch auch neue Fahrzeuge in wenigen Prototypen zu beschaffen und zu erproben. Im Sommer 1950 wurden neue Triebwagen der Bauart VT 95 mit entsprechenden Beiwagen beschafft und von den Bahnbetriebswerken Husum, Heide in Holstein und Kempten im Allgäu im Dauerbetrieb erprobt. Unter Verwertung der gewonnenen Erfahrungen wurden bei der Waggonfabrik Uerdingen weitere Fahrzeuge einer verbesserten Serie gebaut und von der DB beschafft. Im Spätsommer 1952 wurden diese auf den Nebenbahnstrecken Schwäbisch Gmünd–Göppingen–Boll einem mehrtägigen Leistungs- und Erprobungstest unterworfen. Der Autor wurde damals freundlicherweise vom Maschinendienst der Bundesbahn-Direktion Stuttgart und vom Maschinenamt Ulm zu diesen Fahrten eingeladen, die mehrmals am Tage über die beschriebene Strecke führten. Die Krönung bildete die Fahrt von Aalen über Schwäbisch Gmünd und Göppingen nach Ulm, mit Test auf der Geislinger Steige.

Das Bahnbetriebswerk Aalen bekam nun ebenfalls diese fabrikneuen Fahrzeuge für seinen Bestand zugeteilt. Überhaupt brachten die Jahre ab 1952 einige erfreuliche Neuerungen. Die Bemühungen, den Verkehr attraktiver zu gestalten, waren unverkennbar. In den Kursbüchern tauchten neue Symbole auf. Eines davon war die Bezeichnung S vor der Zugnummer. Es handelte sich um die Gattung »Städteschnellverkehrszug« ohne Zuschlag. Solche Zugpaare wurden auch in der Relation Stuttgart–Nördlingen geführt.

83 Zug von Schwäbisch Gmünd nach Göppingen beim Aufenthalt in Metlangen-Hohenrechberg, 1952

84 Zug nach Göppingen mit Lokomotive 86 368 bei km 2,8 in der Rampe 1:37 (27‰)

Eine Bereicherung des Sonntagsverkehrs wurde durch die neue Gattung »Sonntagsausflugszug« zu erreichen versucht. Sie wurden ausdrücklich mit den Worten »Freude und Erholung durch die beliebten Sonntagsausflüge nach bevorzugten Ausflugsorten – wenig Unterwegshalte – kurze Fahrtzeiten – billige Fahrpreise« dem Publikum empfohlen.

Im behandelten Gebiet konnten folgende Leistungen in Wandergebiete angeboten werden:
Stuttgart–*Welzheim*–Stuttgart
Stuttgart–*Heubach*–Stuttgart
Süßen–*Weißenstein*–Süßen
Plochingen–*Süßen*–Plochingen
Stuttgart–*Schwäbisch Hall-Hessental*–Stuttgart.

Mit dem Jahresfahrplan 1953/54 wurden erstmals auf den Nebenbahnen Göppingen–Schwäbisch Gmünd und Göppingen–Boll Schienenomnibusse der Bauart VT 95 eingesetzt, wobei die hauptsächlich dem Berufsverkehr dienenden Züge in den morgendlichen und abendlichen Lagen als normale Züge verblieben.

Bis gegen Ende der fünfziger Jahre konnte der Fahrplan der Remsbahn eigentlich nur erfreuliche Verbesserungen verzeichnen.

Nachdem sich auf der Göppinger Nebenbahn die einmotorigen Schienenbusse der Reihe VT 95 gut bewährt hatten, kamen für die Heubacher Bahn solche mit zweimotoriger Ausstattung der Baureihe VT 98, die ebenfalls beim Bahnbetriebswerk Aalen stationiert wurden, zum Einsatz. Diese Gattung ersetzte die einmotorige Bauart in der Folgezeit auch bei Göppingen–Schwäbisch Gmünd und Göppingen–Boll.

Im Jahre 1954 wurde für das Gmünder Gaswerk

eine neue Kohlenförderanlage erstellt, die die benötigten Kohlenmengen mit Hilfe von Transportwagen direkt von den Kohlenbunkern am Ost-Gleis in das Ofenhaus befördern konnte, das war ein spürbarer Fortschritt.

Die Verwirklichung des elektrischen Ausbaus der Remsbahn wurde durch den unglückseligen Krieg unnötigerweise verzögert. Die bereits 1937 finanziell abgesicherte elektrische Ausrüstung der Strecke Stg-Bad Cannstatt–Waiblingen im Rahmen des Vorortverkehrs wurde ein Opfer des Krieges. Dasselbe traf auch für Ludwigsburg–Bietigheim zu.

Ministerpräsident Dr. Reinhold Maier griff als eine der ersten Aufgaben seines Amtes die Fortsetzung der Elektrifizierungen auf, sobald es die zeitlichen Umstände zuließen. Die erste neu mit Fahrdraht ausgestattete Strecke nach dem Kriege war die Vorortbahn nach Waiblingen, die am 1. Oktober 1949 ihrer Bestimmung übergeben werden konnte.

Die bewährten Grundsätze der Vorkriegszeit konnten in den folgenden Jahren erfolgreich fortgesetzt werden. Weitere Elektrifizierungsmaßnahmen wurden grundsätzlich auf der Vertragsbasis zwischen dem Land Baden-Württemberg und der Deutschen Bundesbahn abgeschlossen. Zur Aufnahme neuer Strecken in die folgenden Elektrifizierungsabkommen bedurfte es stets eingehender Beratungen, wobei jeweils das entscheidende Kriterium die Wirtschaftlichkeit der vorgesehenen Abschnitte bildete. Unter dem Vorsitz von Ministerialdirektor Dr. Fetzer vom Innenministerium Baden-Württemberg wurde ein spezieller Arbeitsausschuß gebildet, der sich mit den detaillierten Fragen und Problemen auseinandersetzen mußte.

Dem ersten Abkommen für die Elektrifizierung

85 Testfahrten mit den neuen Uerdinger Schienenbussen VT 95, hier: VT + VB + VB, Schwäbisch Gmünd–Boll

vom 6. September 1949, das die Umstellung der Strecken Bietigheim–Mannheim und des Flügels nach Heilbronn zum Gegenstand hatte, folgte das zweite Abkommen vom 23. September 1959. Den wesentlichen Inhalt dieser Abmachungen bildete die systematische Erweiterung des Stuttgarter Vorortverkehrs. Den Auftakt dazu bildete am 27. Mai 1962 die Strecke von Waiblingen nach Schorndorf. Diese Station konnte allerdings nicht allzu lange Endpunkt des Fahrdrahtes bleiben, da die Remsbahn sich für eine Weiterführung in Richtung Crailsheim–Nürnberg direkt anbot. Die weiteren Zweige von Stuttgart nach Böblingen und von Waiblingen nach Backnang wurden am 26. Mai 1963 und am 26. September 1965 ihrer Bestimmung übergeben.

Die weitere Elektrifizierung der Remsbahn hatte ihre besondere und interessante Geschichte. Im Frühling 1959 wurden die Kräfte im oberen Remstal und im Vorland der Ostalb, die auf eine Verbesserung der Verkehrsverhältnisse in der Region drängten, wieder aktiv. Anlaß zu diesen Bestrebungen gab nicht zuletzt die Aussicht auf die Elektrifizierung der Remsbahnteilstrecke Waiblingen –Schorndorf aufgrund des vorerwähnten Abkommens. In jenen Tagen trafen sich im alten Rathaus zu Aalen verschiedene progressive und aufgeschlossene Persönlichkeiten und gründeten bei diesem Anlaß die »Arbeitsgemeinschaft zur Wahrung überbezirklicher Verkehrsfragen im Raume des Remstals und der Nordostalb«. Der Vorsitz in diesem verkehrspolitischen Gremium wurde Landrat Konrad Burkhardt in Schwäbisch Gmünd übertragen. Sein Stellvertreter wurde Oberbürgermeister Dr. Karl Schübel aus Aalen. Er konnte in diese Arbeitsgemeinschaft seine reichen Erfahrungen, die er durch sein erstes Engagement in Sachen Elektrifizierung im Sommer 1939 gesammelt hatte, mit einbringen. Neben der Verbesserung der fahrplanmäßigen Anbindung der ostwürttembergischen Region stand wiederum die Verbesserung des Schienenverkehrs auf dem Programm, die in der unmißverständlichen Forderung nach einer baldigen Elektrifizierung gipfelte. Der Verfasser erhielt damals von dem Gremium den ehrenvollen Auftrag, eine »Denkschrift zur Elektrifizierung der Remsbahn« zu verfassen, die einen elektrischen Ausbau forderte.

Es bedurfte zur Verfolgung dieses Zieles einer Menge Kleinarbeit und großer Geduld. Ein wertvoller Mitstreiter zur Erlangung dieses Zieles war wiederum Dr. Reinhold Maier. Ihm konnten die Repräsentanten der Arbeitsgemeinschaft bei den Feierlichkeiten am 27. Mai 1962 anläßlich der Elektrifizierung in der Künkelins-Halle in Schorndorf die Denkschrift überreichen. In deren Einleitung hieß es wörtlich: »Der östliche Teil des Landes Baden-Württemberg ist bei den bisher in unserem Lande durchgeführten Elektrifizierungsvorhaben sehr stiefmütterlich behandelt worden. Die Arbeitsgemeinschaft . . . , der die Landkreise Aalen, Heidenheim, Schwäbisch Gmünd, die Städte Ellwangen und Schorndorf, die Industrie- und Handelskammer Stuttgart – Geschäftsstelle Schwäbisch Gmünd –, sowie die Handels- und Gewerbevereine Aalen und Schwäbisch Gmünd angehören, will durch diese Denkschrift erreichen, daß bei künftigen Elektrifizierungsabkommen die bisherige Benachteiligung wettgemacht wird.

Wirtschaftsmittelpunkte wie Aalen und Schwäbisch Gmünd und die daran angrenzende Kocher-Brenz-Achse bis Heidenheim sind Grund genug zur Berücksichtigung, nehmen doch diese Gebiete in der südwestdeutschen Wirtschaft eine bedeutende Stellung ein.

Die Anrainer der Remsbahn benötigen außerdem eine schnelle Bahnverbindung zur baden-württembergischen Landeshauptstadt. Die elektrische Zugförderung bringt dabei auch bessere Verbindungen im Nachbarschaftsverkehr mit sich. Genau so wichtig sind für die Wirtschaft im östlichen Landesteil gute Verbindungen in den fränkischen Raum und insbesondere gute internationale Verkehrsverbindungen.«

Die Wünsche der ostwürttembergischen Region trugen immerhin Früchte. Die vorgebrachten Argumente überzeugten und fanden schließlich auch

324 Stuttgart—Schwäb Gmünd—Aalen (—Crailsheim—Nürnberg)—Nördlingen

km	ED Stuttgart	Zug Nr / Klasse		✕1409 3.	✕1413 2. 3.		✕1415 2. 3.	†1417 2. 3.	✕1423 2. 3.	1425 ✕ 3.	1429 2. 3.	D 237 2. 3.		✕1431 3.	†1437 3.	S 725 oG 3.		1435 2. 3.		F 105 1. 2. 3.			1441 2. 3.	2749 2. 3.
0,0	**Stuttgart** Hbf 🍷 (Weitere Züge 323 u 326a)	ab	...	oG	...	...	✕4.53	†5.46	✕6.02	oG	6.57	**7.26**	...	oG	†7.48	**8.38**	...	8.46	...	**9.55**	...	...	10.46	**11.26**
3,4	**Stg-Bad Cannstatt**		...	...	...	...	5.01	5.54	6.08	...	7.04	**7.33**	...	...	7.55	**8.45**	...	8.54	...		...	...	10.54	**11.33**
7,8	Stuttgart-Sommerrain		...	...	...	...		6.01		...	7.11		...	...			...		...		...	...		
9,6	Fellbach		...	...	...	...	5.11	6.06	6.17	✕6.54	7.15	[2.3]	...	...	8.05		...	9.04	...		...	...	11.03	**11.44**
12,0	Waiblingen 323	an	...	...	...	...	5.15	6.10	6.21	6.57	7.19		...	...	8.09	**8.56**	...	9.08	...		...	...	11.07	**11.47**
		ab	...	...	...	...	5.17	6.12	6.22	7.00	7.21	Stuttgart-Nürnberg-Marktredwitz-Hof	...	...	8.10	**8.57**	...	9.09	...	Paris-Karlsruhe-Stuttg-Nürnberg-Eger (Cheb)-Praha (-Warszawa)	...	...	11.08	...
13,9	Rommelshausen		...	...	...	...	5.20	6.15	6.25	7.03	7.24		...	...	Stuttgart-Welzheim		...	9.12	...		...	...		...
16,4	Stetten (Remstal)		...	...	...	...	5.24	6.19	6.29	7.07	7.28		...	...			...	9.16	...		...	...		...
17,8	Endersbach		...	...	...	...	5.28	6.23	6 33	7.11	7.31		...	...			...	9.20	...		...	...	11.15	...
19,1	Beutelsbach		...	...	...	...	5.31	6.26	6.36	7.14	7.34		...	...		♣1)	...	9.23	...		...	...	11.18	...
21,6	Grunbach		...	...	...	...	5.36	6.30	6.41	7.19	7.38		...	...			...	9.27	...		...	...	11.23	...
23,2	Geradstetten		...	...	...	...	5.39	6.34	6.44	7.23	7.42		...	...			...	9.30	...		...	...	11.26	...
26,4	Winterbach (b Schorndorf)		...	...	...	...	5.45	6.39	6.49	7.28	7.46		...	...			...	9.35	...		...	...	11.31	...
27,9	Weiler (Rems)		...	...	...	...	5.48	6.42	6.52	7.31	7.49		...	...			...	9.38	...		...	...		...
29,9	**Schorndorf** 324 e	an	...	...	...	...	5.52	6.46	6.55	✕7.35	7.53	**7.59**	...	...	†8.29	**9.13**	...	9.42	...		...	...	11.36	...
		ab	...	...	...	...	5.55	6.49	6.58	...	...	**8.00**	...	✕8.08	Sonntagsausflugzug	**9.15**	...	9.43	...	Paris-Prag-Expreß	...	...	11.38	...
33,5	Urbach (b Schorndorf)		...	...	...	...	6.01	6.55	7.04	...	...		...	8.13			...	9.48	...		...	...	11.43	...
35,4	Plüderhausen		...	...	...	...	6.06	6.59	7.08	...	...		...	8.18		**9.22**	...	9.52	...		...	...	11.48	...
38,9	Waldhausen (b Schorndorf)		...	...	...	...	6.12	7.05	7.14	...	...		...	8.24			...	9.57	...		...	...	11.54	...
43,4	Lorch (Württ)		...	...	...	———	6.20	7.12	7.21	...	...		———	8.31		**9.31**	———	10.04	...		...	...	12.01	———
47,4	Deinbach		...	...	...	† 7	6.26	7.18	7.26	...	...		9	8.36			† 25	10.09	...		...	...	12.07	11
51,0	**Schwäb Gmünd** 320m (siehe auch 324 f)	an	...	...	...	3. oG	6.31	7.24	7.32	...	...	**8.20**	3.	✕8.42		**9.39**	3.	10.14	...		...	...	12.13	3.
		ab	...	✕5.08	✕6.00	†6.06	6.35	7.27	7.34	...	...	**8.22**	8.30	...		**9.41**	†9.50	10.16	...		...	...	12.16	**12.26**
56,1	Hussenhofen		...	5.14	6.07	6.13	6.43	7.34		...	...		8.36	...				10.23	...		...	...	12.24	**12.34**
60,8	Unterböbingen 324 f		...	5.22	6.15	†6.19	6.52	7.43	7.46	...	...		8.42	...		**9.54**	†10.01	10.30	...		...	...	12.33	**12.40**
64,3	Mögglingen (b Gmünd)		...	5.28	6.21	an	6.59	7.50	7.52	...	...		an	...			Sonntagsausflugzug Heubach an 10.12	10.37	...		...	...	12.41	an
70,0	Essingen (b Aalen)		...	5.35	6.30	...	7.10	8.00	8.00	...	...		...	...				10.45	...		...	...	12.52	...
75,8	**Aalen** 🍷 324 a. 324 h	an	...	✕5.42	✕6.37	...	7.17	†8.07	✕8.07	...	...	**8.49**	...	...		**10.12**		10.52	...		...	...	12.59	...
km	**ED Stuttgart**	**Zug Nr / Klasse**	**✕1565 3.**	**1411 3.**	**1567 3. oG**	**✕1509 3.**	↙		**E 561 3.**	**†1569 3.**	**†1417 2. 3.**							**1523 3.**	**✕1451 3.**		**1439 3.**	**1553 3.**		**1527 3.**
75,8	**Aalen** 🍷 324 a. 324 h (Weitere Züge siehe Nr 324 a)	ab	✕5.24	5.58	6.43	✕7.39	7.46	...	**8.12**	†8.18	†8.24	**8.53**	...	...	...	**10.21**		11.07	✕11.17		a 11.48	a 12.16	...	13.12
77,9	Wasseralfingen		5.30	6.04	6.49	7.43	7.55	...		8.23	8.31		...	...	...	**10.27**		11.13	11.23		a 11.53	a 12.21	...	13.18
79,7	Hofen (b Aalen)		5.33	6.07	6.52	7.47		...		8.27			...	...	...			11.17			an	an	...	13.22
82,6	Goldshöfe	an	✕5.38	6.12	6.57	✕7.52	8.01	...	**8.24**	8.32	8.37		...	...	...			11.22	11.29		...	...	...	13.27
	Crailsheim 324 a	an	✕6.33	...	7.48	✕8.45	...	...	**8.55**	†9.25	..	**9.39**	...	...	...	...		12.19	...	**11.39**	...	...	...	14.22
	Nürnberg *Hbf* 420	an	...	...	...	...	...	...	...	...	...	**11.12**	...	...	...	...		...	...	**12.50**	...	...	...	..
	Hof Hbf 421	an	...	...	...	...	...	...	...	...	...	**13.54**	...	...	...	...		...	...	*18.53*	...	...	...	...
82,6	Goldshöfe	ab	...	6.16	...	...	8.04	...	Ulm-Lauda	...	8.38	...	...	...	...			...	11.30	...	...	...	...	...
85,3	Frankenreute		...		...	...	8.09	...		...	8.43	...	...	...	...			...	11.35	...	...	...	...	...
87,7	Westhausen		...	6.23	...	...	8.16	...		...	8.48	...	...	...	...	**10.39**		...	11.40	...	...	...	...	...
91,9	Lauchheim		...	6.30	...	...	8.23	...		...	8.54	...	...	...	...	**10.45**		...	11.46	...	...	...	...	...
95,7	Röttingen (Württ)		...	6.37	...	...	8.30	...		...	9.01	...	...	...	...			...	11.52	...	...	...	...	...
99.7	Aufhausen (Württ)		...	6.42	...	...	8.35	...	...	...	9.06	...	...	...	...			...	11.57	...	...	...	...	...
102,9	Bopfingen		...	6.49	...	...	8.41	...	...	...	9.12	...	...	...	...	**10.59**		...	12.04	...	...	...	...	...
107,4	Trochtelfingen (b Bopfingen)		...	6.55	...	...	8.47	...	...	...	9.17	...	...	...	...			...	12.10	...	...	...	...	...
110,3	Pflaumloch		...	7.01	...	...	8.52	...	...	...	9.23	...	...	...	...			...	12.16	...	...	...	...	...
115,3	**Nördlingen** 411 g	an	...	7.07	...	...	✕8.59	...	...	...	†9.29	...	...	...	...	**11.12**		...	✕12.22	...	...	...	...	...

(Fortsetzung)	Zug Nr / Klasse	1443 3. oG	S 727 3. oG	1447 2. 3.	1453 3.	Sa 1449 2. 3.	1457 2. 3.	S 729 Sa 2. 3.		D 247 2. 3.	1459 2. 3.	Sa 1463 2. 3.	3131 2. 3.	1465 3.	1467 3.	1469 2. 3.	†1461 3.	1471 2. 3.
Stuttgart Hbf 🍷 (Weitere Züge 323 u 326a)	ab	...	**12.08**	†12.16	...	Sa12.48	a12.58	Sa**13.43**	...	**14.08**	14.16	Sa15.22	b15.36	oG	...	...	†16.00	16.28
Stg-Bad Cannstatt		...	**12.15**	u12.22	...	12.58	13.05	**13.49**	...	**14.15**	14.24	15.29	15.41	...	...	...	16.06	16.37
Stuttgart-Sommerrain		...		Sa12.30	...				...			15.36	15.47	...	...	...		
Fellbach		...		12.36	...	13.09	13.15		...	[Wagen]	14.35	15.40	15.51	...	...	...	16.16	16.48
Waiblingen 323	an	...	**12.27**	12.39	...	13.13	13.19	**14.00**	...		14.38	15.44	b15.55	...	...	...	16.20	16.51
	ab	a12.05	**12.28**	12.40	...	13.15	13.21	**14.01**	...	Stuttgart-Nürnberg-Marktredwitz-Hof	14.40	15.45	...	a16.00	...	...	16.21	16.53
Rommelshausen		12.08	Stuttgart-Heidenheim	12.45	...	13.19	13.24	Stuttgart-Crailsheim	...		14.44	15.48	...	16.03	...	...	♣	16.57
Stetten (Remstal)		12.12		12.49	...	13.24	13.29		.		14.48	15.53	...	16.07	...	...		17.02
Endersbach		12.16		12.53	...	13.28	13.32		...		14.52	15.56	...	16.11	...	...	16.28	17.05
Beutelsbach		12.19		12.56	...	13.31	13.36		...		14.56	16.00	...	16.14	...	...		17.09
Grunbach		12.23		13.01	...	13.37	13.40		...		15.01	16.04	...	16.18	...	...	16.34	17.14
Geradstetten		12.27		13.04	...	13.41	13.43		...		15.06	16.08	...	16.22	...	...		17.17
Winterbach (b Schorndorf)		12.32		13.10	...	13.47	13.48		...		15.12	16.13	...	16.27	...	...	16.41	17.23
Weiler (Rems)		12.35		13.13	...	13.52	13.51		...		15.16	16.16	...	16.31	...	...		17.26
Schorndorf 324 e	an	12.39	**12.45**	13.17	...	13.56	13.55	**14.18**	...	**14.42**	15.20	16.19	...	a16.34	...	...	†16.46	17.30
	ab	12.40	**12.47**	13.19	a13.25	13.59	13.59	**14.19**	...	**14.43**	15.24	16.21	...	nach Rudersberg	a16.42	...	Stuttgart—Welzheim Sonntagsausflugzug	a17.33
Urbach (b Schorndorf)		12.45		13.24	13.31	14.05	14.05		...		15.31	16.26	...		16.48	...		17.38
Plüderhausen		a12.49	**12.54**	13.29	13.35	14.09	14.09	**14.27**	...		15.36	Sa16.30	...		16.53	...		17.43
Waldhausen (b Schorndorf)		an		13.34	13.41	14.15	14.15		...		15.43	an	...		16.59	...		17.49
Lorch (Württ)		...	**13.04**	†13.41	13.48	14.23	14.23	**14.36**	———		15.51	———	...		17.06	...		17.56
Deinbach		...		u13.46	13.53	14.29	14.29		Sa 15		15.58	17	...	...	17.13	...		18.01
Schwäb Gmünd 320 m (siehe auch 324 f)	an	...	**13.12**	Sa13.52	a13.59	14.34	a14.34	**14.44**	3.	**15.03**	16.04	3.	...	...	a17.19	...		a18.07
	ab	...	**13.14**	...	...	14.36	...	**14.46**	Sa14.55	**15.05**	16.07	a16.18	...	...	...	a17.43		...
Hussenhofen		...		...	...	14.44	...				16.14	16.25	...	...	...	17.51		...
Unterböbingen 324 f		...	**13.27**	...	...	15.02	...		Sa15.06		16.23	a16.31	...	...	...	18.01		...
Mögglingen (b Gmünd)		...		...	...	15.09	...		an		16.31	an	...	...	...	18.08		...
Essingen (b Aalen)		...		...	...	15.19	...		...		16.41	...	...	...	...	18.19	...	...
Aalen 🍷 324 a. 324 h	an	...	**13.46**	...	...	Sa15.26	...	**15.11**	...	**15.34**	16.49	↘ ...	...	...	...	a18.26	...	...
ED Stuttgart	**Zug Nr / Klasse**	**1441 2. 3.**		**S 665 3.**							**Sa1449 2. 3.**	**1459 2. 3.**	**1583 3.**	**1545 3.**				
Aalen 🍷 324a. 324 h (weitere Züge siehe Nr 324 a)	ab	13.20	...	**14.10**	...	...	...	**15.16**	...	**15.36**	Sa 15.45	17.16	17.27	a18.04	...	...	...	...
Wasseralfingen		13.26	...	Ulm-Crailsheim (-Lauda)	...	...	...		...		15.51	17.23	17.33	18.09	...	...	...	...
Hofen (b Aalen)			...		...	...	...		...			17.27		18.13	...	...	...	...
Goldshöfe	an	13.33	...		...	...	...		...		15.57	17.33	17.40	18.18	...	...	...	...
Crailsheim 324 a	an	...	...	**14.53**	...	...	...	Sa**15.55**	...	**16.21**	...	...	18.48	a19.10	...	...	...	...
Nürnberg *Hbf* 420	an	...	...	...	...	...	...	...	...	**17.50**	...	...	*22.21*	*22.21*	...	...	...	...
Hof Hbf	an	...	...	...	...	...	...	...	...	**20.49**	...	...	...	...	...	...	...	...
Goldshöfe	ab	13.34	...		...	...	...	...	...	...	15.58	17.34	...	...	...	...	...	...
Frankenreute		13.38	...		...	...	...	...	...	...		17.40	...	...	...	...	...	...
Westhausen		13.43	...		...	...	...	...	...	...	16.06	17.45	...	...	...	...	...	...
Lauchheim		13.50	...		...	...	...	...	...	...	16.16	17.54	...	...	...	...	...	...
Röttingen (Württ)		13.56	...		...	...	...	...	...	...	16.22	18.02	...	...	...	...	...	...
Aufhausen (Württ)		14.02	...		...	...	...	...	...	...	16.28	18.08	...	...	...	...	...	...
Bopfingen		14.08	...		...	...	...	...	...	...	16.33	18.14	...	...	...	...	...	...
Trochtelfingen (b Bopfingen)		14.13	...		...	...	...	...	...	...	16.38	18.20	...	...	...	...	...	...
Pflaumloch		14.19	...		...	...	...	...	...	...	16.44	18.26	...	...	...	...	...	...
Nördlingen 411 g	an	14.25	.		...	...	...	...	...	...	Sa 16.50	18.32	...	...	...	...	...	...

F 105 [1.2.3] Paris—Warszawa
[1.2.3] Paris—Stuttgart Nürnberg—Bayreuth vom 20. VII. bis 28. VIII. 52
[Schlafwagen] 1. 2. Kl Paris—Praha—(Warszawa)

D 237 [1.2.3] Stuttgart—Pegnitz—Bayreuth

D 247 [1.2.3] Stuttgart—Pegnitz—Bayreuth

a = ✕ außer Sa

b = täglich außer Sa

♣1) als Sonntagsausflugzug von Stuttgart bis Schwäb Gmünd zugelassen

[Bus] **Aalen—Nördlingen 1324**

Sommerabschnitt 1951 des Jahresfahrplans 1951/52 auf der Remsbahn. Neu: S = Städteschnellzug

324 e Schorndorf—Welzheim und zurück

km	ED Stuttgart Zug Nr / Klasse	✕7 3.	†11 3.	✕15 3.	†1437 3.	✕19 3.		†23 3.	Sa 27 3.	29 3.	Sa 33 3.		Sa 37 3.	★41 3.		1465 3.	†1461 3.		47 3.	53 3. oG		55 3.	
	Stuttgart Hbf 324 ab	✕4.53	†5.46	✕6.02	†7.48	8.46	...	10.46	...	...	Sa12.16	...	Sa13.43	14.16	...	15.36	†16.00	...	17.08	18.17	...	19.29	..
0,0	**Schorndorf** 324 ab	✕6.00	†6.50	✕7.00	†8.31	✕ 9.46	...	†12.00	Sa12.10	a12.27	Sa13.20	...	Sa14.26	★b15.30	...	a16.36	†16.47	...	18.06	a19.37	...	†20.15	...
3,0	Haubersbronn	6.06	6.56	7.06		9.52	...	12.06	12.16	12.33	13.26	...	14.32	15.36 (an † 2. 3. Kl)	...	16.42	16.53	...	18.12	19.43	...	u 20.21	...
5,4	Miedelsbach-Steinenberg	6.13	7.03	7.12	8.45	9.59	...	12.12	12.22	12.40	13.32	...	14.39	15.43	...	16.48	17.00	...	18.18	19.50	...	Sa20.28	...
7,6	Michelau (Württ)	6.18	7.08	7.17	⛪	10.04	...	12.17	12.27	12.45	13.37	...	14.44	15.48	...	16.53	17.05	...	18.23	19.55	...	20.33	...
8,6	Schlechtbach	6.22	7.12	7.20		10 08	...	12.21	12.31	12.48	13.41	...	14.48	15.52	...	16.57	17.09	...	18.27	19.59	...	20.37	...
10,0	Rudersherg	6.28	7.15	✕7.23	8.54	10.12	...	12.25	Sa12.34	12.53	13.45	...	14.54	15.56	...	a17.00	⛪ 17.14	...	18.31	20.04	...	20.41	...
11,5	Oberndorf (b Rudersberg)	6.32	7.19	an		10.16	...	12.29	an	12.57	13.49	...	14.58	16.00	...	an	17.18	...	18.35	20.08	..	20.45	...
14,4	Klaffenbach-Althütte	6.39	7.27	...	9.05	10.23	. .	12.36	...	13.04	13.56	...	15.05	16.08	...	...	17.27	...	18.44	20.16	...	20.52	...
17,5	Laufenmühle	6.46	7.34	...	9.14	10.31	...	12.44	..	13.12	14.03	...	15.13	16.16	...	...	17.36	...	18.51	20.24	...	†20.59	...
20,9	Breitenfürst	6.55	7.44	...		10.40	...	12.53	...	13.21	14.12	...	15.22	16.25	...	...	17.47	...	19.00	20.33	...	u 21.08	...
22,0	**Welzheim** an	✕7.00	†7.49	...	†9.28	✕10.45	...	†12.58	...	a13.26	Sa14.17	..	Sa15.27	b16.31	...	...	†17.53	...	19.06	a20.39	...	Sa21.14	...

km	ED Stuttgart Zug Nr / Klasse	✕2 3.	†6 3.	✕8 3. oG	✕12 3.	✕16 3.	†18 3.	✕20 3.	†1442 3.	Sa 26 3.	28 3.	†32 3.	314 3.	Sa 36 3.	Sa316 3.	1472 3.	†42 2. 3.	44 3.	†1486 3.	52 3.	320 3.		†56 3.
0,0	**Welzheim** ab	...	†4.46	✕4.57	✕5.53	...	†7.56	✕8.02	†10.31	Sa12.08	a 12.20	†13.10	a13.47	Sa14.25	Sa15.55	nach Waiblingen	†16.40	a17.00	†18.24	†19.12	a19.34	bis 30. IX. 52	†21.24
2,4	Breitenfürst	...	4.52	5.03	5.59	...	8.02	8.08	10.37	12.14	12.26	13.16	13.54	14.31	16.03		16.46	17.06		u 19.18	19.40		21.30
5,9	Laufenmühle	...	4.59	5.10	6.06	...	8.10	8.16	10.45	12.22	12.34	13.23	14.02	14.38	16.17		16.54	17.14	18.37	Sa19.25	19.52		21.37
8 5	Klaffenbach-Althütte	...	5.05	5.16	6.13	...	8.16	8.22	10.51	12.28	12.40	13.29	14.09	14.44	16.26		17.00	17.21	18.45	19.31	20.07		21.43
11,4	Oberndorf (b Rudersberg)	...	5.11	5.22	6.19	...	8.22	8.28	10.58	12.34	a 12.46	13.35	14.16	14.50	16.35		17.06	17.27		19.37	20.17		21.49
12,9	Rudersberg	✕4.49	5.15	5.26	6.27	✕7.30	8.30	8.32	⛪ 11.02	12.38	✕12.52	13.39	14.26	14.55	16.45	a17.06	17.13	17.32	18.54	19.41	20.24		21.53
14,0	Schlechtbach	4.53	5.18	5.30	6.31	7.33	8.34	8.35	11.05	12.41	12.55	13.42	14.30	14.58	16.49	17.09	17.16	17.36		19.44	20.27		21.57
15,3	Michelau (Württ)	4.57	5.22	5.34	6.35	7.36	8.38	8.38	11.09	12.45	12.59	13.46	14.34	15.02	16.54	17.12	17.20	17.40	⛪	19.48	20.31		22.01
17,5	Miedelsbach-Steinenberg	5.02	5.27	5.39	6.40	7.42	8.44	8.44	11.15	12.50	13.04	13.51	14.40	15.07	17.05	17.17	17.25	17.45		†19.53	20.36		22.06
19,9	Haubersbronn	5.09	5.34	5.46	6.47	7.48	8.50	8.50	11.22	12.56	13.10	13.58	14.47	15.14	17.17	17.24	17.32	17.52		u 19.59	20.42		22.12
22,9	**Schorndorf** 324 an	✕5.15	†5.40	✕5.52	✕6.53	✕7.54	†8.56	✕8.56	†11.28	Sa13.02	✕13.16	†14.04	a15.03	Sa15.20	Sa17.33	a17.30	†17.38	a17.58	†19.13	Sa20.05	a20.59		†22.19
	Stuttgart Hbf 324 an	✕6.35	6.39	✕7.06	✕7.36	9.04	:9.34	:9.34	†12.34	:13.41	a 14.17	15.14	...	Sa16.12	:18.16	a18.47	†18.52	19.16	†19.55	21.06	:21.40		23.15

a = ✕ außer Sa b = täglich außer Sa ⛪ Sonntagsausflugzug

324 f Schwäb Gmünd—Unterböbingen—Heubach

Alle Züge 3. Klasse

Mo 5	7 oG	9	11	†13	Sa 15	17	19	21	†23	✕319	321	†323	km	Zug Nr ED Stuttgart Zug Nr		Mo 4	✕6	8	10	14	†uSa16	18	20	22	†24	✕320
...	...	:7.26	10.46	...	Sa13.43	14.16	...	...	a17.15	:17.36	...	19.29		ab Stuttgart Hbf 324	an	✕ 6.35	...	:9.34	:11.15	15.14	...	19.16	21.06/	20.12	:21.40	
...	...	:8.20	12.13	...	Sa14.44	16.04	...	...	a19.05	:18.39	...	20.36		an Schwäb Gmünd	ab	✕ 4.40	...	:8.40	:10.27	13.44	...	17.43	a18.59/	19.11	:20.47	
...	†6.06	8.30	12.26	...	Sa14.55	a16.18	...	...	...	✕19.13	...	†20.48	0,0	ab **Schwäb Gmünd** (siehe auch 324)	an	Mo4.36	...	7.17	9.31	✕13.34	...	Sa17.24	...	a 18.57	†20.09	...
...	6.13	8.36	12.34	...		16.25	...	...	...	19.22	...	20.56	5,1	Hussenhofen		4.30	...	7.11	9.25	13.28	...	17.18	...	18.51	20.03	...
...	†6.19	8.42	12.40	...	15.06	a16.31	...	...	...	19.29	...	21.04	9,8	an **Unterböbingen**	ab	d 4.24	...	7.05	9.19	✕13.22	...	Sa17.12	...	a 18.45	19.57	...
Mo5.35	6.20	8.44	12.48	†13.32	15.07	16.32	b17.31	a18.05	†19.15	19.30	✕20.55	21.10	9,8	ab **Unterböbingen**	an	4.23	✕6.05	6.49	9.18	13.21	†16.16	17.03	a17.59	b18.44	19.56	✕20.21
d 5.40	6.25	8.48	12.53	13.37	15.12	16.37	17.35	18.09	19.19	19.36	21.02	21.17	11,5	Oberböbingen		4.19	6.01	6.44	9.14	13.16	u 16.11	16.58	17.54	⛪ 18.40	19.52	20.16
Mo5.46	6.31	8.55	12.59	†13.43	Sa15.19	16.44	b17.42	a18.16	†19.26	✕19.45	✕21.12	†21.27	14,2	an **Heubach** (Württ)	ab	Mo4.13	✕5.55	6.38	9.08	13.10	Sa16.05	16.52	a17.48	b18.34	†19.46	✕20.09

a = ✕ außer Sa b = täglich außer Sa d = verkehrt auch 23. V. u 3. VI. 52 ⛪ als Sonntagsausflugzug zugelassen

Außerdem Sonntagsausflugzug Nr 25 † Schwäb Gmünd ab 9.50, Unterböbingen 10.01/10.02, Heubach an 10.12 und Zug Nr 26 † Heubach ab 11.08, Oberböbingen 11.14, Unterböbingen 11.18/11.19, Hussenhofen 11.25, Schwäb Gmünd an 11.31

87 Die Gattung »Sonntagsausflugzug«: Verkehrsbelebung auf den Nebenbahnen, Sommerabschnitt 1952

ihren Niederschlag im dritten Elektrifizierungsabkommen vom 28. April 1965.

Inhaltlich war dieses Abkommen das umfangreichste und enthielt – mit einer Ausnahme – nur ausgesprochene Fernstrecken. Den Auftakt dazu bildete die am 26. September 1971 dem elektrischen Betrieb übergebene Strecke der Remsbahn von Schorndorf bis Aalen. Neben Dr. Reinhold Maier und den beiden damaligen Landräten Dr. Anton Huber und Dr. Friedrich Röther hatten wesentlichen Anteil an dem Zustandekommen dieser Teilstrecke die lokalen Abgeordneten Dr. Guntram Palm, der seinerzeit Oberbürgermeister der Stadt Fellbach war, und Erich Ganzenmüller sowie der damalige Referent bei Finanzminister Robert Gleichauf, Dr. Helmut Ohnewald.

Außerhalb der in den Abkommen enthaltenen Bauvorhaben gab es noch zusätzliche Leistungen, von denen auch die Region Ostwürttemberg einen direkten Nutzen hatte. Eine solch erfreuliche Maßnahme bildete die Strecke von Aalen über Nördlingen nach Donauwörth, deren elektrischer Betrieb am 28. Mai 1972 aufgenommen werden konnte. Im Hintergrund dieses Vorhabens standen die Olympischen Spiele 1972 in München und ihre Vorplanungen, wozu auch verkehrspolitische Maßnahmen kamen. Die Elektrifizierung und ihre Resultate waren höchst erfreuliche Tatsachen.

Es gab in jener Zeit aber auch Ereignisse, die weniger erfreulich waren. Nicht allein die verderbliche Konkurrenz des Lastkraftwagens war es, sondern auch die Fortschritte der staatlich protegierten und zur Genüge subventionierten Binnenschiffahrt. Dieser Verkehrszweig war schon zu Beginn des Jahrhunderts für viele Gegenden und Städte ein besonders erstrebenswertes Prestigeobjekt. Schon im Jahre 1908 wurde hierzulande dafür geworben.

88 *Umstellung auf elektrischen Betrieb: Turmtriebwagen bei der Arbeit in Schwäbisch Gmünd, 1971*

89 *Ein seltener Gast auf der Remsbahn: Lokomotive 116 006-8 aus Freilassing vor Sonderzug, Mai 1977*

Im Jahre 1935 erreichte der kanalisierte Neckar Heilbronn. Der dortige neue Hafen bedeutete einen empfindlichen Einbruch in den süddeutschen und vor allem württembergischen Wirtschaftsraum. Noch konnte der Konkurrenz begegnet werden. Anders wurde es schon, als zu Beginn der fünfziger Jahre der Kanal die Landeshauptstadt Stuttgart erreicht hatte. Der neue Hafen wurde sehr bald auch für den 75-km-Umkreis interessant. Der kurze Zeit später errichtete Hafen Plochingen, seinerseits erbitterter Konkurrent des Stuttgarter Hafens, tat ein übriges, um für Frachtempfänger den Bezug größerer Mengen auf dem Wasser interessant zu machen. Die vielen Lagerhäuser und Tankanlagen schossen empor und sind heute mitverantwortlich dafür, daß der Güterverkehr auf der Schiene Not leidet. Der Einbruch in den Anteil der Ölfrachten ist enorm.

Das Jahr 1964 brachte in Schwäbisch Gmünd eine eisenbahnfeindliche Entscheidung, von der auch andere Städte des Landes nicht verschont blieben, der Bezug von Raffineriegas, das durch besondere Gasleitungen den einzelnen Abnehmergemeinden zugeführt wurde. Einerseits stellt diese Energieart eine Verbesserung dar, aber die örtlichen Gaswerke, die bisher ihre Produkte selber hergestellt hatten, gingen nun auch auf diese einfachere Methode über. Waren früher kommunale Gaserzeuger unabhängig, so wendete sich die Sache durch Fremdgasbezug plötzlich. In Schwäbisch Gmünd hatte das zur Folge, daß der Bezug der mit der Schiene angefahrenen Kohlenmengen von nun an wegfiel. Die erst seit einem Jahrzehnt bestehende Kohlenförderanlage wurde stillgelegt und dem Schneidbrenner überantwortet. Wenige Jahre später wurden die verschiedenen Hochbauten des

90 Kohlenentladeanlage der Stadtwerke Schwäbisch Gmünd mit Transportbahn zum Gaswerk, erbaut 1954

Gaswerks, das in das Jahr 1861 zurückreicht, geschleift und das Gelände später zu einem der vielen Parkplätze und Tiefgaragen umgewandelt.
Der Wechsel von der Kohlenheizung zur Ölheizung, von den Ölkonzernen tatkräftig unterstützt und nachhaltig propagiert, bedeutete eine weitere Verlagerung der Eingangsfrachten auf der Schiene. Andererseits brachte dieser Wechsel die Anlage größerer Tanks auf dem Bahngelände. Im Militärverkehr brachte der Vietnam-Krieg vor allem für das Instandsetzungswerk beachtliche Frachten an reparaturbedürftigem rollenden Material, ein Beweis, daß Kriege das Transportgeschäft, wenn auch im negativen Sinne, beleben.
Die vielen Fahrten mit schweren Transportzügen zu den oberpfälzischen Truppenübungsplätzen Vilseck und Grafenwöhr brachten noch in den sechziger Jahren einen starken Militärverkehr. Diese Züge wurden in der Regel mit zwei Maschinen der Baureihe 44 des Bahnbetriebswerks Weiden bespannt. Erst als die amerikanischen Truppen nach und nach dazu übergingen, ihren Nachschub aus den USA auf dem Luftwege nach Europa zu transportieren, machte sich diese Umstellung auch beim militärischen Schienenverkehr bemerkbar.
Die erfreuliche Entwicklung, die der Schienenverkehr in der Ära von Georg Leber sich anzuschicken begann, wurde leider sehr bald von einer immer mächtiger werdenden Lobby der Straßenverkehrsinteressenten erstickt und zunichte gemacht.
In jener Zeit wurde immer wieder mit Nachdruck die Mär verbreitet, das Remstal und der ostwürttembergische Raum lägen im »Verkehrsschatten«. Dieser Ausdruck konnte in manchen Dingen des Eisenbahnfahrplans berechtigt gewesen sein. Im Hinblick auf die Straße war dieses Gerede aber bewußt auf eine Forcierung des Straßenbaus ausgerichtet. Die Klage über die vielen Unfälle war schließlich nicht auf zu enge und schlechte Straßen zurückzuführen, sondern eben ganz einfach auf die immer stärker expandierende Motorisierung. Mitte der siebziger Jahre formierte sich eine lautstarke Lobby von Straßenbefürwortern, die bei den zuständigen Stuttgarter Instanzen Stimmung für den Straßenbau zu machen verstanden und sogar in der Stuttgarter Innenstadt eine Demonstration für einen Neubau der Bundesstraße 29 inszenierten.
Die Agitationen gingen weiter, obwohl in der Zwischenzeit durch die Umstellung auf elektrische Zugförderung eine durchgehende Strecke unter dem Fahrdraht zwischen Stuttgart und Donauwörth via Nördlingen vorhanden war und Verbesserungen im Fahrplan mit sich brachte.
Hand in Hand mit den ständigen Bestrebungen, aus dem sog. Verkehrsschatten herauszukommen, liefen die Bemühungen, die Städte zu erweitern. Der zunehmende Motorisierungsgrad erlaubte es, auch dort Siedlungen anzulegen, wo bisher weder Bahn noch Bus die Möglichkeiten zur Anbindung geschaffen hatten. Bei den größeren Siedlungen hatte dies zur Folge, daß die alten Siedlungskerne verlassen und völlig umstrukturiert wurden.
Anfang der siebziger Jahre hatte die Stadt Schwäbisch Gmünd einen geradezu unwiderstehlichen Expansionsdrang. Den Angliederungen folgte die Erschließung von Baugrund, deren wesentliche Voraussetzung die Regelung der Verkehrsanbindung war. Teile der Bevölkerung dieser neubesiedelten Gebiete, die ohne Auto waren, forderten den Einsatz von Omnibussen für den öffentlichen Personenverkehr. Bei der Eingliederung der beiden Eisenbahnanlieger Herlikofen (1969) und Straßdorf (1972) wäre es notwendig gewesen, den Anreiz zur Ansiedlung mit dem Vorzug des Schienenanschlusses zu verbinden und schmackhaft zu machen. In Hussenhofen wurde laut Eingemeindungsvertrag dem Gmünder Stadtverkehr gestattet, Fuß zu fassen, obwohl hier eine Lösung im Schienenparallelverkehr geschaffen wurde. Ähnlich verhielt es sich bei Straßdorf mit seinen Teilgemeinden Metlangen und Reitprechts, die bereits eisenbahnmäßig erschlossen und angebunden waren. Auch hier sprang das Omnibusunternehmen in die Lücke und eroberte sich gleichzeitig die Bewilligung des Schülerverkehrs in die Zentral-

50 566

92 *Noch lange Zeit beherrschte die bayerische S 3/6 das Bild der Schnellzüge, hier: 18 613, etwa 1960*

◁91 *Rangierender Güterzug in Schwäbisch Gmünd um 1960*

93 *Von der Baureihe 01 waren die verschiedensten Spielarten im Schnellzugdienst eingesetzt, um 1961*

schule nach Straßdorf. Von seiten der Stadt wurde kein Versuch unternommen, im Einvernehmen mit der DB über einen möglichen Zusatzverkehr zu verhandeln.

Die Quittung für diese Verkehrspolitik kam postwendend. Trotz genügend großer Bevölkerungszahl wurde 1975 der Haltepunkt Hussenhofen aufgehoben. Als Vorwand wurde eine dringend nötige Straßenüberführung angegeben, die aber bis zum Herbst 1986 noch nicht ausgeführt war. Handfeste Proteste blieben auch in diesem Falle nicht aus. Mit einer Kostenbeteiligung von seiten der Stadt wäre aber eine entsprechende positive Lösung doch möglich gewesen, wie auch der Fall der Gemeinde Westhausen beweist, die sich für die Erhaltung des auf ihrem Gemarkungsgebiet gelegenen Haltepunktes Frankenreute unter ihrem damaligen Bürgermeister Paul Ott tatkräftig eingesetzt und sichtbaren Erfolg erzielt hat. In Straßdorf blieb es ebenfalls nur bei Protesten. Vorschläge, wie auf wirkungsvolle Weise der Schienenverkehr hätte belebt werden können, blieben aus. Konkrete Gegenvorschläge fanden kein Gehör.

Im Falle des Stadtteils Degenfeld, der nur knappe zwei Kilometer vom Bahnhof Weißenstein der Nebenbahn Süßen–Weißenstein entfernt war, sind in der Öffentlichkeit keine Bemühungen um den Erhalt der genannten Nebenbahnstrecke seitens der Stadt bekannt geworden. Schließlich aber war die Nachbarstadt Weißenstein, das heutige »Lauterstein«, im Nachbarkreis Göppingen gelegen!

Das Gespenst der Streckenstillegungen ging in den siebziger Jahren um und ereilte auch die Nebenbahn Unterböbingen–Heubach. Gerade die Kreise, die sich vor und nach dem Ersten Weltkrieg für diese Verbindung stark gemacht hatten, u. a. die weltbekannte Heubacher Miederindustrie, blieben jetzt stumm. Sie hatten jetzt andere Maßstäbe. Da war ein Flugplatz in Heubach wichtiger, der aber wieder geschickt abgestoßen wurde, als die Sache nicht die erwünschten Gewinne erbrachte. Die Stadt Heubach nutzte nicht die Chance, die Bahn zu erwerben und als Anschlußgleis weiterhin zu betreiben. Im Jahre 1975 wurde der noch verbliebene Güterverkehr eingestellt und die Strecke zwei Jahre später abgebrochen. Die im Heubacher Güterschuppen untergebrachte Niederlassung der Firma Danzas mit gutem Warenumschlag wurde auf den benachbarten Bahnhof von Unterböbingen verlegt!

Die Pläne zum Straßenbau im Remstal lösten im Jahre 1979 eine allgemeine Diskussion aus. Das Regierungspräsidium Nordwürttemberg in Stuttgart hatte auf die vielen Diskussionen und Aktivitäten hin verschiedene Planvarianten auf den Tisch gelegt. Darunter war auch eine Möglichkeit auf Kosten der Eisenbahn aufgezeichnet, wohl eine Utopie, aber von einigen Politikern als Diskussionsbeitrag allen Ernstes verfochten. Während die Eisenbahn auf einer Strecke von ungefähr drei Kilometern in den Berg verlegt werden sollte, war für die Straßenführung das Planum der Eisenbahnstrecke vorgesehen. Die Diskussion um die Straßenfrage, wohlgemerkt um die Ausführung als Autobahnstrecke A 87, drohte zu einer Art Glaubenskrieg auszuarten, wobei die emsigen Straßenverfechter ihre Gegner vielfach mit Hohn und Spott bedachten.

Die Stadt Schwäbisch Gmünd hatte sich mit dem Regierungspräsidium arrangiert. Die Pläne einer Bürgerinitiative, die sich kritisch mit dem Problem auseinandergesetzt und für weitgehende Schonung von Landschaft und Stadtgebiet eingesetzt hatte, wurden wohl vom Regierungspräsidium zur Kenntnis genommen und vereinnahmt, aber kaum bei der Bearbeitung berücksichtigt.

Obwohl nicht vor Beginn der neunziger Jahre mit einem Baubeginn gerechnet werden kann, fallen jetzt schon wertvolle Flächen der zukünftigen Streckenführung zum Opfer. Betroffen ist davon vor allem das Gelände des städtischen Bauhofes an der Lorcher Straße mit dem Industriegleis West, das somit brach liegt, obwohl dessen neue Einführung in das Industriegelände im Plan bereits festliegt. Daß der gigantische Tunnelbau ungeheure Belästigungen auf längere Zeit bringen wird, stört

94 *Brennkraft-Lokomotiven der Reihe V 200: Ablösung der Dampfleistungen bis 1971*

95 *ET 403 als Sonderzug der Deutschen Gesellschaft für Eisenbahngeschichte (DGEG) am 15. Juni 1975*

die Öffentlichkeit kaum. Interessant ist allerdings, daß die neutrassierte Bundesstraße 29 bei Hussenhofen und zwischen Gmünd West und Plüderhausen ungefähr den trassenmäßigen Verlauf nimmt wie die geplante hitlersche Breitspurbahn München–Paris aus dem Jahre 1943, sicherlich nicht mehr als ein reiner Zufall.

Das Jahr 1985 brachte das Ende der Nebenbahn Göppingen–Schwäbisch Gmünd und somit auch der verkehrsmäßigen Verbindung mit der Nachbarstadt Göppingen. Hier hagelte es verschiedene Proteste. Neben diesen berechtigten verbalen Einwänden wurden leider auch die Bestrebungen vermißt, der Strecke neues Leben zuzuführen. Daß dies aber nur durch eine angemessene Beteiligung der Kommunen möglich gewesen wäre, versteht sich von selbst. Diese aber sind eher geneigt, bei Straßenbauplänen anstandslos horrende Beträge beizusteuern, während sie sich bei Beträgen für den Schienenverkehr zugeknöpft zeigen. Um die Gelder, die in diesen Tagen für einen namhaften Automobilproduzenten im badischen Raume vom Herrn Ministerpräsidenten Späth in großzügiger Manier ausgeworfen wurden, hätten sich mehrere Nebenbahnen der Umgebung schön sanieren lassen. Hier zeigte sich das Land sehr großzügig, verkannte aber seltsamerweise, daß diese Subventionen nur dazu dienen, die Automobilproduktion in unverantwortlicher Weise in die Höhe zu treiben.

Erfreulich war, daß im Jahre 1983 ein Versuch gemacht wurde, den TEE RHEINGOLD in der Relation Heidelberg–Augsburg und zurück mit einem Flügelzug-Paar einmal über andere, nicht ganz konventionelle Wege zu leiten. Dabei waren in Eberbach, Heilbronn Hbf, Schwäbisch Gmünd, Aalen, Nördlingen und Donauwörth Halte vorgesehen. Diese von der Hauptverwaltung der DB in Frankfurt gutgeheißene Regelung sollte in erster Linie dem Fremdenverkehr und seiner Werbung dienen. An der ganzen Strecke wurde dieses Ereignis mit der entsprechenden Aufmerksamkeit verfolgt und auch spektakulär begangen, wie die Begrüßungen dieses legendären Zuges bzw. seines Münchener Flügels auf den Haltebahnhöfen unter Beweis stellten. Da die Resultate nach den Ansprüchen der Hauptverwaltung der DB nicht den Erwartungen entsprachen, wurde diese Leistung nach dem zweiten Betriebs-Sommer wieder gestrichen, weniger wegen dem Fahrgastumschlag der einzelnen Bahnhöfe, als vielmehr der Gesamtbesetzung auf der ganzen Strecke. Der Verlust dieser interessanten Leistung wurde zwar allgemein bedauert, war aber vom volkswirtschaftlichen Standpunkt aus durchaus zu verstehen. Einen angemessenen Ersatz bildete allerdings die Verlängerung des D 382/383 BARBAROSSA zwischen Stuttgart und Nürnberg. Dieses internationale Zugpaar, das von den Italienischen Staatsbahnen (FS) gestellt wurde und zwischen Sestri Levante bis Nürnberg und zurück verkehrte, hatte sich in der relativ kurzen Zeit, in der es eingesetzt war, gut eingespielt und ist sehr beliebt, wie man aus den Besetzungsquoten entnehmen konnte.

Eine der jüngsten Neuerungen mit erfreulichem Charakter ist die Fertigstellung des elektrischen Ausbaus der Strecke Goldshöfe–Crailsheim–Ansbach am 14. Mai 1985. Dieser Tag stellte in der Eisenbahn- und Verkehrsgeschichte des Freistaates Bayern und des Bundeslandes Baden-Württemberg ein bemerkenswertes Datum dar. Nach gut drei Jahren Bauzeit konnte zu diesem Tage auf dem 77,13 km langen Streckenabschnitt der elektrische Betrieb zum Sommerfahrplan 1985 aufgenommen werden. Trotz aller negativen Seiten unserer modernen Verkehrspolitik sind immer wieder auch erfreuliche Dinge zu vermelden. Die Remsbahn hofft, bei den Neuerungen im Zusammenhang mit dem Programm INTERREGIO auch gebührend berücksichtigt zu werden. Die Grundlage dafür bildet immerhin das schon bestehende und gut eingespielte D-Zug-Netz in der Relation zwischen Stuttgart und Nürnberg.

Zum Abschluß möge uns ein Zitat des dänischen Dichters Hans Christian Andersen von 1843, das noch aus der Frühzeit der Eisenbahnen stammt, zum Nachdenken anregen: »Wir wollen uns einen gewöhnlichen Landweg vorstellen, er laufe gerade, er mache eine Biegung, gleichviel, aber er

96 Güterzug mit Personenbeförderung von Schorndorf nach Welzheim auf dem Steinbach-Viadukt 1967

muß eben sein, . . . daher sprengen wir jeden Berg, der sich in den Weg stellt, bauen auf starken Bogen eine Brücke über Sümpfe und tiefe Thäler, und wenn sich dann der ebne Weg vor uns erstreckt, legen wir da, wo die Räderspur gehen wird, Eisenschienen, welche die Wagenräder erfassen können. Die Dampfmaschine wird vorgespannt mit ihrem Meister darauf, der sie zu lenken und aufzuhalten versteht, Wagen kettet sich an Wagen mit Menschen oder Vieh, und fort fährt man.
Auf jedem Punkte des Weges weiß man Stunde und Minute, wann die Wagenreihe eintreffen wird, man hört meilenweit die Signalpfeife, wenn der Zug in Bewegung ist, und rings umher, wo Nebenwege für gewöhnlich Fahrende und Gehende die Eisenbahn durchschneiden, läßt die aufgestellte Wache den Schlagbaum vor ihnen nieder, und die guten Leute müssen warten, bis wir passirt sind. Längs der Bahn, alle Meilen, welche sie sich erstreckt, sind kleine Häuser so weit voneinander errichtet, daß die, welche Wache stehen, gegenseitig ihre Flagge sehen können, damit sie zur rechten Zeit die Bahn zu reinigen wissen, daß kein Stein oder Zweig über den Schienen liege.
Seht, das ist eine Eisenbahn! Ich will hoffen, man habe mich verstanden.«

97 Blick vom Stellwerk »Gf« auf den Bahnhof Schwäbisch Gmünd von Westen, 1971

98 Häufiger Gast in Schwäbisch Gmünd: der Gläserne Zug, 491 001-4 ist eben aus München eingetroffen.

Diese Sätze, mögen sie beim Lesen noch so antiquiert erscheinen, zeigen uns, daß in nahezu 150 Jahren Entwicklung und stetem Fortschritt Grundlagen und Aufgaben dieselben geblieben sind. Geändert haben sich die einzelnen Fakten und Erscheinungsformen. An die Stelle der Dampfkraft sind Elektrizität und Brennkraft getreten. Das Rollmaterial hat sich laufend verbessert. Die Überwachung ist heute Sache hochwertiger Technik geworden. Was aber im Laufe der allgemeinen Eisenbahngeschichte geblieben ist und stets die Garantie für eine problemlose Beförderung von einem Punkt zum anderen darstellt, ist der Fahrplan, auf den man sich allezeit verlassen kann. Dieser Vorzug zeichnet die Eisenbahn vor allen anderen Verkehrsmitteln aus.

Die hier geschilderte Geschichte der Eisenbahn in und um Schwäbisch Gmünd, im Raume des Remstales und von Ostwürttemberg zeigt, daß diese Gegend durch das neue Verkehrsmittel den Weg aus der verträumten Vergangenheit in die Gegenwart geebnet bekam und wie die optimale Lösung um die Trassenführung förmlich erkämpft wurden. Werden in der Gegenwart unverkennbar eisenbahnfeindliche Tendenzen offenbar, so präsentieren sich die Schienenwege als die sicheren Verkehrslinien, auf die Verlaß ist und bei denen das Wort Stau etwas Unbekanntes ist.

99 11. Mai 1982, 12.55 Uhr: Sonderzug D 20 176 verläßt Schwäbisch Gmünd in Richtung Aalen–Chabarovsk

Die vorliegende Eisenbahngeschichte versucht unter Beiziehung aller erreichbaren Quellen und Zeugnisse, Geschichte im Blickpunkt auf die Eisenbahn in einem umrissenen Bereich nachzuzeichnen und für die Nachwelt dokumentarisch festzuhalten. Wer aber nun im Zusammenhang damit meint, alle diese Dinge spielten sich im vorliegenden Falle nur in diesem begrenzten Raume ab, der irrt. Wenn mit dem Anschluß an das Schienennetz ein neuer Abschnitt für die meisten Anlieger begann, so wurde immer wieder offenbar, welche Kombinationen von Verbindungen das weitverzweigte Schienennetz zu bieten hat. Wer am 11. Mai 1982 den bisher längsten direkten Zug-

100 Routentafel des unbestritten längsten Zuglaufes

lauf auf der heimatlichen Eisenbahn und sicherlich auch im gesamten Bereich der Bundesbahndirektion Stuttgart gesehen hat und bestaunen konnte, wird das ohne weiteres zugestehen. Es war der TRANSSIBIRIEN-EXPRESS eines Stuttgarter Reisebüros von Stuttgart nach Chabarovsk. Die Überwindung einer Strecke von ca. 14 000 km über Ländergrenzen hinweg mit einem imposanten Schlafwagenzug der Sowjetischen Staatseisenbahnen (SDZ) zeigt sehr deutlich, daß die Eisenbahnen über Grenzen hinüberreichen und somit auch einen Beitrag zur Völkerverständigung leisten. Mögen die Schienenstränge weiterhin dieser schönen und friedlichen Aufgabe dienen!

Anmerkungen

Die Verkehrssituation bis zum Jahre 1840

1 Micheli, Hugo: Wirtschaft und Wirtschaftsbeziehungen im 18. Jahrhundert. In: Stadtarchiv Schwäbisch Gmünd (Hrsg.): Geschichte der Stadt Schwäbisch Gmünd, S. 271

Die staatliche Umwälzung zu Beginn des 19. Jahrhunderts als wesentliche Voraussetzung für neue Verkehrswege

1 Grube, Walter und Hans Haller: Württemberg in napoleonischer Zeit. Historischer Atlas von Baden-Württemberg, Beiwort zur Karte VII, 2
2 Wiegandt, Herbert: Ulm. Geschichte einer Stadt. Weißenhorn 1977, S. 183

Der Durchbruch des Eisenbahngedankens im Königreich Württemberg

1 Jacob, Oskar: Die Württembergischen Staatseisenbahnen in historisch-statistischer Darstellung. Dissertation, Tübingen 1895, S. 2
2 Borth, Wilhelm: Friedrich Lists Lebensweg. In: Friedrich List und die deutsche Frage. Stuttgart 1985, S. 3 und Seidel, Kurt: Eisenbahnbau in Württemberg. a. a. O., S. 45
3 Stadtarchiv Ulm B 005/5 Nr. 31 § 1972 (Ratsprotokoll) und B 773/14/11 (Eingabe an den Gemeinderat)
4 Herrmann, Klaus: Die Württembergische Eisenbahn-Gesellschaft. In: Zeitschrift für Württembergische Landesgeschichte. 37/1978, S. 212 ff.
5 Herrmann, Klaus: a. a. O.
6 Jakob, Oskar: a. a. O., S. 10

Der Weg zum Staatsbahnprinzip und das Tauziehen um den ersten Schienenweg in Württemberg

1 Archiv der Stadt Stuttgart (Hrsg.): Eduard Mörike und seine Freunde. Sammlung Kaufmann, Ausstellungskatalog, Stuttgart 1975, S. 147 f.
2 Morlok, Georg: Die Königlich Württembergischen Staatseisenbahnen. Rückschau auf deren Erbauung während der Jahre 1835–1889. Stuttgart, 1890, S. 15
3 Jakob, Oskar: a. a. O., S. 13
4 Hauptstaatsarchiv Stuttgart FX 3 Büschel 186/1843: Negrelli, L. (= Alois): Ertragsberechnung der Eisenbahn von Stuttgart durch das Remsthal nach Ulm. Stuttgart, den 29. August 1842, S. CCLXXIII (= 273)
5 Hauptstaatsarchiv Stuttgart FX 3 Büschel 186/1843: a. a. O., S. CCLXXII (= 272)
6 Morlok, Georg: a. a. O., S. 20
7 Regierungsblatt für das Königreich Württemberg, Jahrgang 1843, S. 277
8 Morlok, Georg: a. a. O., S. 87 sowie detailliert ausgearbeitete Profile in dem »Bericht des Baurath Morlok über eine Verbindung zwischen Fils- und Remsbahn August 1858« in der Plandatei der Bundesbahndirektion Stuttgart

Die Eisenbahnkommission und die Konsequenz ihrer Politik

1 Mährlen, Johannes (Bearb.): Anbringen der Handels- und Gewerbekammer zu Stuttgart an die Königliche Centralstelle für Gewerbe und Handel, betreffend Anträge und Wünsche der Handels- und Gewerbekammer in Absicht auf die projektierten Eisenbahnlinien von Lonsee nach Nördlingen, von Plochingen nach Reutlingen und von Mühlacker nach Pforzheim, Stuttgart 1856. Alle weiteren Zitate entstammen diesem umfangreichen Schriftstück. Ausnahmen davon werden besonders angegeben.
2 Verhandlungen der Kammer der Abgeordneten, Stuttgart, Donnerstag, den 26. Mai 1858. 46. Sitzung
3 Wochen- und Anzeigblatt der Stadt Donauwörth, Nr. 20 vom 11. März 1857
4 Regierungsblatt für das Königreich Württemberg 1858, Nr. 19 vom 23. November 1858, S. 249–252

Die Remsbahn als weitere Verbindung mit Bayern Pläne und Ausführung

1 Mährlen, Johannes a. a. O.: Alle weiteren Zitate entstammen diesem Schriftstück. Ausnahmen davon werden separat angegeben.
2 Die auf dem »Schmidener Feld« zwischen Cannstatt und Waiblingen vorgesehene Station, an der Gemarkungsgrenze zwischen Schmiden und Fellbach gelegen, hätte nach den ursprünglichen Absichten mit »Schmiden« bezeichnet werden sollen, was auch ein baureifer Plan belegt. Kurz vor Fertigstellung der Bahn fiel die Entscheidung zugunsten des Namens Fellbach, was immerhin für die Zukunft kommunalpolitische Folgen haben sollte.

Die Brenzbahn-Klausel und ihre Bedeutung für Württemberg

1 Marggraff, Hugo: Die Königlich Bayerischen Staatseisenbahnen in geschichtlicher und statistischer Beziehung. München 1894, S. 32
2 Staatsvertrag zwischen den Königreichen Bayern und Württemberg über den Anschluß in Nördlingen vom 21. Februar 1861, Regierungsblatt für das Königreich Württemberg 1861, Nr. 10 vom 10. August 1863, S. 163–176
3 Rötsch, Rudolf: 1866–1941, 75 Jahre Reichsbahnausbesserungswerk Aalen. Aalen 1941, S. 6.
4 Königliche Eisenbahnbau-Kommission: Vorlage der bisherigen Vorarbeiten für eine Fils-Remstalbahn und Bitte um Erteilung höhere Weisung, welche Richtung eingehender studiert werden soll. Stuttgart, den 30. September 1878

Eisenbahn und Öffentlichkeit im 19. Jahrhundert

1 Bauer, Hans: Die Geschichte der schweizerischen Eisenbahnen. In: Ein Jahrhundert Schweizer Bahnen 1847–1947, 1. Band, Frauenfeld 1947, S. 3
2 Rötsch, Rudolf: a. a. O., S. 6 ff.
3 Seidel, Kurt: Aalen und seine Bedeutung im Rahmen der Eisenbahngeschichte. In: Aalener Jahrbuch 1980, S. 204
4 Seidel, Kurt: a. a. O., S. 205
5 Scheffler, Walter: Ich freu mich auf die Eisenbahn. Eduard Mörikes Reise mit dem neuen Verkehrsmittel. In: Beilage zum Staatsanzeiger von Baden-Württemberg, Jahrgang 1975, Nr. 3 S. 1–4
6 Königl. Württembergische Eisenbahnen. Fahrtenplan vom 1. Juni 1868 Stuttgart 1868. Dokument im Schiller-Nationalmuseum Marbach, Nachlaß Eduard Mörike
7 Mörikes Kater Weißling, Zeichnung Lorch 1867, Schiller-Nationalmuseum Marbach, Nr. M 1167 und dazugehöriges handschriftliches Gedicht. Nachlaß Eduard Mörike
8 Gmünder Heimatblätter Jahrgang 1961, Nr. 8, S. 69–71: Hundert Jahre Gmünder Bahnhof – eine Jugenderinnerung
9 Adreßbuch der Stadt Schwäbisch Gmünd 1914: Dienstmänner-Ordnung, S. 199–200

Die Erschließung des ländlichen Raumes Nebenbahnen in Planung und Ausführung bis 1920

1 Seidel, Kurt: Kochertalbahn. In: Gemeinde Abtsgmünd (Hrsg.): Abtsgmünd. Junge Gemeinde – reich an Geschichte, Abtsgmünd 1986, S. 83–86
2 Stadtarchiv Schwäbisch Gmünd, Bestand 35 11 »Eisenbahnen«. Darin enthalten sind auch die weiteren Erwähnungen, soweit sie sich nicht auf Berichte in der Tagespresse beziehen. Davon abweichende Quellen sind ausdrücklich separat ausgewiesen.
3 Staatsarchiv Ludwigsburg E 79I Bestand Großdeinbach
4 Seidel, Kurt: Antonio Rossaro und sein Werk. In: 100 Jahre Rossaro. Aalen 1979, S. 10
5 Seidel, Kurt: Antonio Rossaro a. a. O., S. 9
6 Seidel, Kurt: Schmalspur in Baden-Württemberg. Schwäbisch Gmünd 1977, S. 121 ff.
7 Adreßbuch der Stadt Schwäbisch Gmünd 1914. Schwäbisch Gmünd 1914, S. 199 ff.
8 Persönliches Gespräch mit Oberrangiermeister Bernhard Betz
9 Stütz, Georg: Gmünd im Weltkrieg, 1. Band, S. 3 ff.

Lokomotiven auf der Remsbahn

1 Boelcke, Willi A.: Wege und Probleme des industriellen Wachstums. In: Zeitschrift für Württembergische Landesgeschichte, Jahrgang XXXII 1973, 2. Heft, Stuttgart 1974, S. 478
2 Österreichischer Eisenbahnbeamten-Verein (Hrsg.): Geschichte der Eisenbahnen der österreich-ungarischen Monarchie. 1. Band, 1. Teil, Wien 1898, S. 53 ff.
3 Rossberg, Ralf Roman: Geschichte der Eisenbahn. Künzelsau 1977, S. 35
4 Staatsarchiv Ludwigsburg E 170 Bü. 855: Rechenschaftsbericht an die Gesellschaft für Beförderung der Gewerbe 1832, S. 27 ff.
5 Mühl, Albert und Kurt Seidel: Die Württembergischen Staatseisenbahnen. 1. Auflage, Stuttgart und Aalen 1970, S. 186 ff. gilt auch für die nachfolgende Auflistung der Namen der Lokomotiven.
6 Schiller-Nationalmuseum Marbach am Neckar. M 248: Mörike-Federzeichnung: Hafnermeister Johann Georg Groß in Lorch, 1867
7 Hauptstaatsarchiv Stuttgart, E 150 Büschel 281: Emil Kessler (der Jüngere): Gesuch um Concessionierung von Bau und Betrieb einer schmalspurigen Dampf-Straßenbahn von Schussenried nach Buchau am Federsee. Vom 13. Februar 1880.
8 Mühl, Albert und Kurt Seidel: a. a. O.: S. 225
9 Schittenhelm, Eduard: In Aalen beheimatete Dampflokomotiven der Baureihe 75°. In: Aalener Jahrbuch 1986, Aalen 1986, S. 183–225
10 Obermayer, Horst J.: Deutsche Bahnbetriebswerke – Das Bahnbetriebswerk Aalen. In: Eisenbahn-Journal 10. Oktober 1986, Fürstenfeldbruck 1986, S. 122 ff.

Das Automobil als Konkurrent Letzte Blüte der Schienenwege in der Weimarer Republik

1 Jahrbuch des Eisenbahnwesens, Jahrgang 1954, Darmstadt 1955, S. 172
2 Kgl. Württembergische Staatseisenbahnen. Illustriertes Güterwagen-Verzeichnis nach dem Stande vom 1. 1. 1912, Stuttgart 1912, Bild 54, 55 und 56

Die Jahre 1933–1945 und die Folgen der eisenbahnfeindlichen Politik

1 Lärmer, Karl: Autobahnbau in Deutschland 1933 bis 1945 – zu den Hintergründen. Berlin 1975, S. 3

2 Dehlinger, Alfred: Württembergs Staatswesen in seiner geschichtlichen Entwicklung bis heute. II. Band, Stuttgart 1953, S. 693
3 Oettle, Karl: Verkehrspolitik. Stuttgart 1967, S. 59
4 Pfizer, Theodor: Im Schatten der Zeit 1904–1948, Stuttgart 1979, S. 130
5 Stadt Schwäbisch Gmünd. Gemeinderats-Protokoll vom 27. März 1934
6 Arbeitsgemeinschaft der Gemeinden des Rems-, Kocher- und oberen Jagsttales für die Elektrifizierung der Remsbahn von Stuttgart bis Crailsheim sowie den zweigleisigen Ausbau der Reststrecke Goldshöfe–Crailsheim. Denkschrift, Heilbronn 1939
7 Seidel, Kurt: Schwäbisch Gmünd im Streckennetz der Eisenbahn. In: Scherer, Peter: Schwäbisch Gmünd – Geschichte der Stadt, Aalen 1971
8 Deutsche Bundesbahn, Bahnhof Schwäbisch Gmünd: Amtlicher Bericht an das BA Aalen über die Schäden durch Fliegerangriffe auf den Bahnhof Schwäbisch Gmünd 1949 und 1951
9 Deibele, Albert: Krieg und Kriegsende in Schwäbisch Gmünd. Schwäbisch Gmünd 1953, S. 142 ff.
10 Deutsche Bundesbahn, Bahnhof Schwäbisch Gmünd, a. a. O., S. 4 und weitere Schadensschilderungen den Bahnhofsbereich betreffend

Neuanfang – Phasen des Wiederaufbaus

1 Pfizer, Theodor, a. a. O., S. 167–168
2 Persönliches Gespräch mit Oberrangiermeister Bernhard Betz
3 Maier, Reinhold: Ende und Wende. Tübingen 1953, S. 68
4 Siedentop, Uwe: Die Brenztalbahn. Heidenheim 1985, S. 192

Freie Fahrt dem freien Bürger?
Die Verkehrspolitik bis in die Gegenwart

1 Kuntzemüller, Albert: Die badischen Eisenbahnen. Karlsruhe 1949, S. 164
2 Löttgers, Rolf: Die V 20 und V 36. Stuttgart 1986, S. 31 ff.

Bildnachweis

Bertram-Luftbild, München-Riem: freig. Reg. v. Obb. G 4/182: 64
Bundesbahndirektion Stuttgart: 1, 4, 12, 30, 68, 76, 84
Walter Eckardt, Gossau SG: 67, 96
Einhorn-Verlag, Schwäbisch Gmünd: 41, 55
Eisenbahn-Zeitung, Stuttgart, 1845: 9
Karl Fischer, Schwäbisch Gmünd: 36, 73
Gerhard Friederich, Schwäbisch Gmünd: 100
Foto-Hentzschel, Schwäbisch Gmünd: 91
W. Kohlhammer Verlag, Stuttgart: 2, 3
Michael Lang, Mögglingen: 39, 44, 71
Dr. Rolf Löttgers, Siegen: 82
Gebrüder Metz, Tübingen: 43, 62
Fr. Michel, Aalen: 77, 78
aus: G. v. Morlok: Rückschau auf die Erbauung der Königl. Württ. Staatseisenbahnen, Nachdruck Heidenheim / Ravensburg 1986: 14
Gerhard Nagel, Schwäbisch Gmünd: 95
Ernst Neubert, Wasseralfingen: 63
Postamt Schwäbisch Gmünd: 56
Schiller-Nationalmuseum, Marbach: 26, 27, 28, 29
Foto-Schweizer, Schwäbisch Gmünd: 90, 93, 97
Uwe Siedentop, Heidenheim: 48
aus: Uwe Siedentop: Die Brenztalbahn Heidenheim 1984, S. 101: 22
Hans-Joachim Spieth, Leinfelden-Echterdingen: 70
Staatsarchiv Ludwigsburg: 50
Eduard Stanzel, Waldstetten: 89, 98, 99
Stadtarchiv Aalen: 15, 17
Stadtarchiv Schorndorf: 5
Stadtarchiv Schwäbisch Gmünd: 16, 18, 19, 20, 31, 32, 33, 35, 38, 46, 54, 57, 58, 79, 80, 88
Stadtarchiv Stuttgart: 47
Stadtarchiv Ulm: 8, 10, 11
Städtisches Museum, Schwäbisch Gmünd: 21, 69
Rudolf Stöckle, Augsburg: 49, 61
Eugen Werner, Schwäbisch Gmünd: 92
Alfred Zehnder, Schwäbisch Gmünd: 34

Alle nicht aufgeführten Abbildungen stammen aus den Beständen des Verfassers.

Quellen und weiterführende Literatur

Ungedruckte Quellen

I. Hauptstaatsarchiv Stuttgart

E 10 Ministerium des Innern (1802–1882). Darunter enthalten: Schiffahrt und Eisenbahn (1807–1882).
E 46 Ministerium der Auswärtigen Angelegenheiten III (1806–1920). Darunter enthalten: Verkehrswesen
E 49 Ministerium der Auswärtigen Angelegenheiten IV (1806–1920). Darunter enthalten: Akten des Staatsministeriums und der Bundesbahndirektion Stuttgart, Verkehrsangelegenheiten betreffend
E 77 Personalakten höherer Beamter der Württ. Staatseisenbahnen (2. Hälfte des 19. Jahrhunderts) u. a. Ludwig Klein
E 100 Neuere Staatsverträge (1806–1931). Darunter enthalten: Verkehr

E 130 a Staatsministerium I (1876–1935). Gegliedert nach a) Landes- und b) Reichsangelegenheiten, darunter enthalten: b) Reichsangelegenheiten: Verkehrswesen
E 130 b Staatsministerium II (1876–1945). Gliederung wie unter E 130 a. Darunter enthalten: Verkehrswesen
FX 3 Berichte über Sitzungen der Kammern der Abgeordneten und Gutachten etc. Darunter enthalten: Schreiben der Lahna-Prager Eisenbahn-Direction, der Linz-Gmundner Bahn und Linz-Budweiser Bahn, der K. K. privilegierten ersten Eisenbahn-Gesellschaft und der Ertrags-Berechnung der Eisenbahn von Stuttgart durch das Remsthal nach Ulm von A. Negrelli

II. Staatsarchiv Ludwigsburg

E 79 Generaldirektion der Staatseisenbahnen 1816–1936, 1949–1952. Darunter enthalten: Expropriationsakten, Bauplanungen, Anlagenerweiterungen
E 226/51 Eisenbahnhauptkasse. Darunter enthalten: Hauptbücher 1848–1909, Betriebshauptbücher 1846–1909, lückenlose Entwicklung von Bau und Betrieb, u. a. auch sämtliche Rollmaterialbeschaffungen
K 411 Reichs- und Bundesbahndirektion Stuttgart. Darunter enthalten: Akten verschiedener Hauptgruppen des Aktenplans (unvollständig) 1922–1978
K 412 I + II Reichs- und Bundesbahndirektion Stuttgart. Darunter enthalten: Katasterpläne (Streckenführung, Grundstücke, Baulichkeiten) 1867–1956

III. Stadtarchive Aalen, Donauwörth, Schorndorf, Schwäbisch Gmünd, Ulm, Waiblingen

Bestände Eisenbahnwesen. Darunter enthalten: Denkschriften, Pläne etc.

Literatur

Akermann, Manfred und Helmut Schmolz: Fußtapfen der Geschichte im Landkreis Göppingen. Weißenhorn 1964
Anger, Robert: Die Remstalbahn. In: Zollernbahn-Echo 4/1975. Balingen 1975
–: 1861: Als Gmünd Bahnstation wurde. Zum 125jährigen Bestehen der Remsbahn am 25. Juli 1986. In: einhorn-Jahrbuch Schwäbisch Gmünd 1986. Schwäbisch Gmünd 1986
Arbeitsgemeinschaft der Gemeinden des Rems-, Kocher- und oberen Jagsttales . . . etc. (Hrsg.): Denkschrift über die Elektrisierung (sic!) der Remsbahn von Stuttgart bis Crailsheim sowie den zweigleisigen Ausbau der Reststrecke Goldshöfe–Crailsheim, verfaßt von Reichsbahnrat a. D. Weihing. Heilbronn 1939
Arbeitsgemeinschaft zur Wahrung überbezirklicher Verkehrsfragen im Raume des Remstales und der Nordostalb (Hrsg.): Denkschrift zur Elektrifizierung der Remsbahn, verfaßt von Kurt Seidel. Aalen und Schwäbisch Gmünd 1962
Bauer, Karlheinz: Geschichte der Stadt Geislingen an der Steige. Bd. 2: Vom Jahre 1803 bis zur Gegenwart. Geislingen (o. J.)
–: Die Königlich Württembergischen Staatseisenbahnen – Über die Frühzeit ihrer Entwicklung. In: Aalener Jahrbuch 1980. Aalen 1980
–: Aalen. Geschichte und Kultur zwischen Welland und Härtsfeld. Stuttgart und Aalen 1983.
Beckh, August: Meine Erlebnisse. Handschriftliche Erinnerungen eines württembergischen Ingenieurs. Ohne Ort und Jahr
Beyse, A. W.: Gutachten über die Eisenbahn von Stuttgart nach Ulm als Parallele zwischen den beiden Concurrenz-Linien
a. Durch das Neckar- und Filstal über die Alb;
b. Durch das Rems-, Kocher- und Brenzthal. Stuttgart 1843
Borst, Otto: Kritik an der Verkehrsentwicklung der Stadt Ulm und allgemeine Grundsätze für ihre Neuregelung. Dissertation. Stuttgart 1930
Bruhns, Viktor (Hrsg.): Württemberg unter der Regierung König Wilhelms II. Stuttgart 1916

Dehlinger, Alfred: Württembergs Staatswesen, 2 Bde. Stuttgart 1951 und 1953
Deibele, Albert: Das Gaswerk Schwäbisch Gmünd. In: Gmünder Heimatblätter 1964. Schwäbisch Gmünd 1964
Deutsche Bundesbahn, Bahnhof Schwäbisch Gmünd: Sammlung von Material über Leistungen der deutschen Eisenbahnen im letzten Krieg. (Hier: Kriegsschäden). Zum Schreiben BA Aalen vom 4. Juli 1952. Schwäbisch Gmünd 1952
Deutsche Bundesbahn, Bundesbahndirektion Stuttgart (Hrsg.): Der Tunnel, Verbindungsbahn der S-Bahn Stuttgart, Dokumentation ihrer Entstehung. Gemeinschaftsarbeit verschiedener Autoren unter der Redaktion von Jürgen Wedler und Karl-Heinz Böttcher. Stuttgart 1985
–: 125 Jahre Remsbahn 1861–1986 Cannstatt–Wasseralfingen. Stuttgart 1986.
Doerr, Michel: Esthétique de la locomotive à vapeur. Collection »le temps de la vapeur«. Paris 1970
Eisenbahn-Bureau Fils-Remsthal: Bericht betreffend Vorlage der bisherigen Vorarbeiten für eine Fils-Remsthalbahn und Bitte um Ertheilung höherer Weisung, welche Richtung eingehender studiert werden soll. O. O. 1878
Eisenbahnbau-Kommission, Königliche: Vorlage der bisherigen Vorarbeiten für eine Fils-Remsthalbahn und Bitte um Erteilung höherer Weisung welche Richtung eingehend studiert werden soll. Stuttgart, 30. September 1878
Eisenbahnkomitee Gaildorf: Das Württembergische Eisenbahnsystem und die Berechtigung einer Kocherbahn. Gaildorf 1861
Eisenbahnjahr Ausstellungsgesellschaft mbH (Hrsg.): Zug der Zeit – Zeit der Züge. Deutsche Eisenbahn 1835–1985, 2 Bde. Berlin 1985
Elben, Otto: Württemberg und die Nebenbahnen. (Sekundärbahnen). Stuttgart 1880
Etzel, Carl: Über die Nothwendigkeit und Ausführbarkeit einer Eisenbahn durch Württemberg. Stuttgart 1839
Familien- und Wappenkunde im Eisenbahn-Sozialwerk (Hrsg.): Königlich Württembergische Staatseisenbahnen. Organisation und leitendes Personal. Stuttgart 1985
Feyer, Ute: Entwicklung des Eisenbahnnetzes. Beiwort zur Karte X, 4. Historischer Atlas von Baden-Württemberg. Stuttgart 1972
Fraas, Oskar: Württembergs Eisenbahnen mit Land und Leuten an der Bahn. Stuttgart 1880
Gehring, Paul: Friedrich List. Jugend und Reifejahre 1789–1825. Tübingen 1964
Glässner, Wilhelm: Waiblingens Entwicklung zur Industriestadt. Versuch einer Chronik der Waiblinger Industrie. Sonderbeilage der Waiblinger Kreiszeitung vom 1. Februar 1962. Waiblingen 1962
Gottwaldt, Alfred: Die Deutsche Reichsbahn im Dritten Reich – Chronik einer Abhängigkeit. In: Zug der Zeit – Zeit der Züge. Berlin 1985
Grieger, Alfred: Griegers Eisenbahn-Reiseführer Nr. 23: Stuttgart – Aalen/(– Backnang) – Nürnberg – Bayreuth. Strecken 785, 787, 840. Stuttgart 1984
Griesmeier, Josef: Eisenbahn und Kraftwagen. In: Württembergische Jahrbücher für Statistik und Landeskunde, Jahrgang 1928. Stuttgart 1929
Grube, Walter und Hans Haller: Württemberg in napoleonischer Zeit. Beiwort zur Karte VII, 2. Historischer Atlas von Baden-Württemberg
Hafner, Eugen: Der Raum Aalen – Ellwangen vom Ende des alten Reiches bis zur Gegenwart. In: Der Ostalbkreis. Stuttgart und Aalen 1978
Hahn, Karl Eugen: Die Territorialpolitik der süddeutschen Staaten Baden, Bayern und Württemberg und ihr Einfluß auf die Verkehrswege, insbesondere die Eisenbahnen. (Dissertation Stuttgart 1929). In: Archiv für Eisenbahnwesen, 1939. Berlin 1939
Herrmann, Klaus: Die Württembergische Eisenbahn-Gesellschaft. In: Zeitschrift für Württembergische Landesgeschichte 37/1978. Stuttgart 1978
Heubach Stadt (Hrsg.): Heubach und die Burg Rosenstein. Geschichte, Tradition, Landschaft. Schwäbisch Gmünd 1984
–: Denkschrift über die Heubacher Verkehrsfragen. Heubach 1914
Hildebrand, Bernhard: Die Radsatzfertigung in den Schwäbischen Hüttenwerken in Wasseralfingen. In: Ellwanger Jahrbücher Bd. XXI
Hinkelbein, Albert: Geschichte des Eisenbahnausbesserungswerkes Esslingen. Zur Feier des hundertjährigen Bestehens. Esslingen 1946
Holzmann, Michael: Die Gliederung der Oberämter im Königreich Württemberg. In: Zeitschrift für Württembergische Landesgeschichte, Jahrgang XXXVIII, 1979. Stuttgart 1980
Innenministerium Baden-Württemberg (Hrsg.): Generalverkehrsplan 1986 Baden-Württemberg. Stuttgart 1986
Jakob, Oskar: Die K. Württembergischen Staatseisenbahnen in historisch-statistischer Darstellung, Dissertation. Tübingen 1895
Joachimsthaler, Anton: Gigantomanie auf Rädern. Die Breitspurbahnen Adolf Hitlers. In: Zug der Zeit – Zeit der Züge. Berlin 1985
Kaisser, Bernhard: Führer durch Gmünd und seine Umgebung. Schwäbisch Gmünd 1882
Keppeler, Christian: Vom Stationshof 1847 zum Verkehrsknotenpunkt von Nordschwaben – Die 135jährige Geschichte der Donauwörther Eisenbahn 1845–1980. In Eisenbahnen und Museen, Schriftenreihe der DGEG Heft 29. Karlsruhe 1982
Kitter, Eberhard: Die Eisenbahnempfangsgebäude im Königreich Württemberg vor 1954. Dissertation. Stuttgart 1973
Klaus, Felix: Hundert Jahre Bahnhof Schwäbisch Gmünd. In: einhorn 47/1961. Schwäbisch Gmünd 1961
Kleine, Georg H.: Der württembergische Ministerpräsident Frhr. Hermann von Mittnacht (1825–1909). 50. Band Reihe B der Veröffentlichungen der Kommission für geschichtliche Landeskunde in Baden-Württemberg. Stuttgart 1969
Kochendörfer, Jürgen: Die wirtschaftliche Entwicklung der Lokomotivfabriken in Karlsruhe und Esslingen unter der Leitung von Emil Kessler. In: Esslinger Studien 22/83. Esslingen 1983
Kreidler, Eugen: Die Eisenbahnen im Machtbereich der Achsenmächte während des Zweiten Weltkrieges. Göttingen 1975

Kuhn, Hans: Ulmer Eisenbahngeschichte von 1835–1945. Langenau 1983
Kuntzemüller, Albert: Die badischen Eisenbahnen. Karlsruhe[2] 1953
Kutter, Gustav, Jakob, Christoph: Die schwäbische Eisenbahn, topographisch, historisch und ästhetisch geschildert. Heilbronn 1859
Lämmle, August: Der Bezirk Schorndorf in alter und neuer Zeit. Eine Heimatkunde für Schule und Haus. Schorndorf 1913
–, Ernst: Die Gmünder Juden – Wege und Schicksale 1861–1945. Schwäbisch Gmünd 1979
Lärmer, Karl: Autobahnbau in Deutschland 1933–1945 – zu den Hintergründen. Berlin DDR 1975
Lahnstein, Peter: Als die Heimat der Staat war. Vom Neubeginn nach der Stunde Null. In: Schwäbische Heimat Nr. 4/1979. Stuttgart 1979
Laistner, E.: Die Lokalbahnfrage in Württemberg. Vortrag im Verein für Baukunde. Stuttgart 1890
Landeszentrale für politische Bildung (Hrsg.): Friedrich List und die deutsche Frage. Stuttgart 1985
Leibbrand, W.: Postrouten (Postcourse) in Baden-Württemberg 1490–1803. Historischer Atlas X 2. Stuttgart 1980
Lichtenstein, Heiner: Mit der Reichsbahn in den Tod. Köln 1985
Löttgers, Rolf: Der Uerdinger Schienenbus – Nebenbahnretter und Exportschlager. Stuttgart 1984
–: Die Dieselloks der Baureihen V 20 und V 36. Stuttgart 1986.
Lorch, Stadt (Hrsg.): Lorch-Waldhausen. 800 Jahre Waldhausen 1181–1981. Aalen 1981
Losch, Heinrich: Schiene und Straße in Württemberg. In: Württembergische Jahrbücher für Statistik und Landeskunde. Jahrgang 1928. Stuttgart 1929
–: Die an das Eisenbahnnetz angeschlossene Bevölkerung Württembergs. In: Mitteilungen des K. Statistischen Landesamtes, Heft 10, S. 169 ff. Stuttgart 1910
Mährlen, Johannes: Die Bedeutung der Eisenbahn für den Deutschen Zollverein mit besonderer Rücksicht auf Württemberg. Stuttgart 1842
–: Der Bahnhof in Stuttgart, nebst einem Anhang: Die Steigungsverhältnisse auf Eisenbahnen betreffend. Stuttgart 1843
–: Beleuchtung des Stuttgarter Bahnhofsprojektes. Stuttgart 1844
–: Die Eisenbahn über die Alb und das Remsthal. Stuttgart 1845
–: Anbringen der Handels- und Gewerbekammer zu Stuttgart an die Königliche Zentralstelle für Gewerbe und Handel, betreffend die Anträge und Wünsche der Handels- und Gewerbekammer in Absicht auf die projektierten Eisenbahnlinien von Lonsee nach Nördlingen, von Plochingen nach Reutlingen und von Mühlacker nach Pforzheim. Stuttgart 1856
Maier, Reinhold: Ein Grundstein wird gelegt. Die Jahre 1945 bis 1947. Tübingen 1964
Mayer, Max: Esslinger Lokomotiven, Wagen und Bergbahnen. Berlin 1924
Marggraff, Hugo: Die Königlich Bayerischen Staatseisenbahnen in geschichtlicher und statistischer Beziehung. München 1894
Micheli, Hugo: Wirtschaft und Wirtschaftsbeziehungen im 18. Jahrhundert. In: Stadtarchiv Schwäbisch Gmünd (Hrsg.): Geschichte der Stadt Schwäbisch Gmünd. Stuttgart 1984
Michler, Edwin: Ellwanger »Riesbahn« und Bopfinger »Sechtatalbahn«. In: Ellwanger Jahrbücher 1983/84. Ellwangen 1984
Mihailescu, Peter-Michael und Matthias Michalke: Vergessene Bahnen in Baden-Württemberg. Stuttgart 1986
Morlok, Georg: Die Zahnradbahn in Wasseralfingen. Vortrag im Verein für Baukunde in Stuttgart. Stuttgart 1876
–: Bericht . . . betreffend eine Verbindung zwischen Fils- und Remsbahn. Stuttgart 1858
–: Die Königlich Württembergischen Staatseisenbahnen. Rückschau auf deren Erbauung während der Jahre 1835–1889. Stuttgart, Leipzig, Berlin, Wien 1890
Mühl, Albert und Kurt Seidel: Die Württembergischen Staatseisenbahnen. Stuttgart und Aalen 1970
Negrelli, L. (richtig Alois): Die Eisenbahnen mit Anwendung der gewöhnlichen Dampfwägen als bewegende Kraft über Anhöhen und Wasserscheiden sind ausführbar. Wien 1842
Obermayer, Horst J.: Deutsche Bahnbetriebswerke: Das Bahnbetriebswerk Aalen. In: Eisenbahn-Journal 10/Oktober 1986. Fürstenfeldbruck 1986
Oberreuter, Margarete: Die Eisenbahnen in Württemberg. Dissertation, Stuttgarter Geographische Studien, Reihe A, Band 39/40. Stuttgart 1933
Österreichischer Eisenbahnbeamten-Verein (Hrsg.): Geschichte der Eisenbahnen der österreichisch-ungarischen Monarchie, 5. Bde. Wien 1898
Oettle, Karl: Die gegenwärtige Bedrängnis der Deutschen Bundesbahn in öffentlich-wirtschaftlicher Betrachtung. In: Betriebswirtschaftliche Forschung und Praxis 2–4/1966
–: Verkehrspolitik. Stuttgart 1967
–: Chancen des Schienenpersonenverkehrs in der Fläche. In: Öffentlicher Personennahverkehr im ländlichen Raum. Informationen zur Raumentwicklung Heft 10. Bonn 1981
Pagniez, Yvonne: Ils ressuciteront d'entre les morts. Paris 1950
Pavel, Rudolf P.: Geislinger Steige & Täleskätter. Eislingen 1976
Pfizer, Theodor: Im Schatten der Zeit 1904–1948. Stuttgart 1979
Pirath, Carl: Die Grundlagen der Verkehrswirtschaft. Berlin 1934
Raentzsch, Andreas: 140 Jahre Centralstation Stuttgart. Ausstellungskatalog Stadtarchiv Stuttgart. Stuttgart 1986
Reichsbahn-Werbeamt für den Personen- und Güterverkehr (Hrsg.): Reisen und Schauen – Dresden – Karlsruhe über Hof – Neumarkt – Bayreuth – Nürnberg – Crailsheim. Berlin (1936?)
Ringsdorf, Ulrich Otto: Der Eisenbahnbau südlich Nürnbergs 1841–1849 Bd. 24, Schriftenreihe des Stadtarchivs Nürnberg. Nürnberg 1978
Rötsch, Rudolf: 1866–1941, 75 Jahre Reichsbahnausbesserungswerk Aalen. Aalen 1941

Rossberg, Ralf R.: Geschichte der Eisenbahn. Künzelsau 1977

Sack, Manfred: Lebensraum Straße. Schriftenreihe des Deutschen Nationalkomitees für Denkmalschutz, Bd. 14. Bonn 1982

Sauer, Paul: Württemberg in der Zeit des Nationalsozialismus. Ulm 1975

Schäfer, Hans-Peter: Verkehr und Raum im Königreich Bayern rechts des Rheines. Habilitationsschrift. Würzburg 1982

Schätzle, Julius: Stationen zur Hölle. Konzentrationslager in Baden und Württemberg 1933 bis 1945. Bibliothek des Widerstandes. Frankfurt 1974

Scherer, Thomas: Die Baureihe 18^1 – Die schöne Württembergerin. Freiburg 1981

Schittenhelm, Eduard: In Aalen beheimatete Dampflokomotiven der Baureihe 75°. In: Aalener Jahrbuch 1986

Schöll, Franz: Zur Geschichte des Gmünder Postwesens. In einhorn 47/1961. Schwäbisch Gmünd 1961

Seidel, Kurt: Die Verkehrserschließung unserer Heimat. In: einhorn 47. Schwäbisch Gmünd 1961

–: Der alte Gmünder Bahnhof in seiner baulichen Gestaltung. In: Gmünder Studien 1/1976

–: 100 Jahre Remsbahn, ein Stück deutscher Eisenbahngeschichte. In: Deutscher Eisenbahnfreund Nr. 12/1961. Frankfurt 1961

–: Brücke zum Härtsfeld. Schwäbisch Gmünd 1962

–: 50 Jahre elektrischer Zugbetrieb im Direktionsbezirk Stuttgart. In: Die Bundesbahn, Heft 6/1983. Darmstadt 1983

–: Hundert Jahre Obere Jagstbahn 1866–1966. In: Ellwanger Jahrbücher 1965/66. Ellwangen 1967

–: Schwäbisch Gmünd im Streckennetz der Eisenbahn. In: Scherer, Peter: Schwäbisch Gmünd – Geschichte und Gegenwart der Stadt. Aalen 1971

–: Ein vergessenes Eisenbahnprojekt: Schmalspurbahn Schwäbisch Gmünd–Heubach mit Abzweigung nach Waldstetten. In: einhorn-Jahrbuch Schwäbisch Gmünd 1977. Schwäbisch Gmünd 1977

–: Schmalspur in Baden-Württemberg. Schwäbisch Gmünd 1977

–: Niklaus Riggenbach und die Zahnradbahn Wasseralfingen – Braunenberg. Noch unveröffentlichtes Manuskript, Stadtarchiv Aalen. Schwäbisch Gmünd 1975

–: Aalen und seine Bedeutung im Rahmen der Eisenbahngeschichte. In: Aalener Jahrbuch 1980. Aalen 1980

–: Wie die Eisenbahn nach Oberkochen kam. In: Oberkochen – Geschichte, Landschaft, Alltag. Nördlingen 1986

–: Antonio Rossaro und sein Werk. In: 100 Jahre Rossaro. Aalen 1979

–: Schwäbisch Gmünd im 19. Jahrhundert. In: Geschichte der Stadt Schwäbisch Gmünd. Stuttgart 1984

–: Der Weg zur ersten Eisenbahn. In: Erinnerungen an die Schwäbische Eisenbahn, 2. Bd. Stuttgart 1985

–: Kochertalbahn. In: Gemeinde Abtsgmünd (Hrsg.): Abtsgmünd. Junge Gemeinde – reich an Geschichte. Abtsgmünd 1986

Siedentop, Uwe: Die Brenztalbahn. Heidenheim 1985

Specker, Hans Eugen: Ulmer Stadtgeschichte. Ulm 1977

Stadtarchiv Stuttgart (Hrsg.): Eduard Mörike und seine Freunde. Eine Ausstellung aus der Mörike-Sammlung Dr. Fritz Kaufmann, Katalog. Stuttgart 1965

Statistisch-Topographisches Bureau (Hrsg.): Das Königreich Württemberg, 4. Bde. Stuttgart 1904–1907

Ströhmfeld, Gustav: Schwäbisches Wanderbuch. Eisenbahn- und Wanderführer durch Württemberg und Hohenzollern. 3. neubearb. und vermehrte Auflage. Stuttgart 1910

–: Frühere Postverhältnisse im Remstal bis zum Ende der Reichsstadt Schwäbisch Gmünd. In: Gmünder Heimatblätter 8/1935 und 9/1936. Schwäbisch Gmünd 1935/1936

Stütz, Georg: Gmünd im Weltkrieg, 5 Hefte. Schwäbisch Gmünd 1927

–: Heimatbuch für Gmünd und weitere Umgebung, 3 Bde. Schwäbisch Gmünd 1924, 1926, 1927

Supper, Otto: Die Entwicklung des Eisenbahnwesens im Königreich Württemberg. Stuttgart 1895

Theiss, Konrad: 100 Jahre Industrie- und Handelskammer Heidenheim. Aalen 1967

Vogel, Klaus: Industrialisierung in Schwäbisch Gmünd. Konzeptionelle Vorarbeiten für ein Fabrik-Museum. Magisterarbeit, Tübingen 1986

Volz, Peter: Das Remstal. Beispiel einer großstadtnahen Kulturlandschaft. Bd. 75 Stuttgarter Geographische Studien. Stuttgart 1969

Voss, Peter: 50 Jahre elektrischer Zugbetrieb im Direktionsbezirk Stuttgart. Eine Betrachtung aus zugförderungstechnischer Sicht. In: Die Bundesbahn, Heft 6/1983. Darmstadt 1983

Wabro, Gustav (Hrsg.): Der Ostalbkreis. Stuttgart und Aalen 1977

Wäschenbeuren Gemeindeverwaltung (Hrsg.): Heimatbuch Wäschenbeuren 1979 (nach einem überarbeiteten Manuskript von Josef Kleinknecht). Salach 1979

Wais, Julius: Albführer. Wanderungen durch die Schwäbische Alb, Band I. Östlicher Teil vom Ries bis zum Hohenneuffen. Stuttgart 1954

Walz, Dieter: 50 Jahre elektrotechnische Anlagen für Bahnstrom im Direktionsbezirk Stuttgart. In: Die Bundesbahn, Heft 6/1983. Darmstadt 1983

Wandel, Uwe Jens: 125 Jahre Remsbahn. Gemeinsame Ausstellung der Stadtarchive Waiblingen, Schorndorf, Schwäbisch Gmünd und Aalen. Katalog Schorndorf 1986

Weber, Friedrich: Denkschrift über Post und Telegraphie im Königreich Württemberg. Stuttgart 1901

Wiegandt, Herbert: Ulm. Geschichte einer Stadt. Weißenhorn 1977

Württembergische Eisenbahngesellschaft: Entwurf der Statuten . . . Stuttgart 1836.

Zeitler, Walter und Helge Hufschläger: Die Eisenbahn in Schwaben 1840 bis heute. Stuttgart 1980

Zoeppritz, Carl: Einige Bemerkungen zu dem Berichte der von der Kammer der Abgeordneten in Betreff des württembergischen Eisenbahnwesens niedergesetzten Kommission. Heidenheim 1843

Namenregister

Peter-Michael Mihailescu / Matthias Michalke

Vergessene Bahnen in Baden-Württemberg

272 Seiten mit 180 Abbildungen und zahlreichen historischen Fahrplanauszügen. Format 21 x 27 cm. Leinen.

Über rund ein Drittel aller jemals für den Personenverkehr gebauten baden-württembergischen Eisenbahnstrecken rollen heute keine Reisezüge mehr. Völlig stillgelegt oder nur noch mit einem spärlichen Güterzugverkehr bedient, sind Eisenbahnlinien aller Gattungen aus den Kursbüchern verschwunden: von der vergleichsweise unbedeutenden Stichbahn mit nur wenigen Kilometern Streckenlänge bis hin zur zweigleisigen elektrifizierten Hauptbahn.
Solche »vergessenen Bahnen«, insgesamt 94, werden in diesem Band mit Text und Bild vorgestellt. Zu jeder Strecke gibt es eine Datentabelle, die die wichtigsten historischen und technischen Daten zusammenfaßt. Die Textkapitel, deren Länge sich an der Bedeutung der einzelnen Bahnen orientiert, behandeln in einem knappen Abriß Vor- und Baugeschichte, Betrieb, Stilllegung.
Ebenfalls dargestellt wird der – landschaftlich oft äußerst reizvolle – Verlauf der Strecken. Vorhandene Zweckbauten wie Brücken, Viadukte, Tunnels, Bahnhofsanlagen etc. finden eine entsprechende Würdigung.
In Wort und Bild wird noch einmal die Geschichte so interessanter Strecken und Netze lebendig wie die der teilweise im Zahnradbetrieb befahrenen Linie Reutlingen – Honau – Lichtenstein – Schelklingen (Baden-Württembergs steilste Bahnlinie) oder die des mittelbadischen Schmalspurnetzes, von dessen rund 120 km Streckenlänge heute nichts mehr übriggeblieben ist.

Albert Mühl / Kurt Seidel

Die Württembergischen Staatseisenbahnen

340 Seiten mit 20 Tabellen, 106 Typenskizzen, 2 Karten, 87 Dokumentarfotos auf Kunstdrucktafeln. Format 21 x 27 cm. Leinen.

Württembergische Eisenbahngeschichte – welche Schwierigkeiten technischer, administrativer, politischer und wirtschaftlicher Art zu überwinden waren, bis das wohlentwickelte Netz der Württembergischen Staatseisenbahnen in die Deutsche Reichsbahn eingebracht werden konnte, das schildert Kurt Seidel anschaulich und ausführlich.
Albert Mühl gibt einen fundierten Überblick über die technische Entwicklung, die in Württemberg durch die Einführung des amerikanischen Systems und später durch die Umbauten besonders interessant wurde. Die Wagentypen und ihre Entwicklung werden aufgezeichnet und dokumentarisch dargestellt.

Albert Mühl

Die Pfalzbahn

Geschichte, Betrieb und Fahrzeuge der Pfälzischen Eisenbahnen.
252 Seiten mit 36 Tabellen, 111 Fahrzeugskizzen, 93 Dokumentarfotos. Format 21 x 27 cm. Leinen.

Erstmals wird mit diesem Buch die Geschichte der Pfälzischen Eisenbahnen, des größten privaten Eisenbahnunternehmens Deutschlands vorgelegt. Ein Schwerpunkt sind die Fahrbetriebsmittel in Wort, Zahl und Bild, ein weiterer ist der Zugverkehr und Betriebsmaschinendienst. Tabellen und Fahrzeugskizzen ergänzen den Band. Der Arbeit liegen jahrzehntelange Studien des Verfassers zugrunde.